유튜브로 쉽게 배우는

5일 특강
GSAT

삼성 온라인
직무적성검사

2024 최신판 SD에듀 유튜브로 쉽게 배우는 5일 특강
GSAT 삼성 온라인 직무적성검사

Always **with you**

사람의 인연은 길에서 우연하게 만나거나 함께 살아가는 것만을 의미하지는 않습니다.
책을 펴내는 출판사와 그 책을 읽는 독자의 만남도 소중한 인연입니다.
SD에듀는 항상 독자의 마음을 헤아리기 위해 노력하고 있습니다. 늘 독자와 함께하겠습니다.

머리말

삼성 경영철학의 최우선순위는 '인간존중' 이념이다. 이를 구현하기 위해 삼성은 1995년에 개인의 능력과 무관한 학력, 성별 등의 모든 차별을 배제한 '열린채용'을 실시함으로써 채용문화에 변화의 바람을 일으켰다. 이때 삼성 직무적성검사(SSAT; SamSung Aptitude Test)를 도입, 단편적 지식과 학력 위주의 평가 방식에서 과감히 탈피했다.

20년 동안 채용을 진행하면서, 입사 후 우수 직원들의 업무성과 요인 등을 분석한 결과, 직군별 성과요인에 차이가 있었다. 또한 미래 경영환경의 변화와 글로벌 주요 기업들의 사례를 통해 창의적이고 우수한 인재를 효과적으로 확보할 필요성이 생겼다. 이에 삼성은 2015년 하반기 공채부터 시험 위주의 획일적 채용방식을 직군별로 다양화하는 방향으로 채용제도를 개편했다. 이와 더불어 SSAT(국내)와 GSAT(해외)로 혼재되어 사용하던 삼성 직무적성검사의 명칭을 GSAT(Global Samsung Aptitude Test)로 통일시켰다.

실제 삼성 직무적성검사 기출문제를 살펴보면 평소 꾸준히 준비하지 않는 이상 쉽게 통과할 수 없도록 구성되어 있다. 더군다나 입사 경쟁이 날이 갈수록 치열해지는 요즘과 같은 상황에서는 더욱 철저한 준비가 요구된다. '철저한 준비'는 단지 입사를 위해서뿐만 아니라 성공적인 직장생활을 위해서도 필수적이다.

이에 SD에듀는 수험생들이 GSAT에 대한 '철저한 준비'를 할 수 있도록 다음과 같이 교재를 구성하였으며, 이를 통해 단기에 성적을 올릴 수 있는 학습법을 제시하였다.

도서의 특징

❶ 2023~2020년 GSAT 기출복원문제를 수록하여 출제경향을 한눈에 파악할 수 있도록 하였다.

❷ GSAT 출제영역별 대표유형을 수록하여 문제유형별 접근 전략을 확인할 수 있도록 하였다.

❸ 모의고사와 문제풀이 용지를 수록하여 실제 시험처럼 연습할 수 있도록 하였다.

❹ 인성검사/면접을 수록하여 한 권으로 삼성그룹 채용 전반에 대비하도록 하였다.

❺ 유튜브 무료 동영상 강의를 제공하여 핵심 문제를 자세하게 학습할 수 있도록 하였다.

끝으로 본서로 삼성 채용 시험을 준비하는 여러분 모두의 건강과 합격을 진심으로 기원한다.

SDC(Sidae Data Center) 씀

⟳ 경영철학과 목표

1
인재와 기술을 바탕으로
- 인재 육성과 기술우위 확보를 경영 원칙으로 삼는다.
- 인재와 기술의 조화를 통해 경영 전반에 시너지 효과를 증대한다.

2
최고의 제품과 서비스를 창출하여
- 고객에게 최고의 만족을 줄 수 있는 제품과 서비스를 창출한다.
- 동종업계에서 세계 1군의 위치를 확보한다.

3
인류사회에 공헌한다.
- 인류의 공동이익과 풍요로운 삶을 위해 기여한다.
- 인류공동체 일원으로서의 사명을 다한다.

⟳ 핵심가치

인재제일 ▷ '기업은 사람이다.'라는 신념을 바탕으로 인재를 소중히 여기고 마음껏 능력을 발휘할 수 있는 기회의 장을 만들어 간다.

최고지향 ▷ 끊임없는 열정과 도전정신으로 모든 면에서 세계 최고가 되기 위해 최선을 다한다.

변화선도 ▷ 변화하지 않으면 살아남을 수 없다는 위기의식을 가지고 신속하고 주도적으로 변화와 혁신을 실행한다.

정도경영 ▷ 곧은 마음과 진실되고 바른 행동으로 명예와 품위를 지키며 모든 일에 있어서 항상 정도를 추구한다.

상생추구 ▷ 우리는 사회의 일원으로서 더불어 살아간다는 마음을 가지고 지역사회, 국가, 인류의 공동 번영을 위해 노력한다.

○ 경영원칙

1

법과 윤리를 준수한다.

- 개인의 존엄성과 다양성을 존중한다.
- 법과 상도의에 따라 공정하게 경쟁한다.
- 정확한 회계기록을 통해 회계의 투명성을 유지한다.
- 정치에 개입하지 않으며 중립을 유지한다.

2

깨끗한 조직 문화를 유지한다.

- 모든 업무활동에서 공과 사를 엄격히 구분한다.
- 회사와 타인의 지적 재산을 보호하고 존중한다.
- 건전한 조직 분위기를 조성한다.

3

고객, 주주, 종업원을 존중한다.

- 고객만족을 경영활동의 우선적 가치로 삼는다.
- 주주가치 중심의 경영을 추구한다.
- 종업원의 '삶의 질' 향상을 위해 노력한다.

4

환경 · 안전 · 건강을 중시한다.

- 환경친화적 경영을 추구한다.
- 인류의 안전과 건강을 중시한다.

5

글로벌 기업시민으로서 사회적 책임을 다한다.

- 기업시민으로서 지켜야 할 기본적 책무를 성실히 수행한다.
- 현지의 사회 · 문화적 특성을 존중하고 상생을 실천한다.
- 사업 파트너와 공존공영의 관계를 구축한다.

2023년 기출분석 ANALYSIS

하반기 총평

기존에 출제되었던 유형에서 벗어나는 문제는 없었고, 전반적으로 상반기에 비해 하반기 시험의 난이도가 낮았다. 영역별 유형의 비율은 기존 온라인 GSAT와 비슷했으며 수리는 대체로 깔끔하게 계산되어 답이 바로 보이는 문제로 구성되었고, 추리는 조건추리가 다른 유형에 비해 어려웠다는 평이 많았다. 상반기에 신유형으로 출제된 문장 나열하기 문제가 하반기 시험에도 출제되었으므로 이후 시험에도 계속 출제될 가능성이 높아졌다.

상반기 총평

전반적으로 기존에 출제되었던 유형에서 벗어나는 문제는 없었으나, 추리 영역에서 기존의 단어 대응 관계 문제 대신 문장 나열하기 문제가 신유형으로 출제되었다. 영역별 유형의 비율은 기존 GSAT와 동일했으며 시험 영역 및 유형 등이 전체적으로 안정된 시험이었고 난이도도 평이했다. 다만, 추리 영역의 조건추리와 도형추리 유형을 풀이하는 데는 다른 유형보다 많은 시간이 소요되어 시간 분배가 중요한 시험이었다.

◑ 시험 진행

구분	유형	문항 수	비율	제한시간
수리	응용수리	2문항	10%	30분
	자료해석	18문항	90%	
쉬는 시간				5분
추리	명제추리	3문항	10%	30분
	조건추리	11문항	37%	
	도형추리	3문항	10%	
	도식추리	4문항	13%	
	문장나열	2문항	7%	
	논리추론	7문항	23%	

◌ 온라인 GSAT Tip

❶ 오답은 감점 처리되므로 확실하게 푼 문제만 답을 체크하고 나머지는 그냥 둔다.

❷ 풀고자 하는 문제 번호를 검색하면 해당 문제로 바로 갈 수 있다. 페이지를 마우스 클릭으로 일일이 넘기지 않아도 된다.

❸ 온라인 시험에서는 풀이를 직접 양면으로 프린트한 문제풀이 용지에 작성하고 정답은 화면에서 체크해야 하므로 문제를 풀고 정답을 바로바로 체크하는 연습이 필요하다.

❹ 풀이가 작성된 문제풀이 용지는 시험 직후 제출해야 하며 부정행위가 없었는지 확인하는 데에 사용된다.

◌ 주의사항

❶ 시험시간 최소 20분 전에 접속 완료해야 한다.

❷ 응시환경확인 시간 이후 자리 이탈은 금지된다.

❸ 촬영 화면 밖으로 손이나 머리가 나가면 안 된다.

❹ 시험 문제를 메모하거나 촬영하는 행위는 금지된다.

❺ 외부 소음이 나면 시험이 중지될 수 있다.

❻ 거울, 화이트보드, CCTV가 있는 장소에서는 응시가 불가능하다.

◌ 부정행위

❶ 신분증 및 증빙서류를 위·변조하여 검사를 치르는 행위

❷ 대리 시험을 의뢰하거나 대리로 검사에 응시하는 행위

❸ 문제를 메모 또는 촬영하는 행위

❹ 문제의 일부 또는 전부를 유출하거나 외부에 배포하는 행위

❺ 타인과 답을 주고받는 행위

신입사원 채용 안내 INFORMATION

🔄 모집시기

❶ 삼성은 국내 주요 대기업 중 유일하게 공개채용 제도를 유지하고 있다.

❷ 상반기(3월)와 하반기(9월)에 각 1회씩 공개채용을 진행한다.

❸ 그 외에 계열사별로 인력이 필요한 경우에는 별도의 공고를 통해 모집한다.

🔄 지원방법

❶ 삼성채용 홈페이지(www.samsungcareers.com)에 접속한 후 로그인하여 상단메뉴 「채용공고」를 클릭한 뒤, 원하는 공고에 지원서를 작성한다.

❷ 제시된 안내와 채용공고에 따라 지원서를 작성하여, 지원서 접수기간 내에 제출한다.

❸ 이후 해당 회사의 안내에 따라 전형절차에 응시한다.

🔄 채용절차

지원서 작성   GSAT(직무적성검사)   면접전형   건강검진   최종합격

❖ 채용절차는 채용유형·직무·시기 등에 따라 변동될 수 있으므로 반드시 발표되는 채용공고를 확인하기 바랍니다.

삼성그룹 온라인 GSAT 합격기

"풀고 또 풀고!"

대기업 인적성 하면 제일 먼저 떠오르는 게 GSAT이고 가장 높은 장벽처럼 느껴졌습니다. 그래서 도서를 구입하고 책이 너덜너덜해질 때까지 풀고 또 풀었습니다. 안 그래도 다른 대기업 인적성 도서보다 두껍고 어려운 도서를 반복해서 보려고 하니 힘들어서 포기하고 싶었지만 도서를 믿고 기출 유형을 반복하여 익혔습니다. 실제 시험에서 SD에듀 도서로 공부한 문제와 유형도 비슷하게 나오고 난이도도 얼추 맞아 수월하게 시험에 응시할 수 있었던 것 같아 SD에듀 도서를 믿고 푼 보람이 있었습니다.

"유형부터 모의고사까지!"

취업 준비를 시작하면서 가장 막막했던 것이 인적성시험 준비였습니다. 특히 삼성 같은 경우에는 합격의 당락을 좌우하는 요소 중 GSAT의 비중이 매우 크다고 들었던 터라 더욱 걱정이 되었습니다. 서점에 가서 여러 종류의 책들을 훑어보다가 SD에듀 도서가 유형부터 모의고사까지 구성이 되어 있어 체계적인 학습이 가능할 것 같아 선택하게 되었습니다. 저처럼 인적성시험 공부가 처음인 사람에게는 핑징히 도움이 될 것 같았고, 실제로도 그랬습니다. 최신 기출복원문제가 맨 앞에 따로 나와 있어서 이걸 풀어보면서 시험이 어떤 식으로 출제되는지 감을 잡을 수 있었습니다. 책의 구성이 저 같은 초심자도 체계적으로 공부할 수 있도록 이루어져 있어 굉장히 도움이 되었습니다.

❖ 본 독자 후기는 실제 SD에듀의 도서를 통해 공부하여 합격한 독자들께서 보내주신 후기를 재구성한 것입니다.

주요 대기업 적중 문제 TEST CHECK

수리 ▶ 자료해석

06 다음은 지역별 내·외국인 거주자 현황을 나타내는 자료이다. 이에 대한 설명으로 옳은 것은?

〈지역별 내·외국인 거주자 현황〉

지역	2020년		2021년		2022년	
	거주자 (만 명)	외국인 비율 (%)	거주자 (만 명)	외국인 비율 (%)	거주자 (만 명)	외국인 비율 (%)
서울	1,822	8.2	2,102	9.2	1,928	9.4
인천	1,350	12.2	1,552	15.9	1,448	16.1
경기	990	14.6	1,122	14.4	1,190	15.7
강원	280	1.8	221	1.2	255	1
대전	135	4.5	102	3.1	142	3.5
세종	28	5.2	24	5.3	27	5.7
충청	688	1.2	559	0.5	602	0.7
경상	820	2.8	884	2.1	880	6
전라	741	2.1	668	1.9	708	1.7
대구	1,020	0.8	1,011	0.1	1,100	1.8

추리 ▶ 명제

※ 제시된 명제가 참일 때, 빈칸에 들어갈 명제로 가장 적절한 것을 고르시오. [1~3]

01

전제1. 포유류는 새끼를 낳아 키운다.
전제2. 고양이는 포유류이다.
결론. _____

① 포유류는 고양이다.
② 고양이는 새끼를 낳아 키운다.
③ 새끼를 낳아 키우는 것은 고양이이다.

추리 ▶ 진실게임

Hard

05 하경이는 생일을 맞이하여 같은 반 친구들인 민지, 슬기, 경서, 성준, 민준을 생일 파티에 초대하였다. 하경이와 친구들이 함께 축하 파티를 하기 위해 간격이 일정한 원형 테이블에 다음 〈조건〉과 같이 앉았을 때, 항상 참이 되는 것은?

조건

• 하경이의 바로 옆 자리에는 성준이나 민준이가 앉지 않았다.
• 슬기는 성준이 또는 경서의 바로 옆 자리에 앉았다.
• 민지의 바로 왼쪽 자리에는 경서가 앉았다.
• 슬기와 민준이 사이에 한 명이 앉아 있다.

① 하경이는 민준이와 서로 마주보고 앉아 있다.
② 민지는 민준이 바로 옆 자리에 앉아 있다.
③ 경서는 하경이 바로 옆 자리에 앉아 있다.

SK

언어이해 ▶ 비판 / 반박

Hard

15 다음 글의 주장에 대한 반박으로 가장 적절한 것은?

> 인간은 사회 속에서만 자신을 더 나은 존재로 느낄 수 있기 때문에 자신을 사회화하고자 한다. 인간은 사회 속에서만 자신의 자연적 소질을 실현할 수 있는 것이다. 그러나 인간은 자신을 개별화하거나 고립시키려는 성향도 강하다. 이는 자신의 의도에 따라서만 행위하려는 반사회적인 특성을 의미한다. 그리고 저항하려는 성향이 자신뿐만 아니라 다른 사람에게도 있다는 사실을 알기 때문에, 그 자신도 곳곳에서 저항에 부딪히게 되리라 예상한다.
>
> 이러한 저항을 통하여 인간은 모든 능력을 일깨우고, 나태해지려는 성향을 극복하며, 명예욕이나 지배욕, 소유욕 등에 따라 행동하게 된다. 그리하여 동시대인들 가운데에서 자신의 위치를 확보하게 된다. 이렇게 하여 인간은 야만의 상태에서 벗어나 문화를 이룩하기 위한 진정한 진보의 첫걸음을 내딛게 된다. 이때부터 모든 능력이 점차 계발되고 아름다움을 판정하는 능력도 형성된다. 나아가 자연적 소질에 의해 도덕성을 어렴풋하게 느끼기만 하던 상태에서 벗어나, 지속적인 계몽을 통하여 구체적인 실천 원리를 명료하게 인식할 수 있는 성숙한 단계로 접어든다. 그 결과 자연적인 감정을 기반으로 결합된 사회를 도덕적인 전체로 바꿀 수 있는 사유 방식이 확립된다.
>
> 인간에게 이러한 반사회성이 없다면, 인간의 모든 재능은 꽃피지 못하고 만족감과 사랑으로 가득 찬 목가적인 삶속에서 영원히 묻혀 버리고 말 것이다. 그리고 양처럼 선량한 기질의 사람들은 가축

언어추리 ▶ 조건추리

03 고등학교 동창인 A ~ F 여섯 명은 중국음식점에서 식사를 하기 위해 원형 테이블에 앉았다. 〈조건〉이 다음과 같을 때, 항상 옳은 것은?

> **조건**
> • E와 F는 서로 마주보고 앉아 있다.
> • C와 B는 붙어 있다.
> • A는 F와 한 칸 떨어져 앉아 있다.
> • D는 F의 바로 오른쪽에 앉아 있다.

① A와 B는 마주보고 있다.　　　　　② A와 D는 붙어 있다.
③ B는 F와 붙어 있다.　　　　　　　④ C는 F와 붙어 있다.
⑤ D는 C와 마주보고 있다.

창의수리 ▶ 방정식

☑ 제한시간 60초

09 S씨는 뒷산에 등산을 갔다. 오르막길 A는 1.5km/h로 이동하였고, 내리막길 B는 4km/h로 이동하였다. A로 올라갔다가 B로 내려오는 데 총 6시간 30분이 걸렸고, 정상에서 30분 동안 휴식을 하였다. 오르막길과 내리막길이 총 14km일 때, A의 거리는?

① 2km　　　　　　　　　　　　② 4km
③ 6km　　　　　　　　　　　　④ 8km
⑤ 10km

주요 대기업 적중 문제 TEST CHECK

언어추리 ▶ 참/거짓

Easy

11 A~E는 점심 식사 후 제비뽑기를 통해 '꽝'이 적힌 종이를 뽑은 한 명이 나머지 네 명의 아이스크림을 모두 사주기로 하였다. 다음의 대화에서 한 명이 거짓말을 한다고 할 때, 아이스크림을 사야할 사람은 누구인가?

> A : D는 거짓말을 하고 있지 않아.
> B : '꽝'을 뽑은 사람은 C이다.
> C : B의 말이 사실이라면 D의 말은 거짓이야.
> D : E의 말이 사실이라면 '꽝'을 뽑은 사람은 A이다.
> E : C는 빈 종이를 뽑았어.

① A   ② B
③ C   ④ D
⑤ E

자료해석 ▶ 자료계산

05 다음은 소비자 동향을 조사한 자료이다. (A)+(B)+(C)-(D)의 값으로 알맞은 것은?

〈2022년 하반기 소비자 동향조사〉

[단위 : CSI(소비자 동향지수)]

구분	7월	8월	9월	10월	11월	12월	평균
생활형편전망	98	98	98	98	92	92	96
향후경기전망	80	85	83	80	64	(B)	76
가계수입전망	100	100	100	99	98	97	99
소비자지출전망	106	(A)	107	107	106	99	(C)
평균	96	97	97	96	90	(D)	-

① 176   ② 186
③ 196   ④ 206

창의수리 ▶ 경우의 수

14 L사의 마케팅부, 영업부, 영업지원부에서 2명씩 대표로 회의에 참석하기로 하였다. 자리배치는 원탁 테이블에 같은 부서 사람이 옆자리로 앉는다고 할 때, 6명이 앉을 수 있는 경우의 수는 몇 가지인가?

① 15가지   ② 16가지
③ 17가지   ④ 18가지
⑤ 20가지

포스코

자료해석 ▶ 자료이해

Easy

01 P편의점은 3~8월까지 6개월간 캔 음료 판매현황을 아래와 같이 정리하였다. 다음 자료를 이해한 내용으로 적절하지 않은 것은?(단, 3~5월은 봄, 6~8월은 여름이다)

〈P편의점 캔 음료 판매현황〉

(단위 : 캔)

구분	맥주	커피	탄산음료	이온음료	과일음료
3월	601	264	448	547	315
4월	536	206	452	523	362
5월	612	184	418	519	387
6월	636	273	456	605	406
7월	703	287	476	634	410
8월	812	312	513	612	419

추리 ▶ 버튼도식

※ 다음 규칙을 바탕으로 이어지는 질문에 답하시오. [9~12]

작동 버튼	기능
A	홀수 칸의 도형을 서로 바꾼다.
B	짝수 칸의 도형을 서로 바꾼다.
C	첫 번째와 두 번째의 도형을 서로 바꾼다.
D	세 번째와 네 번째의 도형을 서로 바꾼다.

09 〈보기〉의 왼쪽 상태에서 작동 버튼을 두 번 눌렀더니, 오른쪽과 같은 결과가 나타났다. 다음 중 작동 버튼의 순서를 바르게 나열한 것은?

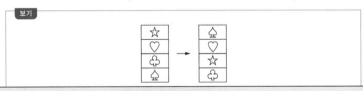

추리 ▶ 수추리

※ 일정한 규칙으로 수를 나열할 때, 빈칸에 들어갈 알맞은 숫자를 고르시오. [14~15]

14

$$-11 \quad -22 \quad -12 \quad -3 \quad -6 \quad (\quad) \quad 1$$

① -9
② 2
③ 4
④ 6

01 4개년 기출복원문제

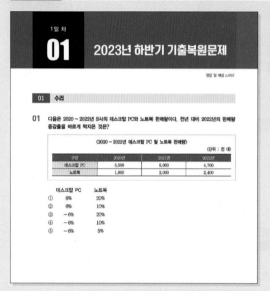

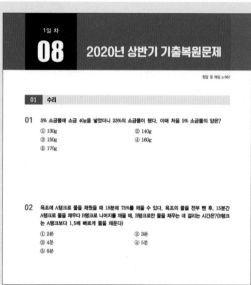

▸ 2023~2020년 시행된 삼성 GSAT 기출복원문제를 수록하였다.
▸ 4개년 기출복원문제를 토대로 학습 전 자신의 실력을 판단하도록 하였다.

02 수리 + 추리

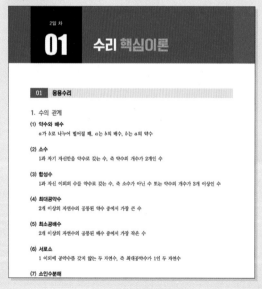

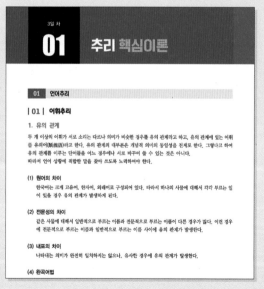

▸ GSAT 출제영역별 핵심이론 및 대표유형·유형분석을 수록하였다.
▸ 수리 및 추리 문제유형별 접근 전략을 학습할 수 있도록 하였다.

03 모의고사 + 문제풀이 용지

GSAT 모의고사

⏱ 응시시간 : 60분   📋 문항 수 : 50문항   정답 및 해설 p.068

01 수리

01 S사에 지원한 지원자의 남학생과 여학생의 비율은 3 : 2이었다. 지원자 중 합격자의 남녀 비율은 5 : 2이고, 불합격자 남녀 비율은 4 : 3이라고 한다. 전체 합격자 수가 280명일 때, 지원자 중 여학생은 총 몇 명인가?

① 440명   ② 480명
③ 540명   ④ 560명
⑤ 640명

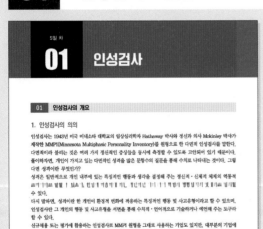

▶ 실제 시험과 유사하게 구성된 모의고사와 문제풀이 용지를 수록하였다.
▶ 도서 동형 온라인 실전연습 서비스를 제공해 실전처럼 연습할 수 있도록 하였다.

04 인성검사 / 면접

5일 차
01 인성검사

01 인성검사의 개요

1. 인성검사의 의의

인성검사는 1943년 미국 미네소타 대학교의 임상심리학자 Hathaway 박사와 정신과 의사 Mckinley 박사가 제작한 MMPI(Minnesota Multiphasic Personality Inventory)를 원형으로 한 다면적 인성검사를 말한다. 다면적이라 불리는 것은 여러 가지 정신적인 증상들을 동시에 측정할 수 있도록 고안되어 있기 때문이다. 풀이하자면, 개인이 가지고 있는 다면적인 성격을 많은 문항수의 질문을 통해 수치로 나타내는 것이다. 그렇다면 성격이란 무엇인가?

성격은 일반적으로 개인 내부에 있는 정신적인 행동과 생각을 결정해 주는 정신적 · 신체적 체계의 역동적 조직이라고 말할 수 있으며, 환경에 적응하게 하는 개인적인 여러 가지 특징과 행동양식의 잠정적인 설정이라고 할 수 있다.

다시 말하면, 성격이란 한 개인의 환경적 변화에 적응하는 특징적인 행동 및 사고유형이라고 할 수 있으며, 인성검사란 그 개인의 행동 및 사고유형을 서면을 통해 수치적 · 언어적으로 기술하거나 예언해 주는 도구라 할 수 있다.

신규채용 또는 평가에 활용하는 인성검사는 MMPI 원형을 그대로 사용하는 기업도 있지만, 대부분의 기업에서는 MMPI 원형을 기준으로 연구, 조사, 정보수집, 개정 등의 과정을 통해서 자체 개발한 유형을 사용하고 있다.

인성검사의 구성은 여러 가지 하위 척도로 구성되어 있는데, MMPI 다면적 인성검사의 척도를 살펴보면 기본 척도가 8개 문항으로 구성되어 있고, 2개의 임상 척도와 4개의 타당성 척도를 포함, 총 14개 척도로 구성되어 있다.

캘리포니아 심리검사(CPI: California Psychological Inventory)의 경우는 48개 문항, 18개의 척도로 구성되어 있다.

5일 차
02 면접

삼성그룹은 '창의 · 열정 · 소통의 가치창조인(열정과 몰입으로 미래에 도전하는 인재, 학습과 창의로 세상을 변화시키는 인재, 열린 마음으로 소통하고 협업하는 인재)'을 인재상으로 내세우며, 이에 적합한 인재를 채용하기 위하여 면접전형을 시행하고 있다.

2019년 이전에는 '인성검사 – 직무면접 – 창의성 면접 – 임원면접' 순서로 시행되었지만, 2020년부터 코로나19로 인해 화상으로 진행되었으며 직무역량 면접은 프레젠테이션(PT) 방식에서 질의응답 형식으로 대체되었다.

현재 삼성그룹 면접은 전 계열사 공통으로 '약식 GSAT – 인성검사 – 직무 / 임원 면접' 순서로 시행되고 있다. 기존의 창의성 면접을 진행하지 않는 대신 수리논리와 추리 2영역을 평가하는 약식 GSAT를 30분간 실시한다.

1. 약식 GSAT

구분	문항 수	제한시간
수리논리	10문항	30분
추리	15문항	

2. 직무 면접

구분	인원수	면접 시간
면접관	3명	30분 내외
지원자	1명	

▶ 인성검사 모의연습을 통해 삼성그룹 인재상과의 적합 여부를 판단할 수 있도록 하였다.
▶ 삼성그룹 면접 기출 질문을 수록하여 한 권으로 채용 전반에 대비할 수 있도록 하였다.

목차 CONTENTS

1일 차

최신 출제 경향 파악하기

01 │ 수리

01 다음은 2020 ~ 2022년 S사의 데스크탑 PC와 노트북 판매량이다. 전년 대비 2022년의 판매량 증감률을 바르게 짝지은 것은?

⟨2020 ~ 2022년 데스크탑 PC 및 노트북 판매량⟩

(단위 : 천 대)

구분	2020년	2021년	2022년
데스크탑 PC	5,500	5,000	4,700
노트북	1,800	2,000	2,400

	데스크탑 PC	노트북
①	6%	20%
②	6%	10%
③	− 6%	20%
④	− 6%	10%
⑤	− 6%	5%

02 A ~ H 8명의 후보 선수 중 4명을 뽑을 때, A, B, C를 포함하여 뽑을 확률은?

① $\dfrac{1}{14}$

② $\dfrac{1}{5}$

③ $\dfrac{3}{8}$

④ $\dfrac{1}{2}$

⑤ $\dfrac{3}{5}$

03 다음은 S전자 공장에서 만든 부품과 불량품의 수를 기록한 표이다. 전년 대비 부품 수의 차이와 불량품 수의 차이 사이에 일정한 비례관계가 성립할 때, A와 B에 들어갈 수치를 바르게 짝지은 것은?

〈연도별 부품 수와 불량품 수〉

(단위 : 개)

구분	2017년	2018년	2019년	2020년	2021년	2022년
부품 수	120	170	270	420	620	(A)
불량품 수	10	30	70	(B)	210	310

	(A)	(B)
①	800	90
②	830	110
③	850	120
④	870	130
⑤	900	150

04 어느 도서관에서 일정 기간 도서 대여 횟수를 작성한 자료이다. 이에 대한 내용으로 옳지 않은 것은?

〈도서 대여 횟수〉

(단위 : 회)

구분	비소설		소설	
	남자	여자	남자	여자
40세 미만	20	10	40	50
40세 이상	30	20	20	30

① 소설을 대여한 전체 횟수가 비소설을 대여한 전체 횟수보다 많다.
② 40세 미만보다 40세 이상의 전체 대여 횟수가 더 적다.
③ 남자가 소설을 대여한 횟수는 여자가 소설을 대여한 횟수의 70% 이하이다.
④ 40세 미만의 전체 대여 횟수에서 비소설 대여 횟수가 차지하는 비율은 20%를 넘는다.
⑤ 40세 이상의 전체 대여 횟수에서 소설 대여 횟수가 차지하는 비율은 40% 이상이다.

05 다음은 주중과 주말 교통상황에 대한 자료이다. 이에 대한 〈보기〉의 설명 중 옳은 것을 모두 고르면?

〈주중·주말 예상 교통량〉

(단위 : 만 대)

구분	전국	수도권 → 지방	지방 → 수도권
주중 예상 교통량	40	4	2
주말 예상 교통량	60	5	3

〈대도시 간 예상 최대 소요시간〉

구분	서울 – 대전	서울 – 부산	서울 – 광주	서울 – 강릉	남양주 – 양양
주중	1시간	4시간	3시간	2시간	1시간
주말	2시간	5시간	4시간	3시간	2시간

보기

ㄱ. 대도시 간 예상 최대 소요시간은 모든 구간에서 주중이 주말보다 적게 걸린다.
ㄴ. 주중 전국 교통량 중 수도권에서 지방으로 가는 교통량의 비율은 10%이다.
ㄷ. 지방에서 수도권으로 가는 주말 예상 교통량은 주중 예상 교통량의 2배이다.
ㄹ. 서울 – 광주 구간 주중 소요시간은 서울 – 강릉 구간 주말 소요시간과 같다.

① ㄱ, ㄴ
② ㄴ, ㄷ
③ ㄷ, ㄹ
④ ㄱ, ㄴ, ㄹ
⑤ ㄴ, ㄷ, ㄹ

06 다음은 자동차 판매현황에 대한 자료이다. 이에 대한 〈보기〉의 설명 중 옳은 것을 모두 고르면?

〈자동차 판매현황〉

(단위 : 천 대)

구분	2020년	2021년	2022년
소형	30	50	40
준중형	200	150	180
중형	400	200	250
대형	200	150	100
SUV	300	400	200

보기

ㄱ. 2020 ~ 2022년 동안 판매량이 지속적으로 감소하는 차종은 2종류이다.

ㄴ. 2021년 대형 자동차 판매량은 전년 대비 30% 미만 감소했다.

ㄷ. 2020 ~ 2022년 동안 SUV 자동차의 총판매량은 대형 자동차 총판매량의 2배이다.

ㄹ. 2021년 대비 2022년에 판매량이 증가한 차종 중 증가율이 가장 높은 차종은 준중형이다.

① ㄱ, ㄷ

② ㄴ, ㄷ

③ ㄴ, ㄹ

④ ㄱ, ㄴ, ㄹ

⑤ ㄱ, ㄷ, ㄹ

※ 다음은 2018 ~ 2022년 연도별 해양사고 발생 현황에 대한 그래프이다. 이를 읽고 이어지는 질문에 답하시오. [7~8]

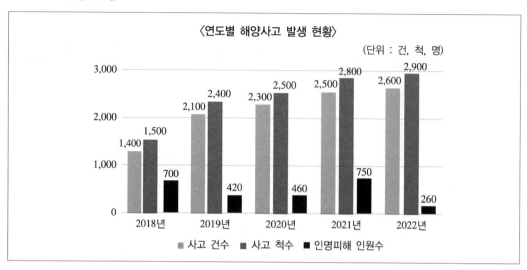

07 다음 중 2018년 대비 2019년 사고 척수의 증가율과 사고 건수의 증가율이 순서대로 나열된 것은?

① 40%, 45%
② 45%, 50%
③ 60%, 50%
④ 60%, 55%
⑤ 60%, 65%

08 다음 중 사고 건수당 인명피해의 인원수가 가장 많은 연도는?

① 2018년
② 2019년
③ 2020년
④ 2021년
⑤ 2022년

09 어떤 공장에서 A제품을 n개 이어 붙이는 데 필요한 시간이 다음과 같은 규칙을 보일 때, 8개 이어 붙이는 데 필요한 시간은?

<A제품 접합 소요 시간>

(단위 : 분)

구분	1개	2개	3개	4개	5개
소요 시간	1	3	8	19	42

① 315분　　　　　　　　　② 330분

③ 345분　　　　　　　　　④ 360분

⑤ 375분

10 일정한 수를 다음과 같은 규칙으로 나열할 때, 빈칸에 들어갈 a와 b의 총합이 처음으로 800억 원이 넘는 b의 값은?

(단위 : 억 원)

구분	1	2	3	4	5	6	...
A규칙	50	70	95	125	160	200	(a)
B규칙	150	180	210	240	270	300	(b)

① 330　　　　　　　　　② 350

③ 360　　　　　　　　　④ 390

⑤ 420

※ 제시된 명제가 모두 참일 때, 다음 중 빈칸에 들어갈 명제로 가장 적절한 것을 고르시오. [1~3]

01

전제1. 눈을 자주 깜빡이지 않으면 눈이 건조해진다.
전제2. 스마트폰을 이용할 때는 눈을 자주 깜빡이지 않는다.
결론. _____

① 눈이 건조해지면 눈을 자주 깜빡이지 않는다.
② 눈이 건조해지지 않으면 눈을 자주 깜빡이지 않는다.
③ 눈을 자주 깜빡이지 않으면 스마트폰을 이용하는 때이다.
④ 스마트폰을 이용할 때는 눈이 건조해진다.
⑤ 눈이 건조해지면 눈을 자주 깜빡인 것이다.

02

전제1. 밤에 잠을 잘 못자면 낮에 피곤하다.
전제2. _____
전제3. 업무효율이 떨어지면 성과급을 받지 못한다.
결론. 밤에 잠을 잘 못자면 성과급을 받지 못한다.

① 업무효율이 떨어지면 밤에 잠을 잘 못 잔다.
② 낮에 피곤하면 업무효율이 떨어진다.
③ 성과급을 받으면 밤에 잠을 잘 못 잔다.
④ 밤에 잠을 잘 자면 성과급을 받는다.
⑤ 성과급을 받지 못하면 낮에 피곤하다.

03

전제1. 모든 금속은 전기가 통한다.
전제2. 광택이 있는 물질 중에는 금속이 아닌 것도 있다.
결론. _____

① 광택이 있는 물질은 모두 금속이다.
② 금속은 모두 광택이 있다.
③ 전기가 통하는 물질 중 광택이 있는 것은 없다.
④ 전기가 통하지 않으면서 광택이 있는 물질이 있다.
⑤ 전기가 통하지 않으면 광택이 없는 물질이다.

04 A ~ E가 기말고사를 봤는데, 이 중 2명은 부정행위를 하였다. 부정행위를 한 2명은 거짓을 말하고 부정행위를 하지 않은 3명은 진실을 말할 때, 다음 진술을 보고 부정행위를 한 사람끼리 짝지은 것으로 옳은 것은?

- A : D는 거짓말을 하고 있어.
- B : A는 부정행위를 하지 않았어.
- C : B가 부정행위를 했어.
- D : 나는 부정행위를 하지 않았어.
- E : C가 거짓말을 하고 있어.

① A, B
② B, C
③ C, D
④ C, E
⑤ D, E

05 S부서는 회식 메뉴를 선정하려고 한다. 제시된 〈조건〉에 따라 주문할 메뉴를 선택한다고 할 때, 다음 중 반드시 주문할 메뉴를 모두 고르면?

조건
- 삼선짬뽕은 반드시 주문한다.
- 양장피와 탕수육 중 하나는 반드시 주문하여야 한다.
- 자장면을 주문하는 경우, 탕수육은 주문하지 않는다.
- 자장면을 주문하지 않는 경우에만 만두를 주문한다.
- 양장피를 주문하지 않으면, 팔보채를 주문하지 않는다.
- 팔보채를 주문하지 않으면, 삼선짬뽕을 주문하지 않는다.

① 삼선짬뽕, 자장면, 양장피
② 삼선짬뽕, 탕수육, 양장피
③ 삼선짬뽕, 팔보채, 양장피
④ 삼선짬뽕, 탕수육, 만두
⑤ 삼선짬뽕, 탕수육, 양장피, 자장면

06 원형 테이블에 번호 순서대로 앉아 있는 다섯 명의 여자 1∼5 사이에 다섯 명의 남자 A∼E가 한 명씩 앉아야 한다. 다음 〈조건〉을 따르면서 자리를 배치할 때 적절하지 않은 것은?

> **조건**
> • A는 짝수번호의 여자 옆에 앉아야 하고, 5 옆에는 앉을 수 없다.
> • B는 짝수번호의 여자 옆에 앉을 수 없다.
> • C가 3 옆에 앉으면 D는 1 옆에 앉는다.
> • E는 3 옆에 앉을 수 없다.

① A는 1과 2 사이에 앉을 수 없다.
② D는 4와 5 사이에 앉을 수 없다.
③ C가 2와 3 사이에 앉으면 A는 반드시 3과 4 사이에 앉는다.
④ E가 1과 2 사이에 앉으면 C는 반드시 4와 5 사이에 앉는다.
⑤ E가 4와 5 사이에 앉으면 A는 반드시 2와 3 사이에 앉는다.

07 다음은 〈조건〉에 따라 2에서 10까지의 서로 다른 자연수의 관계를 나타낸 것이다. 이때 A, B, C에 해당하는 수의 합은?

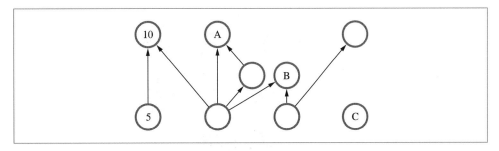

- 2에서 10까지의 자연수는 ◯ 안에 한 개씩만 사용되고, 사용되지 않는 자연수는 없다.
- 2에서 10까지의 서로 다른 임의의 자연수 세 개를 x, y, z라고 할 때,
  - x ⟶ y 는 y가 x의 배수임을 나타낸다.
  - 화살표로 연결되지 않은 z 는 z가 x, y와 약수나 배수 관계가 없음을 나타낸다.

① 20   ② 21

③ 22   ④ 23

⑤ 24

※ 다음 제시된 도형의 규칙을 보고 물음표에 들어갈 도형으로 가장 적절한 것을 고르시오. [8~10]

08

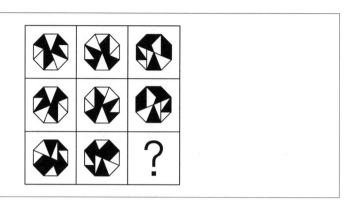

①

②

③

④

⑤

09

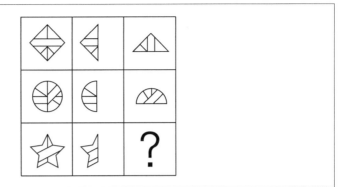

10

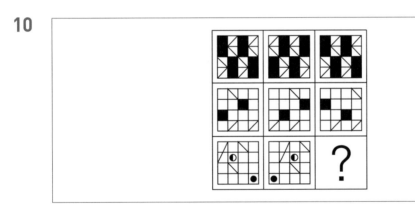

※ 다음 도식에서 기호들은 일정한 규칙에 따라 문자를 변화시킨다. 물음표에 들어갈 알맞은 문자를 고르시오(단, 규칙은 가로와 세로 중 한 방향으로만 적용된다). [11~14]

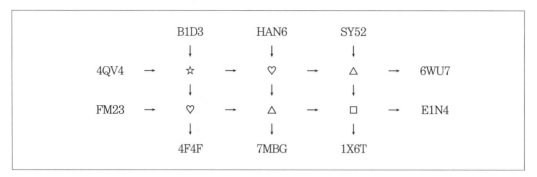

11

US24 → □ → ☆ → ?

① 4S2U   ② 2US4

③ 4V8V   ④ 8V4V

⑤ 48VV

12

KB52 → ☆ → ♡ → ?

① 37KE   ② 37EO

③ E37K   ④ EO52

⑤ E37O

13

$$? \rightarrow \triangle \rightarrow \heartsuit \rightarrow \triangle \rightarrow 9381$$

① 1839   ② 3819

③ 2748   ④ 4827

⑤ 8472

14

$$? \rightarrow \square \rightarrow \triangle \rightarrow 96\text{II}$$

① 96HJ   ② 9HJ6

③ 87HJ   ④ 8H7J

⑤ J7H8

15

(가) 동아시아의 문명 형성에 가장 큰 영향력을 끼친 책을 꼽을 때 『논어』가 빠질 수 없다. 『논어』는 공자(B.C 551 ~ 479)가 제자와 정치인 등을 만나서 나눈 이야기를 담고 있다. 공자의 활동기간으로 따져보면 『논어』는 지금으로부터 대략 2,500년 전에 쓰인 것이다. 지금의 우리는 한나절에 지구 반대편으로 날아다니고, 여름에 겨울 과일을 먹는 그야말로 공자는 상상할 수도 없는 세상에 살고 있다.

(나) 2,500년 전의 공자와 그가 대화한 사람 역시 우리와 마찬가지로 '호모 사피엔스'이기 때문이다. 2,500년 전의 사람도 배고프면 먹고, 졸리면 자고, 좋은 일이 있으면 기뻐하고, 나쁜 일이 있으면 화를 내는 오늘날의 사람과 다름없었다. 불의를 보면 공분하고, 전쟁보다 평화가 지속되기를 바라고, 예술을 보고 들으며 즐거워했는데, 오늘날의 사람도 마찬가지이다.

(다) 물론 2,500년의 시간으로 인해 달라진 점도 많고 시대와 문화에 따라 '사람다움이 무엇인가?'에 대한 답은 다를 수 있지만, 사람은 돌도 아니고 개도 아니고 사자도 아니라 여전히 사람일 뿐인 것이다. 즉, 현재의 인간이 과거보다 자연의 힘에 두려워하지 않고 자연을 합리적으로 설명할 수는 있지만, 인간적 약점을 극복하고 신적인 존재가 될 수는 없는 그저 인간일 뿐인 것이다.

(라) 『논어』의 일부는 여성과 아동, 이민족에 대한 당시의 편견을 드러내고 있어 이처럼 달라진 시대의 흐름에 따라 폐기될 수밖에 없지만, 이를 제외한 부분은 '오래된 미래'로서 읽을 가치가 있는 것이다.

(마) 이론의 생명 주기가 짧은 학문의 경우, 2,500년 전의 책은 역사적 가치가 있을지언정 이론으로서는 폐기 처분이 당연시된다. 그런데 왜 21세기의 우리가 2,500년 전의 『논어』를 지금까지도 읽고, 또 읽어야 할 책으로 간주하고 있는 것일까?

① (가) – (다) – (나) – (라) – (마)
② (가) – (라) – (다) – (나) – (마)
③ (가) – (마) – (나) – (다) – (라)
④ (라) – (다) – (가) – (마) – (나)
⑤ (마) – (가) – (나) – (다) – (라)

16

(가) '인력이 필요해서 노동력을 불렀더니 사람이 왔더라.'라는 말이 있다. 인간을 경제적 요소로만 단순하게 생각했으나, 이에 따른 인권문제, 복지문제, 내국인과 이민자와의 갈등 등이 수반된다는 말이다. 프랑스처럼 우선 급하다고 이민자를 선별하지 않고 받으면 인종 갈등과 이민자의 빈곤화 등 많은 사회비용이 발생한다.

(나) 이제 다문화정책의 패러다임을 전환해야 한다. 한국에 들어온 다문화가족을 적극적으로 지원해야 한다. 다문화 가족과 더불어 살면서 다양성과 개방성을 바탕으로 상생의 발전을 도모해야 한다. 그리고 결혼이민자만 다문화가족으로 볼 것이 아니라 외국인 근로자와 유학생, 북한이탈주민까지 큰 틀에서 함께 보는 것도 필요하다.

(다) 다문화정책의 핵심은 두 가지이다. 첫째, 새로운 사회에 적응하려는 의지가 강해서 언어 배우기, 일자리, 문화 이해에 매우 적극적인 태도를 지닌 좋은 인력을 선별해서 입국하도록 하는 것이다. 둘째, 이민자가 새로운 사회에 잘 정착할 수 있도록 사회통합에 주력해야 하는 것이다. 해외 인구 유입 초기부터 사회 비용을 절약할 수 있는 사람들을 들어오게 하는 것이 중요하기 때문이다.

(라) 또한 이미 들어온 이민자에게는 적극적인 지원을 해야 한다. 언어와 문화, 환경이 모두 낯선 이민자에게는 이민 초기에 세심한 배려가 필요하다. 특히 중요한 것은 다문화 가족이 그들이 가지고 있는 강점을 활용하여 취약 계층이 아닌 주류층으로 설 수 있도록 지원해야 한다. 뿐만 아니라 이민자에 대한 지원 시기를 놓치거나 차별과 편견으로 내국인에게 증오감을 갖게 해서는 안 된다.

① (가) – (다) – (라) – (나)　　　　② (다) – (가) – (라) – (나)

③ (다) – (나) – (라) – (가)　　　　④ (라) – (나) – (다) – (가)

⑤ (라) – (다) – (나) – (가)

17 다음 제시문의 내용이 참일 때 항상 거짓인 것은?

> 과거에는 공공 서비스가 경합성과 배제성이 모두 약한 사회 기반 시설 공급을 중심으로 제공되었다. 이런 경우 서비스 제공에 드는 비용은 주로 세금을 비롯한 공적 재원으로 충당을 한다. 하지만 복지와 같은 개인 단위 공공 서비스에 대한 사회적 요구가 증가함에 따라 관련 공공 서비스의 다양화와 양적 확대가 이루어지고 있다. 이로 인해 정부의 관련 조직이 늘어나고 행정 업무의 전문성 및 효율성이 떨어지는 문제점이 나타나기도 한다. 이 경우 정부는 정부 조직의 규모를 확대하지 않으면서 서비스의 전문성을 강화할 수 있는 민간 위탁 제도를 도입할 수 있다. 민간 위탁이란 공익성을 유지하기 위해 서비스의 대상이나 범위에 대한 결정권과 서비스 관리의 책임을 정부가 갖되, 서비스 생산은 민간 업체에게 맡기는 것이다.
>
> 민간 위탁은 주로 다음과 같은 몇 가지 방식으로 운용되고 있다. 가장 일반적인 것은 '경쟁 입찰 방식'이다. 이는 일정한 기준을 충족하는 민간 업체 간 경쟁 입찰을 거쳐 서비스 생산자를 선정, 계약하는 방식이다. 공원과 같은 공공 시설물 관리 서비스가 이에 해당한다. 이 경우 정부가 직접 공공 서비스를 제공할 때보다 서비스의 생산 비용이 절감될 수 있고 정부의 재정 부담도 경감될 수 있다. 다음으로는 '면허 발급 방식'이 있다. 이는 서비스 제공을 위한 기술과 시설이 기준을 충족하는 민간 업체에게 정부가 면허를 발급하는 방식이다. 자동차 운전면허 시험, 산업 폐기물 처리 서비스 등이 이에 해당한다. 이 경우 공공 서비스가 갖춰야 할 최소한의 수준은 유지하면서도 공급을 민간의 자율에 맡겨 공공 서비스의 수요와 공급이 탄력적으로 조절되는 효과를 얻을 수 있다. 또한 '보조금 지급 방식'이 있는데, 이는 민간이 운영하는 종합 복지관과 같이 안정적인 공공 서비스 제공이 필요한 기관에 보조금을 주어 재정적으로 지원하는 것이다.

① 과거 공공 서비스는 주로 공적 재원에 의해 운영됐다.
② 공공 서비스의 양적 확대에 따라 행정 업무 전문성이 떨어지는 부작용이 나타난다.
③ 서비스 생산을 민간 업체에게 맡김으로써 공공 서비스의 전문성을 강화할 수 있다.
④ 경쟁 입찰 방식은 정부의 재정 부담을 줄여준다.
⑤ 정부로부터 면허를 받은 민간 업체는 보조금을 지급받을 수 있다.

18 다음 중 밑줄 친 ㉠∼㉢에 대한 설명으로 적절하지 않은 것은?

국내 연구팀이 반도체 집적회로에 일종의 ㉠ '고속도로'를 깔아 신호의 전송 속도를 높이는 신개념 반도체 소재 기술을 개발했다. 탄소 원자를 얇은 막 형태로 합성한 2차원 신소재인 그래핀을 반도체 회로에 깔아 기존 금속 선로보다 많은 양의 전자를 빠르게 운송하는 것이다.

최근 반도체 내에 많은 소자가 집적되면서 소자 사이의 신호를 전송하는 ㉡ '도로'인 금속 재질의 선로에 저항이 기하급수적으로 증가하는 문제가 발생했다. 이러한 집적화의 한계를 극복하기 위해 연구팀은 금속 재질 대신 그래핀을 신호 전송용 길로 활용했다.

그래핀은 탄소 원자가 육각형으로 결합한 두께 0.3나노미터의 얇은 2차원 물질로, 전선에 널리 쓰이는 구리보다 전기 전달 능력이 뛰어나며 전자 이동속도도 100배 이상 빨라 이상적인 반도체용 물질로 꼽힌다. 그러나 너무 얇다 보니 전류나 신호를 전달하는 데 방해가 되는 저항이 높고, 전하 농도가 낮아 효율이 떨어진다는 단점이 있었다.

연구팀은 이런 단점을 해결하고자 그래핀에 불순물을 얇게 덮는 방법을 생각했다. 그래핀 표면에 비정질 탄소를 흡착시켜 일종의 ㉢ '코팅'처럼 둘러싼 것이다. 연구 결과 이 과정에서 신호 전달을 방해하던 저항은 기존 그래핀 선로보다 60% 감소했고, 신호 손실은 약 절반 정도로 줄어들었으며, 전달할 수 있는 전하의 농도는 20배 이상 증가했다. 이를 통해 연구팀은 금속 선로의 수백분의 1 크기로 작으면서도 효율성은 그대로인 고효율, 고속 신호 전송 선로를 완성하였다.

① 연구팀은 ㉡을 ㉠으로 바꾸었다.
② 반도체 내에 많은 소자가 집적될수록 ㉡에 저항이 증가한다.
③ ㉠은 구리보다 전기 전달 능력과 전자 이동속도가 뛰어나다.
④ 연구팀은 전자의 이동속도를 높이기 위해 ㉠에 ㉢을 하였다.
⑤ ㉠은 그래핀, ㉡은 금속 재질, ㉢은 비정질 탄소를 의미한다.

19 다음 제시문의 주장에 대한 비판으로 적절하지 않은 것은?

> 동물실험이란 교육, 시험, 연구 및 생물학적 제제의 생산 등 과학적 목적을 위해 동물을 대상으로
> 실시하는 실험 또는 그 과학적 절차를 말한다. 전 세계적으로 매년 약 6억 마리의 동물들이 실험에
> 쓰이고 있다고 추정되며, 대부분의 동물들은 실험이 끝난 뒤 안락사를 시킨다.
> 동물실험은 대개 인체실험의 전 단계로 이루어지는데, 검증되지 않은 물질을 바로 사람에게 주입하
> 여 발생하는 위험을 줄일 수 있다는 점에서 필수적인 실험이라고 말할 수 있다. 물론 살아 있는 생물
> 을 대상으로 하는 실험이기 때문에 대체(Replacement), 감소(Reduction), 개선(Refinement)으로
> 요약되는 3R 원칙에 입각하여 실험하는 것이 당연하다. 굳이 다른 방법이 있다면 그 방법을 채택할
> 것이며, 희생이 되는 동물의 수를 최대한 줄이고, 필수적인 실험 조건 외에는 자극을 주지 않아야
> 한다.
> 하지만 그럼에도 보다 안전한 결과를 도출해내기 위한 동물실험은 필요악이며, 이러한 필수적인 의
> 약실험조차 금지하려 한다는 것은 기술 발전 속도를 늦춰 약이 필요한 누군가의 고통을 감수하자는
> 이기적인 주장과 같다고 할 수 있다.

① 3R 원칙과 같은 윤리적 강령이 법적인 통제력을 지니지 않은 이상 실제로 얼마나 엄격하게 지켜
   질 것인지는 알 수 없다.
② 화장품 업체들의 동물실험과 같은 사례를 통해 생명과 큰 연관이 없는 실험은 필요악이라고 주장
   할 수 없다.
③ 아무리 엄격하게 통제된 실험이라고 해도 동물 입장에서 바라본 실험이 비윤리적이며 생명체의
   존엄성을 훼손하는 행위라는 사실을 벗어날 수는 없다.
④ 과거와 달리 현대에서는 인공 조직을 배양하여 실험의 대상으로 삼을 수 있으므로 동물실험 자체
   를 대체하는 것이 가능하다.
⑤ 동물실험에서 안전성을 검증받은 이후 인체에 피해를 준 약물의 사례가 존재한다.

20 다음 제시문을 토대로 〈보기〉의 내용을 바르게 해석한 것은?

반도체 및 디스플레이 제조공정에서 사용되는 방법인 포토리소그래피(Photo-lithography)는 그 이름처럼 사진 인쇄 기술과 비슷하게 빛을 이용하여 복잡한 회로 패턴을 제조하는 공정이다. 포토리소그래피는 디스플레이에서는 TFT(Thin Film Transistor, 박막 트랜지스터) 공정에 사용되는데, 먼저 세정된 기판(Substrate) 위에 TFT 구성에 필요한 증착 물질과 이를 덮을 PR(Photo Resist, 감광액) 코팅을 올리고, 빛과 마스크 그리고 현상액과 식각 과정으로 PR 코팅과 증착 물질을 원하는 모양대로 깎아 내린 다음, 다시 그 위에 층을 쌓는 것을 반복하여 원하는 형태를 패터닝하는 것이다.

한편, 포토리소그래피 공정에 사용되는 PR 물질은 빛의 반응에 따라 포지티브와 네거티브 두 가지 방식으로 분류되는데, 포지티브 방식은 마스크에 의해 빛에 노출된 부분이 현상액에 녹기 쉽게 화학 구조가 변하는 것으로, 노광(Exposure) 과정에서 빛을 받은 부분을 제거한다. 반대로 네거티브 방식은 빛에 노출된 부분이 더욱 단단해지는 것으로 빛을 받지 못한 부분을 현상액으로 제거한다. 이후 원하는 패턴만 남은 PR층은 식각(Etching) 과정을 거쳐 PR이 덮여 있지 않은 부분의 증착 물질을 제거하고, 이후 남은 증착 물질이 원하는 모양으로 패터닝 되면 그 위의 도포되어 있던 PR층을 마저 제거하여 증착 물질만 남도록 하는 것이다.

보기

창우와 광수는 각각 포토리소그래피 공정을 통해 디스플레이 회로 패턴을 완성시키기로 하였다. 창우는 포지티브 방식을, 광수는 네거티브 방식을 사용하기로 하였는데, 광수는 실수로 포지티브 방식의 PR 코팅을 사용해 공정을 진행했음을 깨달았다.

① 창우의 디스플레이 회로는 증착, PR 코팅, 노광, 현상, 식각까지의 과정을 반복하여 완성되었을 것이다.
② 광수가 포토리소그래피의 매 공정을 검토했을 경우 최소 식각 과정을 확인하면서 자신의 실수를 알아차렸을 것이다.
③ 포토리소그래피 공정 중 현상 과정에서 문제가 발생했다면 창우의 디스플레이 기판에는 PR층과 증착 물질이 남아있지 않을 것이다.
④ 원래 의도대로라면 노광 과정 이후 창우가 사용한 감광액은 용해도가 높아지고, 광수가 사용한 감광액은 용해도가 매우 낮아졌을 것이다.
⑤ 광수가 원래 의도대로 디스플레이 회로를 완성시키기 위해서는 최소한 노광 과정까지는 공정을 되돌릴 필요가 있다.

정답 및 해설 p.009

01 수리

01 작년 S사의 일반 사원 수는 400명이었다. 올해 진급하여 직책을 단 사원은 작년 일반 사원 수의 12%이고, 20%는 퇴사를 하였다. 올해 전체 일반 사원 수가 작년보다 6% 증가했을 때, 올해 채용한 신입사원은 몇 명인가?

① 144명   ② 146명

③ 148명   ④ 150명

⑤ 152명

02 남학생 4명과 여학생 3명을 원형 모양의 탁자에 앉힐 때, 여학생 3명이 이웃해서 앉을 확률은?

① $\dfrac{1}{5}$ ② $\dfrac{1}{7}$

③ $\dfrac{1}{15}$ ④ $\dfrac{1}{20}$

⑤ $\dfrac{1}{21}$

03 다음은 연도별 뺑소니 교통사고 통계현황에 대한 자료이다. 이에 대한 〈보기〉의 설명 중 옳은 것을 모두 고르면?

〈연도별 뺑소니 교통사고 통계현황〉

(단위 : 건, 명)

구분	2018년	2019년	2020년	2021년	2022년
사고건수	15,500	15,280	14,800	15,800	16,400
검거 수	12,493	12,606	12,728	13,667	14,350
사망자 수	1,240	1,528	1,850	1,817	1,558
부상자 수	9,920	9,932	11,840	12,956	13,940

- $[검거율(\%)] = \dfrac{(검거 수)}{(사고건수)} \times 100$

- $[사망률(\%)] = \dfrac{(사망자 수)}{(사고건수)} \times 100$

- $[부상률(\%)] = \dfrac{(부상자 수)}{(사고건수)} \times 100$

보기

ㄱ. 사고건수는 매년 감소하지만 검거 수는 매년 증가한다.

ㄴ. 2020년의 사망률과 부상률이 2021년의 사망률과 부상률보다 모두 높다.

ㄷ. 2020 ~ 2022년의 사망자 수와 부상자 수의 증감추이는 반대이다.

ㄹ. 2019 ~ 2022년 검거율은 매년 높아지고 있다.

① ㄱ, ㄴ

② ㄱ, ㄹ

③ ㄴ, ㄹ

④ ㄷ, ㄹ

⑤ ㄱ, ㄷ, ㄹ

04 S씨는 퇴직 후 네일아트를 전문적으로 하는 뷰티숍을 개점하기 위해서 평소 눈여겨본 지역의 고객 분포를 알아보기 위해 직접 설문조사를 하였다. 설문조사 결과가 다음과 같을 때, S씨가 이해한 내용으로 가장 적절한 것은?(단, 복수응답과 무응답은 없다)

〈응답자의 연령대별 방문횟수〉

(단위 : 명)

방문횟수 \ 연령대	20 ~ 25세	26 ~ 30세	31 ~ 35세	합계
1회	19	12	3	34
2 ~ 3회	27	32	4	63
4 ~ 5회	6	5	2	13
6회 이상	1	2	0	3
합계	53	51	9	113

〈응답자의 직업〉

(단위 : 명)

구분	응답자 수
학생	49
회사원	43
공무원	2
전문직	7
자영업	9
가정주부	3
합계	113

① 전체 응답자 중 20 ~ 25세 응답자가 차지하는 비율은 50% 이상이다.

② 26 ~ 30세 응답자 중 4회 이상 방문한 응답자 비율은 10% 이상이다.

③ 31 ~ 35세 응답자의 1인당 평균 방문횟수는 2회 미만이다.

④ 전체 응답자 중 직업이 학생 또는 공무원인 응답자 비율은 50% 이상이다.

⑤ 전체 응답자 중 20 ~ 25세인 전문직 응답자 비율은 5% 미만이다.

05 다음은 세계 로봇 시장과 국내 로봇 시장 규모에 대한 자료이다. 이에 대한 설명으로 옳지 않은 것은?

<세계 로봇 시장 규모>

(단위 : 백만 달러)

구분	2018년	2019년	2020년	2021년	2022년
개인 서비스용 로봇 시장	636	13,356	1,704	2,134	2,216
전문 서비스용 로봇 시장	3,569	1,224	3,661	4,040	4,600
제조용 로봇 시장	8,278	3,636	9,507	10,193	11,133
합계	12,483	8,496	14,872	16,367	17,949

<국내 로봇 시장 규모>

(단위 : 억 원)

구분	생산			수출			수입		
	2020년	2021년	2022년	2020년	2021년	2022년	2020년	2021년	2022년
개인 서비스용 로봇 시장	2,973	3,247	3,256	1,228	944	726	156	181	232
전문 서비스용 로봇 시장	1,318	1,377	2,629	163	154	320	54	182	213
제조용 로봇 시장	20,910	24,671	25,831	6,324	6,694	6,751	2,635	2,834	4,391
합계	25,201	29,295	31,716	7,715	7,792	7,797	2,845	3,197	4,836

① 2022년 세계 개인 서비스용 로봇 시장 규모는 전년 대비 약 3.8% 정도 성장했다.

② 세계 전문 서비스용 로봇 시장 규모는 2020년 이후 꾸준히 성장하는 추세를 보이고 있으며, 2022년 세계 전문 서비스용 로봇 시장 규모는 전체 세계 로봇 시장 규모의 약 27% 이상을 차지하고 있다.

③ 2022년 세계 제조용 로봇 시장은 전년 대비 약 9.2% 성장한 111억 3,300만 달러로 세계 로봇 시장에서 가장 큰 시장 규모를 차지하고 있다.

④ 2022년의 국내 전문 서비스용 로봇의 생산 규모는 전년보다 약 91% 증가했으며, 2022년의 국내 전체 서비스용 로봇의 생산 규모도 전년 대비 약 27.3% 증가했다.

⑤ 2022년의 국내 개인 서비스용 로봇 수출은 전년 대비 약 23.1% 정도 감소하였고, 2022년의 국내 전체 서비스용 로봇 수출은 전년 대비 약 4.7% 정도 감소했다.

※ 다음은 주요산업국의 연도별 연구개발비 추이에 대한 자료이다. 이를 보고 이어지는 질문에 답하시오.
 [6~7]

〈주요산업국 연도별 연구개발비 추이〉

(단위 : 백만 달러)

구분	2017년	2018년	2019년	2020년	2021년	2022년
한국	23,587	28,641	33,684	31,304	29,703	37,935
중국	29,898	37,664	48,771	66,430	84,933	-
일본	151,270	148,526	150,791	168,125	169,047	-
독일	69,317	73,737	84,148	97,457	92,552	92,490
영국	39,421	42,693	50,016	47,138	40,291	39,924
미국	325,936	350,923	377,594	403,668	401,576	-

〈2021년 연구개발비 분포〉

06 다음 중 자료에 대한 〈보기〉의 설명 중 옳은 것을 모두 고르면?

> **보기**
>
> ㄱ. 2021년 연구개발비가 전년 대비 감소한 곳은 4곳이다.
> ㄴ. 2017년에 비해 2021년 연구개발비 증가율이 가장 높은 곳은 중국이고, 가장 낮은 곳은 일본
>   이다.
> ㄷ. 전년 대비 2019년 한국의 연구개발비 증가율은 독일보다 높고, 중국보다 낮다.

① ㄱ
② ㄱ, ㄴ
③ ㄱ, ㄷ
④ ㄴ, ㄷ
⑤ ㄱ, ㄴ, ㄷ

07 2021년 미국의 개발연구비는 한국의 응용연구비의 약 몇 배인가?(단, 소수점 이하는 버림한다)

① 38배
② 39배
③ 40배
④ 41배
⑤ 42배

08 반도체 메모리의 개발 용량이 다음과 같이 규칙적으로 증가할 때, 2007년에 개발한 메모리의 용량은?

〈연도별 반도체 메모리 개발 용량〉

(단위 : MB)

구분	1999년	2000년	2001년	2002년	2003년
메모리 개발 용량	256	512	1,024	2,048	4,096

① 32,768MB
② 52,428MB
③ 58,982MB
④ 65,536MB
⑤ 78,642MB

1일 차

09 어떤 동굴의 한 석순의 길이를 10년 단위로 측정한 결과가 다음과 같은 규칙으로 자랄 때, 2050년에 측정될 석순의 길이는?

〈연도별 석순 길이〉

(단위 : cm)

구분	1960년	1970년	1980년	1990년	2000년
석순 길이	10	12	13	15	16

① 22cm
② 23cm
③ 24cm
④ 25cm
⑤ 26cm

10 세계 물 위원회에서는 전 세계의 물 문제 해결을 위한 공동 대응을 목적으로 '세계 물 포럼'을 주기적으로 개최하고 있다. 제1회 세계 물 포럼은 1997년 모로코의 마라케시에서 개최되었고 개최 연도에 다음과 같은 규칙으로 개최될 때, 제10회 세계 물 포럼이 개최되는 연도는?

〈세계 물 포럼 개최 연도〉

(단위 : 년)

구분	제1회	제2회	제3회	제4회	제5회
연도	1997	2000	2003	2006	2009

① 2022년
② 2023년
③ 2024년
④ 2025년
⑤ 2026년

※ 제시된 명제가 참일 때, 다음 중 빈칸에 들어갈 명제로 가장 적절한 것을 고르시오. [1~3]

01

전제1. 스테이크를 먹는 사람은 지갑이 없다.
전제2. _____
결론. 지갑이 있는 사람은 쿠폰을 받는다.

① 스테이크를 먹는 사람은 쿠폰을 받지 않는다.
② 스테이크를 먹지 않는 사람은 쿠폰을 받는다.
③ 쿠폰을 받는 사람은 지갑이 없다.
④ 지갑이 없는 사람은 쿠폰을 받지 않는다.
⑤ 지갑이 없는 사람은 스테이크를 먹지 않는다.

02

전제1. 광물은 매우 규칙적인 원자 배열을 가지고 있다.
전제2. 다이아몬드는 광물이다.
결론. _____

① 다이아몬드는 매우 규칙적인 원자 배열을 가지고 있다.
② 광물이 아니면 규칙적인 원자 배열을 가지고 있지 않다.
③ 다이아몬드가 아니면 광물이 아니다.
④ 광물은 다이아몬드이다.
⑤ 광물이 아니면 다이아몬드이다.

03

전제1. 음악을 좋아하는 사람은 상상력이 풍부하다.
전제2. 음악을 좋아하지 않는 사람은 노란색을 좋아하지 않는다.
결론. _____

① 노란색을 좋아하지 않는 사람은 음악을 좋아한다.
② 음악을 좋아하지 않는 사람은 상상력이 풍부하지 않다.
③ 상상력이 풍부한 사람은 노란색을 좋아하지 않는다.
④ 노란색을 좋아하는 사람은 상상력이 풍부하다.
⑤ 상상력이 풍부하지 않은 사람은 음악을 좋아한다.

04 A ~ D 네 사람만 참여한 달리기 시합에서 동순위 없이 순위가 완전히 결정되었고, A, B, C는 각자 다음과 같이 진술하였다. 이들의 진술이 자신보다 낮은 순위의 사람에 대한 진술이라면 참이고, 높은 순위의 사람에 대한 진술이라면 거짓이라고 할 때, 반드시 참인 것은?

- A : C는 1위이거나 2위이다.
- B : D는 3위이거나 4위이다.
- C : D는 2위이다.

① A는 1위이다.
② B는 2위이다.
③ D는 4위이다.
④ A가 B보다 순위가 높다.
⑤ C가 D보다 순위가 높다.

05 낮 12시경 준표네 집에 도둑이 들었다. 목격자에 의하면 도둑은 한 명이다. 이 사건의 용의자로는 A ~ E가 있고, 다음에는 이들의 진술 내용이 기록되어 있다. 이 다섯 사람 중 오직 두 명만이 거짓 말을 하고 있으며 거짓말을 하는 두 명 중 한 명이 범인이라면, 누가 범인인가?

- A : 나는 사건이 일어난 낮 12시에 학교에 있었어.
- B : 그날 낮 12시에 나는 A, C와 함께 있었어.
- C : B는 그날 낮 12시에 A와 부산에 있었어.
- D : B의 진술은 참이야.
- E : C는 그날 낮 12시에 나와 단 둘이 함께 있었어.

① A   ② B
③ C   ④ D
⑤ E

06 A ~ D는 취미로 꽃꽂이, 댄스, 축구, 농구 중에 한 가지 활동을 한다. 취미는 서로 겹치지 않으며, 모든 사람은 취미 활동을 한다. 다음 〈조건〉을 바탕으로 항상 참인 것은?

> **조건**
> • A는 축구와 농구 중에 한 가지 활동을 한다.
> • B는 꽃꽂이와 축구 중에 한 가지 활동을 한다.
> • C의 취미는 꽃꽂이를 하는 것이다.

① B는 축구 활동을, D는 농구 활동을 한다.
② A는 농구 활동을, D는 댄스 활동을 한다.
③ A는 댄스 활동을, B는 축구 활동을 한다.
④ B는 축구 활동을 하지 않으며, D는 댄스 활동을 한다.
⑤ A는 농구 활동을 하지 않으며, D는 댄스 활동을 하지 않는다.

07 S사는 자율출퇴근제를 시행하고 있다. 출근시간은 12시 이전에 자유롭게 할 수 있으며 본인 업무를 마치면 바로 퇴근한다. 다음 1월 28일의 업무에 대한 일지를 고려하였을 때, 항상 참인 것은?

> • 점심시간은 12시부터 1시까지이며, 점심시간에는 업무를 하지 않는다.
> • 업무 1개당 1시간이 소요되며, 출근하자마자 업무를 시작하여 쉬는 시간 없이 근무한다.
> • S사에 근무 중인 K팀의 A ~ D는 1월 28일에 전원 출근했다.
> • A와 B는 오전 10시에 출근했다.
> • B와 D는 오후 3시에 퇴근했다.
> • C는 팀에서 업무가 가장 적어 가장 늦게 출근하고 가장 빨리 퇴근했다.
> • D는 B보다 업무가 1개 더 많았다.
> • A는 C보다 업무가 3개 더 많았고, 팀에서 가장 늦게 퇴근했다.
> • 이날 K팀은 가장 늦게 출근한 사람과 가장 늦게 퇴근한 사람을 기준으로, 오전 11시에 모두 출근하였으며 오후 4시에 모두 퇴근한 것으로 보고되었다.

① A는 4개의 업무를 하고 퇴근했다.
② B의 업무는 A의 업무보다 많았다.
③ C는 2시에 퇴근했다.
④ A와 B는 팀에서 가장 빨리 출근했다.
⑤ 업무를 마친 C가 D의 업무 중 1개를 대신했다면 D와 같이 퇴근할 수 있었다.

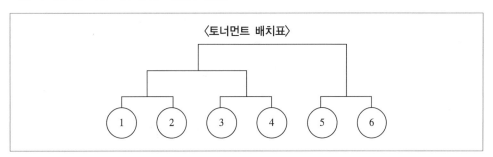

08 A ~ F는 경기장에서 배드민턴 시합을 하기로 하였다. 경기장에 도착하는 순서대로 다음과 같은 토너먼트 배치표의 1 ~ 6에 한 사람씩 배치한 후 모두 도착하면 토너먼트 경기를 하기로 하였다. 다음 〈조건〉을 바탕으로 항상 거짓인 것은?

〈토너먼트 배치표〉

① ② ③ ④ ⑤ ⑥

조건

- C는 A 바로 뒤에 도착하였다.
- F는 마지막으로 도착하였다.
- E는 D보다 먼저 도착하였다.
- B는 두 번째로 도착하였다.
- D는 C보다 먼저 도착하였다.

① E는 가장 먼저 경기장에 도착하였다.
② B는 최대 3번까지 경기를 하게 된다.
③ A는 최대 2번까지 경기를 하게 된다.
④ C는 다섯 번째로 도착하여 최대 2번까지 경기를 하게 된다.
⑤ D는 첫 번째 경기에서 A와 승부를 겨룬다.

09

①

②

③

④

⑤

10

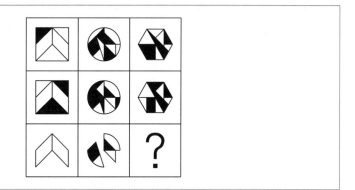

①

②

③

④

⑤

※ 다음 도식에서 기호들은 일정한 규칙에 따라 문자를 변화시킨다. 물음표에 들어갈 적절한 문자를 고르시오(단, 규칙은 가로와 세로 중 한 방향으로만 적용된다). [11~14]

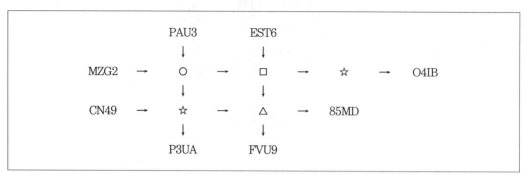

11

| JLMP → ○ → □ → ? |

① NORL   ② LNOK

③ RONL   ④ MPQM

⑤ ONKK

12

| DRFT → □ → ☆ → ? |

① THVF   ② EUGW

③ SGQE   ④ VHTF

⑤ DTFR

13

$$8TK1 \rightarrow \triangle \rightarrow \bigcirc \rightarrow\ ?$$

① 81KT
② 9WL4
③ UJ27
④ KT81
⑤ 0LS9

14

$$F752 \rightarrow \star \rightarrow \square \rightarrow \triangle \rightarrow\ ?$$

① 348E
② 57F2
③ 974H
④ 388I
⑤ 663E

※ 다음 제시된 문장 또는 문단을 논리적 순서대로 바르게 나열한 것을 고르시오. [15~17]

15

(가) 상품의 가격은 기본적으로 수요와 공급의 힘으로 결정된다. 시장에 참여하고 있는 경제 주체들은 자신이 가진 정보를 기초로 하여 수요와 공급을 결정한다.

(나) 이런 경우에는 상품의 가격이 우리의 상식으로는 도저히 이해하기 힘든 수준까지 일시적으로 뛰어오르는 현상이 나타날 가능성이 있다. 이런 현상은 특히 투기의 대상이 되는 자산의 경우 자주 나타나는데, 우리는 이를 '거품 현상'이라고 부른다.

(다) 그러나 현실에서는 사람들이 서로 다른 정보를 갖고 시장에 참여하는 경우가 많다. 어떤 사람은 특정한 정보를 갖고 있는데 거래 상대방은 그 정보를 갖고 있지 못한 경우도 있다.

(라) 일반적으로 거품 현상이란 것은 어떤 상품 – 특히 자산 – 의 가격이 지속해서 급격히 상승하는 현상을 가리킨다. 이와 같은 지속적인 가격 상승이 일어나는 이유는 애초에 발생한 가격 상승이 추가적인 가격 상승의 기대로 이어져 투기 바람이 형성되기 때문이다.

(마) 이들이 똑같은 정보를 함께 갖고 있으며 이 정보가 아주 틀린 것이 아닌 한, 상품의 가격은 어떤 기본적인 수준에서 크게 벗어나지 않을 것이라고 예상할 수 있다.

① (가) – (다) – (나) – (라) – (마)
② (가) – (마) – (다) – (나) – (라)
③ (라) – (가) – (다) – (나) – (마)
④ (라) – (다) – (가) – (나) – (마)
⑤ (마) – (가) – (다) – (라) – (나)

16

(가) 오히려 클레나 몬드리안의 작품을 우리 조각보의 멋에 비견되는 것으로 보아야 할 것이다. 조각보는 몬드리안이나 클레의 작품보다 100여 년 이상 앞서 제작된 공간 구성미를 가진 작품이며, 시대적으로 앞설 뿐 아니라 평범한 여성들의 일상에서 시작되었다는 점 그리고 정형화되지 않은 색채감과 구성미로 독특한 예술성을 지닌다는 점에서 차별화된 가치를 지닌다.

(나) 조각보는 일상생활에서 쓰다 남은 자투리 천을 이어서 만든 것으로, 옛 서민들의 절약 정신과 소박한 미의식을 보여준다. 조각보의 색채와 공간구성 면은 공간 분할의 추상화가로 유명한 클레(Paul Klee)나 몬드리안(Peit Mondrian)의 작품과 비견되곤 한다. 그만큼 아름답고 훌륭한 조형미를 지녔다는 의미이기도 하지만 일견 돌이켜 보면 이것은 잘못된 비교이다.

(다) 기하학적 추상을 표방했던 몬드리안의 작품보다 세련된 색상 배치로 각 색상이 가진 느낌을 살렸으며, 동양적 정서가 담김 '오방색'이라는 원색을 통해 강렬한 추상성을 지닌다. 또한 조각보를 만드는 과정과 그 작업의 내면에 가족의 건강과 행복을 기원하는 마음이 담겨 있어 단순한 오브제이기 이전에 기복신앙적인 부분이 있다. 조각보가 아름답게 느껴지는 이유는 이처럼 일상 속에서 삶과 예술을 함께 담았기 때문일 것이다.

① (가) – (나) – (다)　　　　　　　② (나) – (가) – (다)
③ (나) – (다) – (가)　　　　　　　④ (다) – (가) – (나)
⑤ (다) – (나) – (가)

17

(가) 개념사를 역사학의 한 분과로 발전시킨 독일의 역사학자 코젤렉은 '개념은 실재의 지표이자 요소'라고 하였다. 이 말은 실타래처럼 얽혀 있는 개념과 정치 · 사회적 실재, 개념과 역사적 실재의 관계를 정리하기 위한 중요한 지침으로 작용한다. 그에 의하면 개념은 정치적 사건이나 사회적 변화 등의 실재를 반영하는 거울인 동시에 정치 · 사회적 사건과 변화의 실제적 요소이다.

(나) 개념은 정치적 사건과 사회적 변화 등에 직접 관련되어 있거나 그것을 기록, 해석하는 다양한 주체들에 의해 사용된다. 이러한 주체들, 즉 '역사 행위자'들이 사용하는 개념은 여러 의미가 포개어진 층을 이룬다. 개념사에서는 사회 · 역사적 현실과 관련하여 이러한 층들을 파헤치면서 개념이 어떻게 사용되어 왔는가, 이 과정에서 그 의미가 어떻게 변화했는가, 어떤 함의들이 거기에 투영되었는가, 그 개념이 어떠한 방식으로 작동했는가 등에 대해 탐구한다.

(다) 이상에서 보듯이 개념사에서는 개념과 실재를 대조하고 과거와 현재의 개념을 대조함으로써, 그 개념이 대응하는 실재를 정확히 드러내고 있는가, 아니면 실재의 이해를 방해하고 더 나아가 왜곡하는가를 탐구한다. 이를 통해 코젤렉은 과거에 대한 '단 하나의 올바른 묘사'를 주장하는 근대 역사학의 방법을 비판하고, 과거의 역사 행위자가 구성한 역사적 실재와 현재 역사가가 만든 역사적 실재를 의미 있게 소통시키고자 했다.

(라) 사람들이 '자유', '민주', '평화' 등과 같은 개념들을 사용할 때, 그 개념이 서로 같은 의미를 갖는 것은 아니다. '자유'의 경우, '구속받지 않는 상태'를 강조하는 개념으로 쓰이는가 하면, '자발성'이나 '적극적인 참여'를 강조하는 개념으로 쓰이기도 한다. 이러한 정의와 해석의 차이로 인해 개념에 대한 논란과 논쟁이 늘 있어 왔다. 바로 이러한 현상에 주목하여 출현한 것이 코젤렉의 '개념사'이다.

(마) 또한 개념사에서는 '무엇을 이야기하는가.'보다는 '어떤 개념을 사용하면서 그것을 이야기하는가.'에 관심을 갖는다. 개념사에서는 과거의 역사 행위자가 자신이 경험한 '현재'를 서술할 때 사용한 개념과 오늘날의 입장에서 '과거'의 역사 서술을 이해하기 위해 사용한 개념의 차이를 밝힌다. 그리고 과거의 역사를 현재의 역사로 번역하면서 양자가 어떻게 수렴될 수 있는가를 밝히는 절차를 밟는다.

① (라) – (가) – (나) – (마) – (다)

② (라) – (나) – (가) – (다) – (마)

③ (마) – (나) – (가) – (다) – (라)

④ (마) – (라) – (나) – (다) – (가)

⑤ (마) – (라) – (다) – (나) – (가)

18 다음 제시문을 읽고 추론한 내용으로 가장 적절한 것은?

두뇌 연구는 지금까지 뉴런을 중심으로 진행되어 왔다. 뉴런 연구로 노벨상을 받은 카얄은 뉴런이 '생각의 전화선'이라는 이론을 확립하여 사고와 기억 등 두뇌에서 일어나는 모든 현상을 뉴런의 연결망과 뉴런 간의 전기 신호로 설명했다. 그러나 두뇌에는 뉴런 외에도 신경교 세포가 존재한다. 신경교 세포는 뉴런처럼 그 수가 많지만 전기 신호를 전달하지 못한다. 이 때문에 과학자들은 신경교 세포가 단지 두뇌 유지에 필요한 영양 공급과 두뇌 보호를 위한 전기 절연의 역할만을 가진다고 여겼다.

최근 과학자들은 신경교 세포에서 그 이상의 기능을 발견했다. 신경교 세포 중에도 '성상세포'라 불리는 별 모양의 세포는 자신만의 화학적 신호를 가진다는 것이 밝혀졌다. 성상세포는 뉴런처럼 전기를 이용하지는 않지만, '뉴런송신기'라고 불리는 화학물질을 방출하고 감지한다. 과학자들은 이러한 화학적 신호의 연쇄반응을 통해 신경교 세포가 전체 뉴런을 조정한다고 추론했다.

A연구팀은 신경교 세포가 전체 뉴런을 조정하면서 기억력과 사고력을 향상시킨다고 예상하고서, 이를 확인하기 위해 인간의 신경교 세포를 갓 태어난 생쥐의 두뇌에 주입했다. 쥐가 자라면서 주입된 인간의 신경교 세포도 성장했다. 이 세포들은 쥐의 뉴런들과 완벽하게 결합되어 쥐의 두뇌 전체에 걸쳐 퍼지게 되었다. 심지어 어느 두뇌 영역에서는 쥐의 뉴런의 숫자를 능가하기도 했다. 뉴런과 달리 쥐와 인간의 신경교 세포는 비교적 쉽게 구별된다. 인간의 신경교 세포는 매우 길고 무성한 섬유질을 가지기 때문이다. 쥐에 주입된 인간의 신경교 세포는 그 기능을 그대로 간직한다. 그렇게 성장한 쥐들은 다른 쥐들과 잘 어울렸고, 다른 쥐들의 관심을 끄는 것에 흥미를 보였다. 이 쥐들은 미로를 통과해 치즈를 찾는 테스트에서 더 뛰어났다. 보통의 쥐들은 네다섯 번의 시도 끝에 올바른 길을 배웠지만, 인간의 신경교 세포를 주입받은 쥐들은 두 번 만에 학습했다.

① 인간의 신경교 세포를 쥐에게 주입하면, 쥐의 뉴런은 전기 신호를 전달하지 못할 것이다.
② 인간의 뉴런 세포를 쥐에게 주입하면, 쥐의 두뇌에는 화학적 신호의 연쇄 반응이 더 활발해질 것이다.
③ 인간의 뉴런 세포를 쥐에게 주입하면, 그 뉴런 세포는 쥐의 두뇌 유지에 필요한 영양을 공급할 것이다.
④ 인간의 신경교 세포를 쥐에게 주입하면, 그 신경교 세포는 쥐의 뉴런을 보다 효과적으로 조정할 것이다.
⑤ 인간의 신경교 세포를 쥐에게 주입하면, 그 신경교 세포는 쥐의 신경교 세포의 기능을 갖도록 변화할 것이다.

19 다음 제시문을 읽고 추론한 내용으로 적절하지 않은 것은?

태양 빛은 흰색으로 보이지만 실제로는 다양한 파장의 가시광선이 혼합되어 나타난 것이다. 프리즘을 통과시키면 흰색 가시광선은 파장에 따라 붉은빛부터 보랏빛까지의 무지갯빛으로 분해된다. 가시광선의 파장 범위는 390 ~ 780nm* 정도인데 보랏빛이 가장 짧고 붉은빛이 가장 길다. 빛의 진동수는 파장과 반비례하므로 진동수는 보랏빛이 가장 크고 붉은빛이 가장 작다. 태양 빛이 대기층에 입사하여 산소나 질소 분자와 같은 공기 입자(직경 0.1 ~ 1nm 정도), 먼지 미립자, 에어로졸**(직경 1 ~ 100,000nm 정도) 등과 부딪치면 여러 방향으로 흩어지는데 이러한 현상을 산란이라 한다. 산란은 입자의 직경과 빛의 파장에 따라 '레일리(Rayleigh) 산란'과 '미(Mie) 산란'으로 구분된다. 레일리 산란은 입자의 직경이 파장의 1/10보다 작을 경우에 일어나는 산란을 말하는데 그 세기는 파장의 네제곱에 반비례한다. 대기의 공기 입자는 직경이 매우 작아 가시광선 중 파장이 짧은 빛을 주로 산란시키며, 파장이 짧을수록 산란의 세기가 강하다. 따라서 맑은 날에는 주로 공기 입자에 의한 레일리 산란이 일어나서 보랏빛이나 파란빛이 강하게 산란되는 반면 붉은빛이나 노란빛은 약하게 산란된다. 산란되는 세기로는 보랏빛이 가장 강하겠지만, 우리 눈은 보랏빛보다 파란빛을 더 잘 감지하기 때문에 하늘은 파랗게 보이는 것이다. 만약 태양 빛이 공기 입자보다 큰 입자에 의해 레일리 산란이 일어나면 공기 입자만으로는 산란이 잘되지 않던 긴 파장의 빛까지 산란되어 하늘의 파란빛은 상대적으로 엷어진다.

미 산란은 입자의 직경이 파장의 1/10보다 큰 경우에 일어나는 산란을 말하는데 주로 에어로졸이나 구름 입자 등에 의해 일어난다. 이때 산란의 세기는 파장이나 입자 크기에 따른 차이가 거의 없다. 구름이 흰색으로 보이는 것은 미 산란으로 설명된다. 구름 입자(직경 20,000nm 정도)처럼 입자의 직경이 가시광선의 파장보다 매우 큰 경우에는 모든 파장의 빛이 고루 산란된다. 이 산란된 빛이 동시에 우리 눈에 들어오면 모든 무지갯빛이 혼합되어 구름이 하얗게 보인다. 이처럼 대기가 없는 달과 달리 지구는 산란 효과에 의해 파란 하늘과 흰 구름을 볼 수 있다.

*nm(나노미터) : 물리학적 계량 단위(1nm=10^{-9}m)
**에어로졸 : 대기에 분산된 고체 또는 액체 입자

① 가시광선의 파란빛은 보랏빛보다 진동수가 작다.
② 프리즘으로 분해한 태양 빛을 다시 모으면 흰색이 된다.
③ 파란빛은 가시광선 중에서 레일리 산란의 세기가 가장 크다.
④ 빛의 진동수가 2배가 되면 레일리 산란의 세기는 16배가 된다.
⑤ 달의 하늘에서는 공기 입자에 의한 태양 빛의 산란이 일어나지 않는다.

20 다음 제시문의 내용으로 적절하지 않은 것은?

헤로도토스의 앤드로파기(식인종)나 신화나 전설적 존재들인 반인반양, 켄타우로스, 미노타우로스 등은 아무래도 역사적인 구체성이 크게 결여된 편이다. 반면에 르네상스의 야만인 담론에 등장하는 야만인들은 서구의 전통 야만인관에 의해 각색되었지만, 이전과는 달리 현실적 구체성을 띠고 나타난다. 하지만 이때도 문명의 시각이 작동하여 야만인이 저질 인간으로 인식되는 것은 마찬가지이다. 다만 이런 인식이 서구 중심의 세계체제 형성과 관련을 맺는다는 점이 이전과의 차이점이다. 르네상스 야만인상은 서구인의 문명건설 과업과 관련하여 만들어진 것이다. '신대륙 발견'과 더불어 '문명'과 '야만'의 접촉이 빈번해지자 야만인은 더는 신화적·상징적·문화적 이해 대상이 아니다. 이제 그는 실제 경험의 대상으로서 서구인의 일상생활에까지 모습을 드러내는 존재이다.

특히 주목해야 할 점은 콜럼버스의 '신대륙 발견' 이후로 야만인 담론은 유럽인이 '발견'한 지역의 원주민들과 집단으로 직접 만나는 실제 체험과 관련되어 있다는 사실이다. 르네상스 이전이라고 해서 이방의 원주민들을 만나지 않았을 리 없겠지만 그때에는 원주민에 관한 정보가 직접 경험에 의한 것이라기보다는 뜬소문에 근거하거나 아니면 순전히 상상의 산물인 경우가 많았다. 반면에 르네상스 시대 야만인은 그냥 원주민이 아니다. 이때 원주민은 식인종이며 바로 이 점 때문에 문명인의 교화를 받거나 정복과 절멸의 대상이 된다. 이 점은 코르테스가 정복한 아스테카 제국인 멕시코를 생각하면 쉽게 이해할 수 있다.

멕시코는 당시 거대한 제국으로서 유럽에서도 유례를 찾아보기 힘들 정도로 인구 25만의 거대한 도시를 건설한 '문명국'이었다. 하지만 멕시코 정벌에 참여한 베르날 디아즈는 나중에 이 경험을 토대로 한 회고록『뉴 스페인 정복사』에서 멕시코 원주민들을 지독한 식습관을 가진 것으로 매도한다. 멕시코 원주민들이 식인종으로 규정되고 나면 그들이 아무리 스페인 정복군이 눈이 휘둥그레질 정도로 발달된 문화를 가지고 있어도 소용이 없다. 그들은 집단으로 '식인 야만인'으로 규정됨으로써 정복의 대상이 되고 또 이로 말미암아 세계사의 흐름에 큰 변화가 오게 된다. 거대한 대륙의 주인이 바뀌는 것이다.

① 고대에 형성된 야만인 이미지들은 경험에 의한 것이기보다 허구의 산물이었다.
② 르네상스 이후 서구인의 야만인 담론은 전통적인 야만인관과 단절을 이루었다.
③ 르네상스 이후 야만인은 서구의 세계제패 전략의 관점에서 인식되고 평가되었다.
④ 스페인 정복군에 의한 아즈테카 문명의 정복은 서구 야만인 담론을 통해 합리화되었다.
⑤ 콜럼버스 신대륙 발견 이후 야만인은 문명에 의해 교화되거나 정복되어야 할 잔인한 존재로 매도되었다.

정답 및 해설 p.016

| 01 | 수리 |

01 S기업에서는 사회 나눔 사업의 일환으로 마케팅부에서 5팀, 총무부에서 2팀을 구성해 어느 요양시설에서 7팀 모두가 하루에 한 팀씩 7일 동안 봉사활동을 하려고 한다. 7팀의 봉사활동 순번을 임의로 정할 때, 첫 번째 날 또는 일곱 번째 날에 총무부 소속 팀이 봉사활동을 하게 될 확률은 $\frac{b}{a}$ 이다. $a-b$ 의 값은?(단, a 와 b 는 서로소이다)

① 4
② 6
③ 8
④ 10
⑤ 12

02 아마추어 야구 시합에서 A팀과 B팀이 경기하고 있다. 7회 말까지는 동점이었고 8·9회에서 A팀이 획득한 점수는 B팀이 획득한 점수의 2배였다. 최종적으로 12 : 9로 A팀이 승리하였을 때, 8·9회에서 B팀은 몇 점을 획득하였는가?

① 2점
② 3점
③ 4점
④ 5점
⑤ 6점

03 S회사에서는 업무효율을 높이기 위해 근무여건 개선방안에 대하여 논의하고자 한다. 귀하는 논의자료를 위하여 전 직원의 야간근무 현황을 조사하였다. 다음 중 적절하지 않은 것은?

〈야간근무 현황(주 단위)〉

(단위 : 일, 시간)

구분	임원	부장	과장	대리	사원
평균 야간근무 빈도	1.2	2.2	2.4	1.8	1.4
평균 야간근무 시간	1.8	3.3	4.8	6.3	4.2

※ 60분의 2/3 이상을 채울 시 1시간으로 야간근무수당을 계산함

① 과장은 한 주에 평균적으로 2.4일 정도 야간근무를 한다.
② 전 직원의 주 평균 야간근무 빈도는 1.8일이다.
③ 사원은 한 주 동안 평균 4시간 12분 정도 야간근무를 하고 있다.
④ 1회 야간근무 시 평균적으로 가장 긴 시간 동안 일하는 직원은 대리이다.
⑤ 야간근무수당이 시간당 10,000원이라면 과장은 주 평균 50,000원을 받는다.

04 화물 출발지와 도착지 간 거리가 A기업은 100km, B기업은 200km이며, 운송량은 A기업이 5톤, B기업이 1톤이다. 국내 운송 시 수단별 요금체계가 다음과 같을 때, A기업과 B기업의 운송비용에 대한 설명으로 가장 적절한 것은?(단, 다른 조건은 같다)

구분		화물자동차	철도	연안해송
운임	기본운임	200,000원	150,000원	100,000원
	추가운임	1,000원	900원	800원
부대비용		100원	300원	500원

※ 추가운임 및 부대비용은 거리(km)와 무게(톤)를 곱하여 산정함

① A, B 모두 화물자동차 운송이 저렴하다.
② A는 화물자동차가 저렴하고, B는 모든 수단이 같다.
③ A는 모든 수단이 같고, B는 연안해송이 저렴하다.
④ A, B 모두 철도운송이 저렴하다.
⑤ A는 연안해송, B는 철도운송이 저렴하다.

05 다음은 2017 ~ 2021년의 한부모 및 미혼모·부 가구 수를 조사한 자료이다. 자료에 대한 설명으로 적절하지 않은 것은?

〈2017 ~ 2021년 한부모 및 미혼모·부 가구 수〉

(단위 : 천 명)

구분		2017년	2018년	2019년	2020년	2021년
한부모 가구	모자 가구	1,600	2,000	2,500	3,600	4,500
	부자 가구	300	340	480	810	990
미혼모·부 가구	미혼모 가구	80	68	55	72	80
	미혼부 가구	28	17	22	27	30

① 한부모 가구 중 모자 가구 수는 2018 ~ 2021년까지 2020년을 제외하고 매년 1.25배씩 증가한다.
② 한부모 가구에서 부자 가구가 모자 가구 수의 20%를 초과한 연도는 2020년과 2021년이다.
③ 2020년 미혼모 가구 수는 모자 가구 수의 2%이다.
④ 2018 ~ 2021년 전년 대비 미혼모 가구와 미혼부 가구 수의 증감 추이가 바뀌는 연도는 같다.
⑤ 2018년 부자 가구 수는 미혼부 가구 수의 20배이다.

06 다음은 인천국제공항의 연도별 세관 물품 신고 수에 관한 자료이다. 〈보기〉를 바탕으로 A ~ D에 들어갈 물품으로 가장 적절한 것은?

〈연도별 세관 물품 신고 수〉

(단위 : 만 건)

구분	2017년	2018년	2019년	2020년	2021년
A	3,547	4,225	4,388	5,026	5,109
B	2,548	3,233	3,216	3,410	3,568
C	3,753	4,036	4,037	4,522	4,875
D	1,756	2,013	2,002	2,135	2,647

보기

㉠ 가전류와 주류의 2018 ~ 2020년까지 전년 대비 세관물품 신고 수는 증가와 감소가 반복되었다.
㉡ 2021년 담배류 세관 물품 신고 수의 전년 대비 증가량은 두 번째로 많다.
㉢ 2018 ~ 2021년 동안 매년 세관 물품 신고 수가 가장 많은 것은 잡화류이다.
㉣ 2020년 세관물품 신고 수의 전년 대비 증가율이 세 번째로 높은 것은 주류이다.

	A	B	C	D
①	담배류	가전류	주류	잡화류
②	잡화류	담배류	가전류	주류
③	잡화류	가전류	담배류	주류
④	가전류	담배류	잡화류	주류
⑤	가전류	잡화류	담배류	주류

07 반도체 부품 회사에서 근무하는 A사원은 월별 매출 현황에 대한 보고서를 작성 중이었다. 그런데 실수로 파일이 삭제되어 기억나는 매출액만 다시 작성하였다. A사원이 기억하는 월평균 매출액은 35억 원이고, 상반기의 월평균 매출액은 26억 원이었다. 다음 중 남아 있는 매출 현황을 통해 상반기 평균 매출 대비 하반기 평균 매출의 증감액을 구하면 얼마인가?

〈월별 매출현황〉

(단위 : 억 원)

1월	2월	3월	4월	5월	6월	7월	8월	9월	10월	11월	12월	평균
–	10	18	36	–	–	–	35	20	19	–	–	35

① 12억 원 증가
② 12억 원 감소
③ 18억 원 증가
④ 18억 원 감소
⑤ 20억 원 증가

08 다음은 통계청에서 발표한 서울 지역 물가지수이다. 자료를 해석한 것으로 적절하지 않은 것은?

〈서울 지역 소비자물가지수 및 생활물가지수〉

(단위 : %)

구분	2018년 4/4분기	2019년 1/4분기	2/4분기	3/4분기	4/4분기	2020년 1/4분기	2/4분기	3/4분기	4/4분기	2021년 1/4분기	2/4분기	3/4분기
소비자 물가지수	95.5	96.4	97.7	97.9	99.0	99.6	100.4	100.4	101.0	102.6	103.4	104.5
전년 동기 (월)비	4.2	3.9	2.5	2.4	2.7	2.5	2.5	2.8	3.2	3.6	3.8	4.1
생활물가지수	95.2	95.9	97.1	97.6	99.1	99.7	99.7	100.4	100.9	103.1	103.5	104.5
전년 동기 (월)비	3.5	3.1	2.4	2.5	3.4	2.7	2.7	2.9	3.4	4.0	3.8	4.1

※ 물가지수는 2018년을 100으로 하여 각 연도의 비교치를 제시한 것임

① 2018년에 비해 2020년 소비자물가지수는 거의 변동이 없다.
② 2021년 4/4분기의 생활물가지수가 95.9포인트라면, 2021년 생활물가지수는 2020년에 비해 2포인트 이상 상승했다.
③ 2018년 이후 소비자물가지수와 생활물가지수는 매년 상승했다.
④ 2020년에는 소비자물가지수가 생활물가지수보다 약간 더 높다.
⑤ 전년 동기와 비교하여 상승 폭이 가장 클 때는 2018년 4/4분기 소비자물가지수이고, 가장 낮을 때는 2019년 2/4분기 생활물가지수와 2019년 3/4분기 소비자물가지수이다.

09 다음은 A물고기와 B물고기 알의 부화 예정일로부터 기간별 부화 개수이다. 다음과 같이 기간별 부화 수가 일정하게 유지된다면 9번째 주에 부화하는 알의 수는 몇 개인가?

〈A, B물고기 알의 부화 수 변화〉

(단위 : 개)

구분	1번째 주	2번째 주	3번째 주	4번째 주	5번째 주
A물고기	3	4	6	10	18
B물고기	1	2	4	8	16

	A물고기 알의 부화 수	B물고기 알의 부화 수
①	130개	128개
②	256개	128개
③	256개	256개
④	258개	128개
⑤	258개	256개

10 새로운 원유의 정제비율을 조사하기 위해 상압증류탑을 축소한 Pilot Plant에 새로운 원유를 투입해 사전분석실험을 시행했다. 다음과 같은 실험 결과를 얻었다고 할 때, 아스팔트는 최초 투입한 원유의 양 대비 몇 % 생산되는가?

〈사전분석실험 결과〉

생산제품	생산량
LPG	투입한 원유량의 5%
휘발유	LPG를 생산하고 남은 원유량의 20%
등유	휘발유를 생산하고 남은 원유량의 50%
경유	등유를 생산하고 남은 원유량의 10%
아스팔트	경유를 생산하고 남은 원유량의 4%

① 1.168%

② 1.368%

③ 1.568%

④ 1.768%

⑤ 1.968%

※ 제시된 명제가 모두 참일 때, 빈칸에 들어갈 명제로 가장 적절한 것을 고르시오. **[1~2]**

01

> • 환율이 하락하면 국가 경쟁력이 떨어졌다는 것이다.
> • _____
> • 수출이 감소했다는 것은 GDP가 감소했다는 것이다.
> • 따라서 수출이 감소하면 국가 경쟁력이 떨어진다.

① 국가 경쟁력이 떨어지면 수출이 감소했다는 것이다.
② GDP가 감소해도 국가 경쟁력은 떨어지지 않는다.
③ 환율이 상승하면 GDP가 증가한다.
④ 환율이 하락해도 GDP는 감소하지 않는다.
⑤ 수출이 증가했다는 것은 GDP가 증가했다는 것이다.

02

> • 아는 것이 적으면 인생에 나쁜 영향이 생긴다.
> • _____
> • 지식을 함양하지 않으면 아는 것이 적다.
> • 따라서 공부를 열심히 하지 않으면 인생에 나쁜 영향이 생긴다.

① 공부를 열심히 한다고 해서 지식이 생기지는 않는다.
② 지식을 함양했다는 것은 공부를 열심히 했다는 뜻이다.
③ 아는 것이 많으면 인생에 나쁜 영향이 생긴다.
④ 아는 것이 많으면 지식이 많다는 뜻이다.
⑤ 아는 것이 적으면 지식을 함양하지 않았다는 것이다.

03 고등학생 L은 총 7과목(ㄱ ~ ㅅ)을 한 과목씩 순서대로 중간고사를 보려고 한다. L이 세 번째로 시험 보는 과목이 ㄱ일 때, 〈조건〉에 따라 네 번째로 시험 보는 과목은 무엇인가?

> **조건**
> • 7개의 과목 중에서 ㄷ은 시험을 보지 않는다.
> • ㅅ은 ㄴ보다 나중에 시험 본다.
> • ㄴ은 ㅂ보다 먼저 시험 본다.
> • ㄹ은 ㅁ보다 나중에 시험 본다.
> • ㄴ은 ㄱ과 ㄹ보다 나중에 시험 본다.

① ㄴ   ② ㄹ

③ ㅁ   ④ ㅂ

⑤ ㅅ

04 S사는 공개 채용을 통해 4명의 남자 사원과 2명의 여자 사원을 최종 선발하였고, 선발된 6명의 신입 사원을 기획부, 인사부, 구매부 세 부서에 배치하려고 한다. 다음 〈조건〉에 따라 신입 사원을 배치할 때, 적절하지 않은 것은?

> **조건**
> • 기획부, 인사부, 구매부 각 부서에 적어도 1명의 신입 사원을 배치한다.
> • 기획부, 인사부, 구매부에 배치되는 신입 사원의 수는 서로 다르다.
> • 부서별로 배치되는 신입 사원의 수는 구매부가 가장 적고, 기획부가 가장 많다.
> • 여자 신입 사원만 배치되는 부서는 없다.

① 인사부에는 2명의 신입 사원이 배치된다.

② 구매부에는 1명의 남자 신입 사원이 배치된다.

③ 기획부에는 반드시 여자 신입 사원이 배치된다.

④ 인사부에는 반드시 여자 신입 사원이 배치된다.

⑤ 인사부에는 1명 이상의 남자 신입 사원이 배치된다.

05 함께 놀이공원에 간 A ~ E 5명 중 1명만 롤러코스터를 타지 않고 회전목마를 탔다. 이들은 집으로 돌아오는 길에 다음과 같은 대화를 나누었다. 5명 중 2명은 거짓을 말하고, 나머지 3명은 모두 진실을 말한다고 할 때, 롤러코스터를 타지 않은 사람은 누구인가?

- A : 오늘 탄 롤러코스터는 정말 재밌었어. 나는 같이 탄 E와 함께 소리를 질렀어.
- B : D는 회전목마를 탔다던데? E가 회전목마를 타는 D를 봤대. E의 말은 사실이야.
- C : D는 회전목마를 타지 않고 롤러코스터를 탔어.
- D : 나는 혼자서 회전목마를 타고 있는 B를 봤어.
- E : 나는 롤러코스터를 탔어. 손뼉을 칠 만큼 너무 완벽한 놀이기구야.

① A
② B
③ C
④ D
⑤ E

06 A ~ D 4명은 S아파트 10층에 살고 있다. 제시된 〈조건〉을 고려할 때 다음 중 항상 거짓인 것은?

조건

• 아파트 10층의 구조는 다음과 같다.

계단	1001호	1002호	1003호	1004호	엘리베이터

• A는 엘리베이터보다 계단이 더 가까운 곳에 살고 있다.
• C와 D는 계단보다 엘리베이터에 더 가까운 곳에 살고 있다.
• D는 A 바로 옆에 살고 있다.

① A보다 계단이 가까운 곳에 살고 있는 사람은 B이다.
② D는 1003호에 살고 있다.
③ 본인이 살고 있는 곳과 가장 가까운 이동 수단을 이용한다면 C는 엘리베이터를 이용할 것이다.
④ B가 살고 있는 곳에서 엘리베이터 쪽으로는 2명이 살고 있다.
⑤ C 옆에는 D가 살고 있다.

※ 다음 제시된 단어의 대응 관계로 볼 때, 빈칸에 들어가기에 적절한 것을 고르시오. [7~8]

07

간섭 : 참견 = 갈구 : (   )

① 관여　　　　　　　　② 개입
③ 경외　　　　　　　　④ 관조
⑤ 열망

08

호평 : 악평 = 예사 : (   )

① 비범　　　　　　　　② 통상
③ 보통　　　　　　　　④ 험구
⑤ 인기

09 다음 글을 읽고 〈보기〉의 내용 중 적절한 것을 모두 고르면?

뉴턴 역학은 갈릴레오나 뉴턴의 근대과학 이전 중세를 지배했던 아리스토텔레스의 역학관에 정면으로 반대된다. 아리스토텔레스에 의하면 물체가 똑같은 운동 상태를 유지하기 위해서는 외부에서 끝없이 힘이 제공되어야만 한다. 이렇게 물체에 힘을 제공하는 기동자가 물체에 직접적으로 접촉해야 운동이 일어난다. 기동자가 없어지거나 물체와의 접촉이 중단되면 물체는 자신의 운동 상태를 유지할 수 없다. 그러나 관성의 법칙에 의하면 외력이 없는 한 물체는 자신의 원래 운동 상태를 유지한다. 아리스토텔레스는 기본적으로 물체의 운동을 하나의 정지 상태에서 다른 정지 상태로의 변화로 이해했다. 즉, 아리스토텔레스에게는 물체의 정지 상태가 물체의 운동 상태와는 아무런 상관이 없었다. 그러나 근대 과학의 시대를 열었던 갈릴레오나 뉴턴에 의하면 물체가 정지한 상태는 운동하는 상태의 특수한 경우이다. 운동 상태가 바뀌는 것은 물체의 외부에서 힘이 가해지는 경우이다. 즉, 힘은 운동의 상태를 바꾸는 요인이다. 지금 우리는 뉴턴 역학이 옳다고 자연스럽게 생각하고 있지만 이론적인 선입견을 배제하고 일상적인 경험만 떠올리면 언뜻 아리스토텔레스의 논리가 더 그럴듯하게 보일 수도 있다.

보기

㉠ 뉴턴 역학은 적절하지 않으므로, 아리스토텔레스의 역학관을 따라야 한다.
㉡ 아리스토텔레스는 '외부에서 힘이 작용하지 않으면 운동하는 물체는 계속 그 상태로 운동하려 하고, 정지한 물체는 계속 정지해 있으려고 한다.'고 주장했다.
㉢ 뉴턴이나 갈릴레오 또한 당시에는 아리스토텔레스의 논리가 옳다고 판단하였다.
㉣ 아리스토텔레스는 정지와 운동을 별개로 보았다.

① ㉡
② ㉣
③ ㉠, ㉢
④ ㉡, ㉣
⑤ ㉠, ㉡, ㉢

10 다음 글의 주장에 대한 비판으로 가장 적절한 것은?

> 사회 현상을 볼 때는 돋보기로 세밀하게 그리고 때로는 멀리 떨어져서 전체 속에 어떻게 위치하고 있는가를 동시에 봐야 한다. 숲과 나무는 서로 다르지만 따로 떼어 생각할 수 없기 때문이다. 현대 사회 현상의 최대 쟁점인 과학 기술에 대해 평가할 때도 마찬가지이다. 로봇 탄생의 숲을 보면, 그 로봇 개발에 투자한 사람과 로봇을 개발한 사람들의 의도가 드러난다. 그리고 나무인 로봇을 세밀히 보면, 그 로봇이 생산에 이용되는지 아니면 감옥의 죄수들을 감시하기 위한 것인지 그 용도를 알 수가 있다. 이 광범한 기술의 성격을 객관적이고 물질적이어서 가치관이 없다고 쉽게 생각하면 로봇에 당하기 십상이다.
>
> 자동화는 자본주의의 실업을 늘려 실업자에 대해 생계의 위협을 가하는 측면뿐 아니라, 기존 근로자에 대한 감시를 더욱 효율적으로 해내는 역할도 수행한다. 자동화를 적용하는 기업 측에서는 자동화가 인간의 삶을 증대시키는 이미지로 일반 사람들에게 인식되기를 바란다. 그래야 자동화 도입에 대한 노동자의 반발을 무마하고 기업가의 구상을 관철시킬 수 있기 때문이다. 그러나 자동화나 기계화 도입으로 인해 실업을 두려워하고, 업무 내용이 바뀌는 것을 탐탁해 하지 않았던 유럽의 노동자들은 자동화 도입에 대해 극렬히 반대했던 경험들을 갖고 있다.
>
> 지금도 자동화·기계화는 좋은 것이라는 고정관념을 가진 사람들이 많고, 현실에서 이러한 고정관념이 가져오는 파급 효과는 의외로 크다. 예를 들어 은행에 현금을 자동으로 세는 기계가 등장하면 은행원들이 현금을 세는 작업량은 줄어든다. 손님들도 기계가 현금을 재빨리 세는 것을 보고 감탄해 하면서 행원이 세는 것보다 더 많은 신뢰를 보낸다. 그러나 현금 세는 기계의 도입에는 이익 추구라는 의도가 숨어 있다. 현금 세는 기계는 행원의 수고를 덜어 준다. 그러나 현금 세는 기계를 들여옴으로써 실업자가 생기고 만다. 사람이 잘만 이용하면 잘 써먹을 수 있을 것만 같은 기계가 엄청나게 혹독한 성품을 지닌 프랑켄슈타인으로 돌변하는 것이다.
>
> 자동화와 정보화를 추진하는 핵심 조직이 기업이란 것에서도 알 수 있듯이 기업은 이윤 추구에 도움이 되지 않는 행위는 무가치하다고 판단한다. 그러므로 자동화는 그 계획 단계에서부터 기업의 의도가 스며들어가 탄생된다. 또한 그 의도대로 자동화나 정보화가 진행되면, 다른 한편으로 의도하지 않은 결과를 초래한다. 자동화와 같은 과학 기술이 풍요를 생산하는 수단이라고 생각하는 것은 하나의 고정관념에 불과하다.
>
> 채플린이 제작한 영화 「모던 타임즈」에 나타난 것처럼 초기 산업화 시대에는 기계에 종속된 인간의 모습이 가시적으로 드러날 수밖에 없었다. 그래서 이러한 종속에 저항하고자 하는 인간의 노력도 적극적인 모습을 보였다. 그러나 현대의 자동화기기는 그 첨병이 정보 통신기기로 바뀌면서 문제는 질적으로 달라진다. 무인 생산까지 진전된 자동화나 정보 통신화는 인간에게 단순 노동을 반복시키는 그런 모습을 보이지 않는다. 그래서인지는 몰라도 정보 통신은 별 무리 없이 어느 나라에서나 급격하게 개발·보급되고 보편화되어 있다. 그런데 문제는 이 자동화기기가 생산에만 이용되는 것이 아니라, 노동자를 감시하거나 관리하는 데도 이용될 수 있다는 것이다. 오히려 정보 통신의 발달로 이전보다 사람들은 더 많은 감시와 통제를 받게 되었다.

① 기업의 이윤 추구가 사회 복지 증진과 직결될 수 있음을 간과하고 있다.
② 기계화·정보화가 인간의 삶의 질 개선에 기여하고 있음을 경시하고 있다.
③ 기계화를 비판하는 주장만 되풀이할 뿐, 구체적인 근거를 제시하지 않고 있다.
④ 화제의 부분적 측면에 관계된 이론을 소개하여 편향적 시각을 갖게 하고 있다.
⑤ 현대의 기술 문명이 가져다 줄 수 있는 긍정적인 측면을 과장하여 강조하고 있다.

11 다음 글에 대한 반론으로 가장 적절한 것은?

어느 관현악단의 연주회장에서 연주가 한창 진행되는 도중에 휴대 전화의 벨 소리가 울려 음악의 잔잔한 흐름과 고요한 긴장이 깨져버렸다. 청중들은 객석 여기저기를 둘러보았다. 그런데 황급히 호주머니에서 휴대 전화를 꺼내 전원을 끄는 이는 다름 아닌 관현악단의 바이올린 주자였다. 연주는 계속되었지만 연주회의 분위기는 엉망이 되었고, 음악을 감상하던 많은 사람에게 찬물을 끼얹었다. 이와 같은 사고는 극단적인 사례이지만 공공장소의 소음이 심각한 사회 문제가 될 수 있다는 사실을 보여주고 있다.

소음 문제는 물질문명의 발달과 관련이 있다. 산업화가 진행됨에 따라 우리의 생활 속에는 '개인적 도구'가 증가하고 있다. 그러한 도구들 덕분에 우리의 생활은 점점 편리해지고 합리적이며 효율적으로 변해가고 있다. 그러나 그러한 이득은 개인과 그가 소유하고 있는 물건 사이의 관계에서 성립하는 것으로 그 관계를 넘어서면 전혀 다른 문제가 된다. 제한된 공간 속에서 개인적 도구가 넘쳐남에 따라 개인과 개인, 도구와 도구 그리고 자신의 도구와 타인과의 관계 등이 모순을 일으키는 것이다. 소음 문제도 마찬가지이다. 개인의 차원에서는 편리와 효율을 제공하는 도구들이 전체의 차원에서는 불편과 비효율을 빚어내는 것이다. 그래서 많은 사회에서 개인적 도구가 타인의 권리를 침해하는 것을 방지하기 위하여 공공장소의 소음을 규제하고 있다.

① 사람들은 소음을 통해 자신의 권리를 침해받기도 한다.

② 문명이 발달함에 따라 소음 문제도 대두되고 있다.

③ 소음 문제는 보통 제한된 공간 속에서 개인적 도구가 과도함에 따라 발생한다.

④ 엿장수의 가위 소리와 같이 소리는 단순한 물리적 존재가 아닌 문화적 가치를 담은 존재가 될 수 있다.

⑤ 개인 차원에서 효율적인 도구들이 전체 차원에서는 문제가 될 수도 있다.

12 다음 글에서 추론할 수 있는 내용으로 가장 적절한 것은?

> 무선으로 전력을 주고받으면, 전원을 직접 연결하는 유선보다 효율은 떨어지지만 전자 제품을 자유롭게 이동하며 사용할 수 있는 장점이 있다. 이처럼 무선으로 전력을 주고받을 수 있도록 전자기를 활용하여 전기를 공급하거나 이용하는 기술이 무선 전력 전송 방식인데 대표적으로 '자기 유도 방식'과 '자기 공명 방식' 두 가지를 들 수 있다.
>
> 자기 유도 방식은 변압기의 원리와 유사하다. 변압기는 네모 모양의 철심 좌우에 코일을 감아, 1차 코일에 '+, −' 극성이 바뀌는 교류 전류를 보내면 마치 자석을 운동시켜서 자기장을 형성하는 것처럼 1차 코일에서도 자기장을 형성한다. 이 자기장에 의해 2차 코일에 전류가 만들어지는데 이 전류를 유도전류라 한다. 변압기는 자기장의 에너지를 잘 전달할 수 있는 철심이 있으나, 자기 유도 방식은 철심이 없이 무선 전력 전송을 하는 것이다.
>
> 이러한 자기 유도 방식은 전력 전송 효율이 90% 이상으로 매우 높다는 장점이 있다. 하지만 1차 코일에 해당하는 송신부와 2차 코일에 해당하는 수신부가 수 센티미터 이상 떨어지거나 송신부와 수신부의 중심이 일치하지 않게 되면 전력 전송 효율이 급격히 저하된다는 문제점이 있다. 휴대전화 같은 경우, 충전 패드에 휴대전화를 올려놓는 방식으로 거리 문제를 해결하고 충전 패드 전체에 코일을 배치하여 송수신부 간 전송 효율을 높임으로써 무선 충전이 가능하도록 하였다. 다만 휴대전화는 직류 전류를 사용하기 때문에 1차 코일로부터 2차 코일에 유도된 교류 전류를 직류 전류로 변환해 주는 정류기가 충전 단계 전에 필요하다.
>
> 두 번째 전송 방식은 자기 공명 방식이다. 다양한 소리굽쇠 중에 하나를 두드리면 동일한 고유 진동수를 가지는 소리굽쇠가 같이 진동하는 물리적 현상이 공명이다. 자기장에 공명이 일어나도록 1차 코일과 공진기를 설계하여 공진 주파수를 만든다. 이후 2차 코일과 공진기를 설계하여 공진 주파수가 전달되도록 하는 것이 자기 공명 방식의 원리이다.
>
> 이러한 특성으로 인해 자기 공명 방식은 자기 유도 방식과 달리 수 미터 가량 근거리 전력 전송이 가능하다는 장점이 있다. 이 방식이 상용화된다면, 송신부와 공명되는 여러 전자 제품을 전원을 연결하지 않아도 사용할 수 있거나 충전할 수 있다. 그러나 실험 단계의 코일 크기로는 일반 가전제품에 적용할 수 없으므로 코일을 소형화해야 할 필요가 있다. 따라서 이를 해결하기 위한 연구가 필요하다.

① 자기 유도 방식은 변압기의 핵심인 유도 전류와 철심을 이용한 방식이다.
② 자기 유도 방식을 사용하면 무선 전력 전송임에도 어떠한 환경에서든 유실되는 전력이 많이 없다는 장점이 있다.
③ 휴대전화와 자기 유도 방식의 '2차 코일'은 모두 직류 전류 방식이다.
④ 자기 공명 방식에서 2차 코일은 공진 주파수를 생성하는 역할을 한다.
⑤ 자기 공명 방식에서 해결이 시급한 것은 전력을 생산하는 데 필요한 코일의 크기가 너무 크다는 것이다.

13 다음 글을 토대로 〈보기〉의 내용을 바르게 해석한 것은?

음식이 상한 것과 가스가 새는 것을 쉽게 알아차릴 수 있는 것은 우리에게 냄새를 맡을 수 있는 후각이 있기 때문이다. 이처럼 후각은 우리 몸에 해로운 물질을 탐지하는 문지기 역할을 하는 중요한 감각이다. 어떤 냄새를 일으키는 물질을 '취기재(臭氣材)'라 부르는데, 우리가 어떤 냄새가 난다고 탐지할 수 있는 것은 취기재의 분자가 코의 내벽에 있는 후각 수용기를 자극하기 때문이다.

일반적으로 인간은 동물만큼 후각이 예민하지 않다. 물론 인간도 다른 동물과 마찬가지로 취기재의 분자 하나에도 민감하게 반응하는 후각 수용기를 갖고 있다. 하지만 개(犬)가 10억 개에 이르는 후각 수용기를 갖고 있는 것에 비해 인간의 후각 수용기는 1천만 개에 불과하여 인간의 후각이 개의 후각보다 둔한 것이다.

우리가 냄새를 맡으려면 공기 중에 취기재의 분자가 충분히 많아야 한다. 다시 말해, 취기재의 농도가 어느 정도에 이르러야 냄새를 탐지할 수 있다. 이처럼 냄새를 탐지할 수 있는 최저 농도를 '탐지 역치'라 한다. 탐지 역치는 취기재에 따라 차이가 있다. 우리가 메탄올보다 박하 냄새를 더 쉽게 알아챌 수 있는 까닭은 메탄올의 탐지 역치가 박하향에 비해 약 3,500배가량 높기 때문이다.

취기재의 농도가 탐지 역치 정도의 수준에서는 냄새가 나는지 안 나는지 정도를 탐지할 수는 있지만 그 냄새가 무슨 냄새인지 인식하지 못한다. 즉, 냄새의 존재 유무를 탐지할 수는 있어도 냄새를 풍기는 취기재의 정체를 인식하지는 못하는 상태가 된다. 취기재의 정체를 인식하려면 취기재의 농도가 탐지 역치보다 3배가량은 높아야 한다. 즉, 취기재의 농도가 탐지 역치 수준으로 낮은 상태에서는 그 냄새가 꽃향기인지 비린내인지 알 수 없는 것이다. 한편 같은 취기재들 사이에서는 농도가 평균 11% 정도 차이가 나야 냄새의 세기 차이를 구별할 수 있다고 알려져 있다.

연구에 따르면 인간이 구별할 수 있는 냄새의 가짓수는 10만 개가 넘는다. 하지만 그 취기재가 무엇인지 다 인식해 내지는 못한다. 그것은 우리가 모든 냄새에 대응되는 명명 체계를 갖고 있지 못할 뿐만 아니라 특정 냄새와 그것에 해당하는 이름을 연결하는 능력이 부족하기 때문이다. 즉, 인간의 후각은 기억과 밀접한 관련이 있는 것이다. 이에 따르면 어떤 냄새를 맡았을 때 그 냄새와 관련된 과거의 경험이나 감정이 떠오르는 일은 매우 자연스러운 현상이다.

> **보기**
>
> 한 실험에서 실험 참여자에게 실험에 쓰일 모든 취기재의 이름을 미리 알려 준 다음, 임의로 선택한 취기재의 냄새를 맡게 하고 그 종류를 맞히게 했다. 이때 실험 참여자가 틀린 답을 하면 그때마다 정정해 주었다. 그 결과 취기재의 이름을 알아맞히는 능력이 거의 두 배로 향상되었다.

① 인간은 동물과 비슷한 수준의 후각 수용기를 가지고 있다.
② 참여자가 취기재를 구별할 수 있는 것은 후각 수용기의 수가 10억 개에 이르기 때문이다.
③ 취기재 구별 능력이 향상된 것은 취기채의 농도가 탐지 역치보다 낮아졌기 때문이다.
④ 참여자의 구별 능력이 점차 나아지는 것은 냄새에 대응되는 이름을 기억했기 때문이다.
⑤ 실험 참여자가 지금보다 냄새를 더 잘 맡기 위해선 취기재의 농도를 탐지 역치보다 3배로 높여야 한다.

14

①

②

③

④

⑤

15

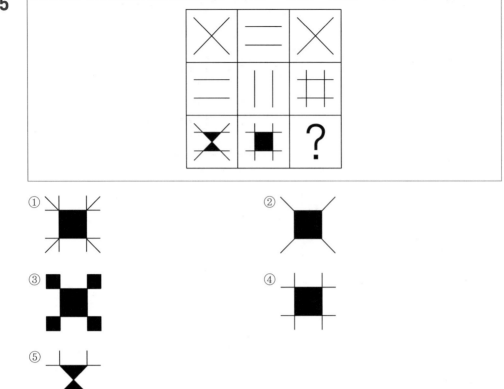

①

②

③

④

⑤

16

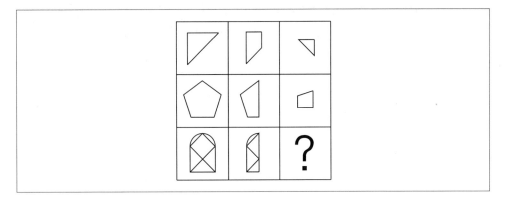

①

②

③

④

⑤

※ 다음 도식에서 기호들은 일정한 규칙에 따라 문자를 변화시킨다. 물음표에 들어갈 알맞은 문자를 고르시오(단, 규칙은 가로와 세로 중 한 방향으로만 적용된다). [17~20]

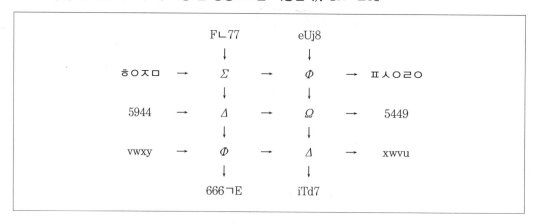

17

$$ㅏㅑㅓㅕ → Ω → Φ → ?$$

① ㅓㅣㅏㅑ   ② ㅏㅣㅓㅕ
③ ㅓㅣㅑㅏ   ④ ㅏㅣㅏㅑ
⑤ ㅣㅓㅏㅑㅣ

18

$$073g → Φ → Σ → ?$$

① 962f2   ② 962f6
③ 662f2   ④ 962g2
⑤ 662g2|

19

$$rIN9 → Δ → Σ → ?$$

① 9INrI   ② 9NIrN
③ 9NIrR   ④ 9NIrI
⑤ 9NIiR

20

$$ㅂㅌㅎㅁ → Φ → Ω → ?$$

① ㅁㄹㅋㅍ   ② ㄹㅁㅋㅎ
③ ㄹㅁㅋㅍ   ④ ㄹㅁㅍㅎ
⑤ ㅁㄹㅍㅋ

04 2022년 상반기 기출복원문제

정답 및 해설 p.023

01 수리

01 영업부 직원 4명이 1월부터 5월 사이에 한 달에 한 명씩 출장을 가려고 한다. 네 사람이 적어도 한 번 이상씩 출장 갈 경우의 수는?

① 60가지   ② 120가지

③ 180가지   ④ 240가지

⑤ 300가지

02 작년 A부서의 신입사원 수는 55명이다. 올해 A부서의 신입사원 수는 5명이 증가했고, B부서의 신입사원 수는 4명 증가했다. 올해 B부서 신입사원 수의 1.2배가 올해 A부서 신입사원 수라면, 작년 B부서의 신입사원 수는?

① 44명   ② 46명

③ 48명   ④ 50명

⑤ 52명

03 A∼F 6개의 팀을 층마다 두 개의 공간으로 분리된 3층짜리 건물에 배치하려고 한다. A팀과 B팀이 2층에 들어갈 확률은?

① $\frac{1}{15}$ ② $\frac{1}{12}$

③ $\frac{1}{9}$ ④ $\frac{1}{6}$

⑤ $\frac{1}{3}$

04 S사에서 판매 중인 두 제품 A와 B의 원가의 합은 50,000원이다. 각각 10%, 12% 이익을 붙여서 5개씩 팔았을 때 마진이 28,200원이라면 B의 원가는?

① 12,000원 ② 17,000원

③ 22,000원 ④ 27,000원

⑤ 32,000원

05 S사 인사이동에서 A부서 사원 6명이 B부서로 이동했다. 부서 인원이 각각 15% 감소, 12% 증가했을 때, 인사이동 전 두 부서의 인원 차이는?

① 6명 ② 8명

③ 10명 ④ 12명

⑤ 14명

06 S부서에는 팀원이 4명인 제조팀, 팀원이 2명인 영업팀, 팀원이 2명인 마케팅팀이 있다. 한 주에 3명씩 청소 당번을 뽑으려고 할 때, 이번 주 청소 당번이 세 팀에서 1명씩 뽑힐 확률은?

① $\dfrac{1}{3}$ ② $\dfrac{1}{4}$

③ $\dfrac{2}{5}$ ④ $\dfrac{2}{7}$

⑤ $\dfrac{2}{9}$

07 다음은 휴대폰 A ~ D의 항목별 고객평가 점수를 나타낸 자료이다. 〈보기〉에서 이에 대한 설명으로 적절한 것을 모두 고르면?

〈휴대폰 A ~ D의 항목별 고객평가 점수〉

(단위 : 점)

구분	A	B	C	D
디자인	8	7	4	6
가격	4	6	7	8
해상도	5	6	8	4
음량	6	4	7	5
화면크기 · 두께	7	8	3	4
내장 · 외장메모리	5	6	7	8

※ 각 항목의 최고점은 10점임
※ 기본점수 산정방법 : 각 항목에서 제일 높은 점수 순대로 5점, 4점, 3점, 2점 배점
※ 성능점수 산정방법 : 해상도, 음량, 내장 · 외장메모리 항목에서 제일 높은 점수 순대로 5점, 4점, 3점, 2점 배점

보기

ㄱ. 휴대폰 A ~ D 중 기본점수가 가장 높은 휴대폰은 C이다.
ㄴ. 휴대폰 A ~ D 중 성능점수가 가장 높은 휴대폰은 D이다.
ㄷ. 각 항목의 고객평가 점수를 단순 합산한 점수가 가장 높은 휴대폰은 B이다.
ㄹ. 성능점수 항목을 제외한 고객평가 점수만을 단순 합산했을 때, 휴대폰 B의 점수는 휴대폰 C 점수의 1.5배이다.

① ㄱ, ㄷ
② ㄴ, ㄹ
③ ㄱ, ㄴ, ㄷ
④ ㄱ, ㄷ, ㄹ
⑤ ㄴ, ㄷ, ㄹ

08 다음은 S사 최종합격자 A ~ D 4명의 채용시험 점수표이다. 점수표를 기준으로 〈조건〉의 각 부서
가 원하는 요구사항대로 A ~ D를 배치한다고 할 때, 최종합격자 A ~ D와 각 부서가 바르게 연결된
것은?

〈최종합격자 A ~ D의 점수표〉

구분	서류점수	필기점수	면접점수	평균
A	㉠	85	68	㉡
B	66	71	85	74
C	65	㉢	84	㉣
D	80	88	54	74
평균	70.75	80.75	72.75	74.75

조건

〈부서별 인원배치 요구사항〉

• 홍보팀 : 저희는 대외활동이 많다보니 면접점수가 가장 높은 사람이 적합할 것 같아요.
• 총무팀 : 저희 부서는 전체적인 평균점수가 높은 사람의 배치를 원합니다.
• 인사팀 : 저희는 면접점수보다도, 서류점수와 필기점수의 평균이 높은 사람이 좋을 것 같습니다.
• 기획팀 : 저희는 어느 영역에서나 중간 정도 하는 사람이면 될 것 같아요.

※ 배치 순서는 홍보팀 – 총무팀 – 인사팀 – 기획팀 순으로 결정함

	홍보팀	총무팀	인사팀	기획팀
①	A	B	C	D
②	B	C	A	D
③	B	C	D	A
④	C	B	D	A
⑤	C	B	A	D

09 다음은 2019년부터 2021년까지 우리나라의 국가채무 현황이다. 이에 대한 설명으로 적절한 것을 〈보기〉에서 모두 고르면?(단, 비율은 소수점 둘째 자리에서 반올림한다)

〈우리나라 국가채무 현황〉

(단위 : 조 원)

구분	2019년	2020년	2021년
일반회계 적자보전	334.7	437.5	538.9
외환시장안정용	247.2	256.4	263.5
서민주거안정용	68.5	77.5	92.5
지방정부 순채무	24.2	27.5	27.5
공적자금 등	48.6	47.7	42.9
GDP 대비 국가채무 비율(%)	37.6	43.8	47.3

※ (국가채무)=(GDP)×$\left(\dfrac{\text{GDP 대비 국가채무 비율}}{100}\right)$

보기

ㄱ. 서민주거안정용 국가채무가 국가채무에서 차지하는 비중은 2021년에 전년 대비 감소하였다.
ㄴ. 2020년과 2021년의 GDP 대비 국가채무의 비율과 지방정부 순채무의 전년 대비 증감추세는 동일하다.
ㄷ. 2020년 공적자금 등으로 인한 국가채무는 지방정부 순채무보다 60% 이상 많다.
ㄹ. GDP 중 외환시장안정용 국가채무가 차지하는 비율은 2020년이 2019년보다 높다.

① ㄱ, ㄴ ② ㄱ, ㄷ
③ ㄴ, ㄷ ④ ㄴ, ㄹ
⑤ ㄷ, ㄹ

10 다음은 각기 다른 두 가지 조건에서 세균을 배양하는 실험을 한 결과이다. 환경별 세균 수가 일정하게 변화될 때, 처음으로 환경 A의 세균이 더 많아질 때는?

〈환경별 세균 수 변화〉

(단위 : 마리)

구분	1시간	2시간	3시간	4시간	5시간
환경 A	1	3	7	15	31
환경 B	10	20	40	70	110

① 8시간 후 ② 9시간 후
③ 10시간 후 ④ 11시간 후
⑤ 12시간 후

※ 제시된 명제가 모두 참일 때, 빈칸에 들어갈 명제로 가장 적절한 것을 고르시오. [1~3]

01

> 전제1. 수학을 좋아하는 사람은 과학을 잘한다.
> 전제2. 호기심이 적은 사람은 과학을 잘하지 못한다.
> 결론. _____

① 수학을 좋아하면 호기심이 적다.
② 과학을 잘하지 못하면 수학을 좋아한다.
③ 호기심이 많은 사람은 수학을 좋아하지 않는다.
④ 호기심이 적은 사람은 수학을 좋아하지 않는다.
⑤ 수학을 좋아하지 않으면 호기심이 적다.

02

> 전제1. 물에 잘 번지는 펜은 수성펜이다.
> 전제2. 수성펜은 뚜껑이 있다.
> 전제3. 물에 잘 안 번지는 펜은 잉크 찌꺼기가 생긴다.
> 결론. _____

① 물에 잘 번지는 펜은 뚜껑이 없다.
② 뚜껑이 없는 펜은 잉크 찌꺼기가 생긴다.
③ 물에 살 안 번지는 펜은 누껑이 없다.
④ 물에 잘 번지는 펜은 잉크 찌꺼기가 안 생긴다.
⑤ 물에 잘 안 번지는 펜은 잉크 찌꺼기가 안 생긴다.

03

> 전제1. A를 구매한 어떤 사람은 B를 구매했다.
> 전제2. _____
> 결론. 그러므로 C를 구매한 어떤 사람은 A를 구매했다.

① B를 구매하지 않는 사람은 C도 구매하지 않았다.
② B를 구매한 모든 사람은 C를 구매했다.
③ C를 구매한 사람은 모두 B를 구매했다.
④ A를 구매하지 않은 어떤 사람은 C를 구매했다.
⑤ B를 구매한 어떤 사람은 C를 구매했다.

04 신발가게에서 일정 금액 이상 구매한 고객에게 추첨을 통해 다양한 경품을 주는 이벤트를 하고 있다. 함께 쇼핑을 한 A ~ E 5명은 이벤트에 응모했고 이 중 1명만 신발에 당첨되었다. 다음 A ~ E의 대화에서 1명이 거짓말을 했다고 할 때, 신발 당첨자는?

- A : C는 신발이 아닌 할인권에 당첨됐어.
- B : D가 신발에 당첨됐고, 나는 커피 교환권에 당첨됐어.
- C : A가 신발에 당첨됐어.
- D : C의 말은 거짓이야.
- E : 나는 꽝이야.

① A   ② B
③ C   ④ D
⑤ E

05 A, B, C 세 사람은 점심식사 후 아메리카노, 카페라테, 카푸치노, 에스프레소 4종류의 음료를 파는 카페에서 커피를 마신다. 주어진 〈조건〉이 항상 참일 때, 다음 중 적절한 것은?

조건
- A는 카페라테와 카푸치노를 좋아하지 않는다.
- B는 에스프레소를 좋아한다.
- A와 B는 좋아하는 커피가 서로 다르다.
- C는 에스프레소를 좋아하지 않는다.

① C는 아메리카노를 좋아한다.
② A는 아메리카노를 좋아한다.
③ C와 B는 좋아하는 커피가 같다.
④ A가 좋아하는 커피는 주어진 조건만으로는 알 수 없다.
⑤ C는 카푸치노를 좋아한다.

06 A팀과 B팀은 보안등급 상에 해당하는 문서를 나누어 보관하고 있다. 또한 두 팀은 보안을 위해 다음과 같은 〈조건〉에 따라 각 팀의 비밀번호를 지정하였다. A팀과 B팀에 들어갈 수 있는 암호배열은?

> **조건**
> • 1 ~ 9까지의 숫자로 (한 자리 수)×(두 자리 수)=(세 자리 수)=(두 자리 수)×(한 자리 수) 형식의 비밀번호로 구성한다.
> • 가운데에 들어갈 세 자리 수의 숫자는 156이며 숫자는 중복 사용할 수 없다. 즉, 각 팀의 비밀번호에 1, 5, 6이란 숫자가 들어가지 않는다.
>
>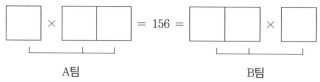

① 23   ② 27

③ 29   ④ 37

⑤ 39

07 A ~ D 4명은 한 판의 가위바위보를 한 후 그 결과에 대해 각각 두 가지의 진술을 하였다. 두 가지의 진술 중 하나는 반드시 참이고, 하나는 반드시 거짓이라고 할 때, 다음 중 항상 참인 것은?

> • A : C는 B를 이길 수 있는 것을 냈고, B는 가위를 냈다.
> • B : A는 C와 같은 것을 냈지만, A가 편 손가락의 수는 나보다 적었다.
> • C : B는 바위를 냈고, 그 누구도 같은 것을 내지 않았다.
> • D : A, B, C 모두 참 또는 거짓을 말한 순서가 동일하다. 이 판은 승자가 나온 판이었다.

① B와 같은 것을 낸 사람이 있다.

② 보를 낸 사람은 1명이다.

③ D는 혼자 가위를 냈다.

④ B가 기권했다면 가위를 낸 사람이 지는 판이다.

⑤ 바위를 낸 사람은 2명이다.

※ 다음 제시된 단어의 대응 관계로 볼 때, 빈칸에 들어가기에 적절한 것을 고르시오. [8~9]

08

근면 : 태만 = 긴장 : (　　)

① 완화　　　　　　　　　　　② 경직
③ 수축　　　　　　　　　　　④ 압축
⑤ 팽창

09

고집 : 집념 = (　　) : 정점

① 제한　　　　　　　　　　　② 경계
③ 한도　　　　　　　　　　　④ 절경
⑤ 절정

10 다음 글의 내용이 참일 때 항상 거짓인 것은?

> 사회 구성원들이 경제적 이익을 추구하는 과정에서 불법 행위를 감행하기 쉬운 상황일수록 이를 억제하는 데에는 금전적 제재 수단이 효과적이다.
>
> 현행법상 불법 행위에 대한 금전적 제재 수단에는 민사적 수단인 손해 배상, 형사적 수단인 벌금, 행정적 수단인 과징금이 있으며, 이들은 각각 피해자의 구제, 가해자의 징벌, 법 위반 상태의 시정을 목적으로 한다. 예를 들어 기업들이 담합하여 제품 가격을 인상했다가 적발된 경우, 그 기업들은 피해자에게 손해 배상 소송을 제기당하거나 법원으로부터 벌금형을 선고받을 수 있고 행정 기관으로부터 과징금도 부과받을 수 있다. 이처럼 하나의 불법 행위에 대해 세 가지 금전적 제재가 내려질 수 있지만 제재의 목적이 서로 다르므로 중복 제재는 아니라는 것이 법원의 판단이다.
>
> 그런데 우리나라에서는 기업의 불법 행위에 대해 손해 배상 소송이 제기되거나 벌금이 부과되는 사례는 드물어서 과징금 등 행정적 제재 수단이 억제 기능을 수행하는 경우가 많다. 이런 상황에서는 과징금 등 행정적 제재의 강도를 높임으로써 불법 행위의 억제력을 끌어올릴 수 있다. 그러나 적발 가능성이 매우 낮은 불법 행위의 경우에는 과징금을 올리는 방법만으로는 억제력을 유지하는 데 한계가 있다. 또한 피해자에게 귀속되는 손해 배상금과는 달리 벌금과 과징금은 국가에 귀속되므로 과징금을 올려도 피해자에게는 직접적인 도움이 되지 못한다.

① 금전적 제재수단은 불법 행위를 억제하기 위해서 사용된다.
② 기업의 불법 행위에 대해 벌금과 과징금 모두 부과 가능하다.
③ 과징금은 가해자를 징벌하기 위해 부과된다.
④ 우리나라에서 주로 사용하는 방법은 행정적 제재이다.
⑤ 행정적 제재는 피해자에게 직접적인 도움이 되지 못한다.

정답 및 해설 p.030

01	수리

01 S사 직원인 A, B, C, D가 일렬로 나열된 여덟 개의 좌석에 앉아 교육을 받으려고 한다. A가 가장 첫 번째 자리에 앉았을 때 B와 C가 붙어 앉는 경우의 수는 몇 가지인가?

① 30가지 ② 60가지
③ 120가지 ④ 150가지
⑤ 180가지

02 S사에서 판매하는 공기청정기는 한 대에 15만 원이고, 선풍기는 한 대에 7만 원이다. 공기청정기와 선풍기를 총 200명이 구매하였고 공기청정기와 선풍기를 모두 구매한 사람은 20명이다. 공기청정기는 120개가 판매되었고, 공기청정기와 선풍기를 모두 구매한 사람에게는 2만 원을 할인해줬을 때 총매출액은 얼마인가?(단, 공기청정기와 선풍기는 인당 1대씩만 구매할 수 있다)

① 2,450만 원 ② 2,460만 원
③ 2,470만 원 ④ 2,480만 원
⑤ 2,490만 원

03 S사의 전월 인원수는 총 1,000명이었다. 이번 달에는 전월 대비 여자는 20% 증가했고, 남자는 10% 감소해서 총 인원수는 80명 증가했다. 전월 남자 인원수는 몇 명인가?

① 300명 ② 400명
③ 500명 ④ 600명
⑤ 700명

04 S사는 매달 행사 참여자 중 1명을 추첨하여 경품을 준다. 한 달에 3회 차씩 진행하며 당첨되어 경품을 받으면 다음 회차 추첨에는 제외된다. 이번 달에는 A를 포함하여 총 10명이 행사에 참여하였을 때 A가 이번 달에 총 2번 당첨될 확률은?

① $\dfrac{1}{60}$　　　　　　　　　　② $\dfrac{1}{70}$

③ $\dfrac{1}{80}$　　　　　　　　　　④ $\dfrac{1}{90}$

⑤ $\dfrac{1}{100}$

05 S팀에 20대 직원은 3명이 있고, 30대 직원도 3명이 있다. S팀의 20, 30대 직원 6명 중 2명을 뽑을 때 20대가 적어도 1명 이상 포함될 확률은?

① $\dfrac{1}{2}$　　　　　　　　　　② $\dfrac{2}{3}$

③ $\dfrac{3}{4}$　　　　　　　　　　④ $\dfrac{3}{5}$

⑤ $\dfrac{4}{5}$

06 A제품을 X가 15시간 동안 1개, Y는 6시간 동안 1개, Y와 Z가 함께 60시간 동안 21개를 생산한다. X, Y, Z가 함께 360시간 동안 A제품을 만들었을 때 몇 개를 생산하였는가?

① 120개　　　　　　　　　　② 130개

③ 140개　　　　　　　　　　④ 150개

⑤ 160개

07 S사의 인원수는 2018년에 300명이었다. 2019년에 전년 대비 25% 감소, 2020년에는 전년 대비 20% 증가하였을 때 2018년과 2020년의 인원수 차이는?

① 20명　　　　　　　　　　② 30명

③ 40명　　　　　　　　　　④ 50명

⑤ 60명

08 S부서는 팀원이 6명인 제조팀과 팀원이 4명인 영업팀으로 이루어져 있다. S부서에서 3명을 뽑을 때 제조팀에서 2명, 영업팀에서 1명이 뽑힐 확률은?

① $\dfrac{1}{2}$ ② $\dfrac{1}{3}$

③ $\dfrac{2}{3}$ ④ $\dfrac{1}{4}$

⑤ $\dfrac{3}{4}$

09 다음은 국가별 4차 산업혁명 기반산업 R&D 투자 현황에 관한 자료이다. 자료를 보고 〈보기〉 중 옳지 않은 것을 모두 고르면?

〈국가별 4차 산업혁명 기반산업 R&D 투자 현황〉

(단위 : 억 달러)

구분	서비스				제조					
	IT서비스		통신서비스		전자		기계장비		바이오·의료	
	투자액	상대수준	투자액	상대수준	투자액	상대수준	투자액	상대수준	투자액	상대수준
한국	3.4	1.7	4.9	13.1	301.6	43.1	32.4	25.9	16.4	2.3
미국	200.5	100.0	37.6	100.0	669.8	100.0	121.3	96.6	708.4	100.0
일본	30.0	14.9	37.1	98.8	237.1	33.9	125.2	100.0	166.9	23.6
독일	36.8	18.4	5.0	13.2	82.2	11.7	73.7	58.9	70.7	10.0
프랑스	22.3	11.1	10.4	27.6	43.2	6.2	12.8	10.2	14.2	2.0

※ 투자액은 기반산업별 R&D 투자액의 합계임
※ 상대수준은 최대 투자국의 R&D 투자액을 100으로 두었을 때의 상대적 비율임

> **보기**
>
> ㄱ. 한국의 IT서비스 부문 투자액은 미국 대비 1.7%이다.
> ㄴ. 미국은 모든 산업의 상대수준이다.
> ㄷ. 한국의 전자 부문 투자액은 전자 외 부문 투자액을 모두 합한 금액의 6배 이상이다.
> ㄹ. 일본과 프랑스의 부문별 투자액 순서는 동일하지 않다.

① ㄱ, ㄴ   ② ㄴ, ㄷ

③ ㄱ, ㄷ   ④ ㄴ, ㄹ

⑤ ㄷ, ㄹ

10 S사에서 생산하는 X, Y상품의 생산지수 중 ㉠, ㉡의 값으로 옳은 것은?(단, X, Y상품의 생산지수는 양수이다)

〈S사 X, Y상품 생산지수〉

구분	2018년	2019년	2020년	2021년
X상품 생산지수	10	20	30	㉠
Y상품 생산지수	52	108	㉡	300

※ (Y상품 생산지수)$=a\times\{($X상품 생산지수$)\div10\}^2+b\times($X상품 생산지수$)$

	㉠	㉡
①	40	166
②	40	168
③	40	170
④	50	168
⑤	50	170

11 A, B회사의 매출액이 일정하게 변할 때, B회사 매출액이 A회사 매출액의 절반을 뛰어넘는 연도로 옳은 것은?

〈A, B회사 매출액〉

(단위 : 백만 원)

구분	2017년	2018년	2019년	2020년
A회사	3,500	5,000	6,400	7,700
B회사	1,500	2,100	2,700	3,300

① 2023년   ② 2024년

③ 2025년   ④ 2026년

⑤ 2027년

12 S사의 부서별 전년 대비 순이익의 증감률 그래프로 옳지 않은 것은?

〈S사 순이익〉

(단위 : 천만 원)

구분	리조트	보험	물류	패션	건설
2016년	100	160	400	40	50
2017년	160	160	500	60	60
2018년	400	200	800	60	90
2019년	500	300	1,000	300	180
2020년	600	420	1,200	90	90
2021년	690	420	1,500	270	180

① (단위 : %)

리조트

② (단위 : %)

보험

③ (단위 : %)

물류

④ (단위 : %)

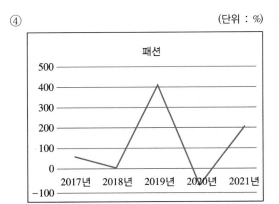

⑤ (단위 : %)

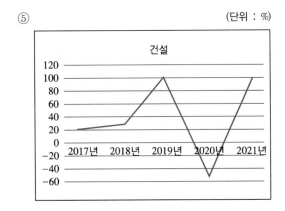

13 S사는 직원에게 성과금으로 T상품에 직접 가입시킨 고객 한 명당 2만 원씩을 매달 지급한다. A사원과 B사원이 T상품에 가입시킨 고객 수가 일정한 규칙으로 증가할 때 A사원과 B사원의 12월 성과금으로 옳은 것은?

〈T상품에 가입시킨 고객 수〉

(단위 : 명)

구분	1월	2월	3월	4월	5월	6월
A사원	2	7	12	17	22	27
B사원	1	3	7	13	21	31

	A사원	B사원
①	114	264
②	114	266
③	114	268
④	116	264
⑤	116	266

14 S사 상품의 수익이 일정한 규칙으로 증가하고 있다. 2021년 5월 이후에 Y상품 수익이 X상품 수익의 3배가 되는 달로 옳은 것은?

〈2021년 X, Y상품의 수익〉

(단위 : 천만 원)

구분	1월	2월	3월	4월	5월
X상품	25,000	26,000	27,000	28,000	29,000
Y상품	5,000	6,000	9,000	14,000	21,000

① 2021년 10월 ② 2021년 11월
③ 2021년 12월 ④ 2022년 1월
⑤ 2022년 2월

※ 제시된 명제가 모두 참일 때, 빈칸에 들어갈 명제로 가장 적절한 것을 고르시오. [1~5]

01

전제1. 연극을 좋아하면 발레를 좋아한다.
전제2. 영화를 좋아하지 않으면 발레를 좋아하지 않는다.
결론. _____

① 연극을 좋아하면 영화를 좋아하지 않는다.
② 발레를 좋아하면 영화를 좋아하지 않는다.
③ 발레를 좋아하지 않으면 영화를 좋아한다.
④ 연극을 좋아하면 영화를 좋아한다.
⑤ 연극을 좋아하지 않는 사람은 발레를 좋아하지 않는다.

02

전제1. 부품을 만드는 모든 회사는 공장이 있다.
전제2. _____
결론. 부품을 만드는 모든 회사는 제조를 한다.

① 제조를 하지 않는 어떤 회사는 공장이 있다.
② 부품을 만들지 않는 모든 회사는 공장이 있다.
③ 공장이 없는 모든 회사는 제조를 한다.
④ 제조를 하는 모든 회사는 부품을 만든다.
⑤ 공장이 있는 모든 회사는 제조를 한다.

03

전제1. 와인을 좋아하는 모든 회사원은 치즈를 좋아한다.
전제2. _____
결론. 포도를 좋아하는 어떤 회사원은 치즈를 좋아한다.

① 포도를 좋아하는 어떤 회사원은 와인을 좋아하지 않는다.
② 와인을 좋아하는 어떤 회사원은 포도를 좋아한다.
③ 와인을 좋아하지 않는 모든 회사원은 포도를 좋아한다.
④ 치즈를 좋아하는 모든 회사원은 와인을 좋아하지 않는다.
⑤ 포도를 좋아하지 않는 어떤 회사원은 와인을 좋아한다.

04

전제1. 연극을 좋아하는 모든 아이는 드라마를 본다.
전제2. 연극을 좋아하는 모든 아이는 영화를 본다.
결론. _____

① 드라마를 보는 모든 아이는 영화를 본다.
② 영화를 보는 어떤 아이는 드라마를 본다.
③ 드라마를 보는 모든 아이는 연극을 좋아한다.
④ 영화를 보지 않는 모든 아이는 연극을 좋아한다.
⑤ 드라마를 보지 않는 어떤 아이는 영화를 본다.

05

전제1. C언어를 하는 모든 사원은 파이썬을 한다.
전제2. Java를 하는 모든 사원은 C언어를 한다.
결론. _____

① 파이썬을 하는 모든 사원은 C언어를 한다.
② C언어를 하지 않는 어떤 사원은 Java를 한다.
③ Java를 하지 않는 모든 사원은 파이썬을 하지 않는다.
④ C언어를 하는 모든 사원은 Java를 한다.
⑤ 파이썬을 하지 않는 모든 사원은 Java를 하지 않는다.

06 S사원은 상품 A, B, C, D, E를 포장하여 보관함에 넣었다. 다음 〈조건〉을 만족할 때 항상 거짓인 것은?

〈보관함〉

	1열	2열	3열
1행	1	2	3
2행	4	5	6
3행	7	8	9

조건

- 포장되는 순서대로 상품을 보관함에 넣을 수 있다.
- 보관함에 먼저 넣은 상품보다 나중에 넣은 상품을 뒤의 번호에 넣어야 한다.
- C는 두 번째로 포장을 완료했다.
- B는 보관함 2열에 넣었다.
- E는 B보다 먼저 포장을 완료했다.
- E는 보관함 3행에 넣었다.
- D는 A가 넣어진 행보다 한 행 아래에 넣어졌다.
- C는 D가 넣어진 열보다 한 열 오른쪽에 넣어졌다.
- 짝수 번의 보관함에는 한 개의 상품만 넣어졌다.

① A는 1번 보관함에 넣어졌다.

② B는 8번 보관함에 넣어졌다.

③ C는 2번 보관함에 넣어졌다.

④ D는 5번 보관함에 넣어졌다.

⑤ E는 7번 보관함에 넣어졌다.

07 K부서의 사원 A, B, C, D, E, F는 출근하는 순서대로 먼저 출근한 3명은 에티오피아 커피, 나중에 출근한 3명은 케냐 커피를 마셨다. 다음 〈조건〉을 만족할 때 항상 거짓인 것은?

> **조건**
> • C는 가장 마지막에 출근했다.
> • F는 바로 앞에 출근한 사원이 마신 커피와 다른 종류의 커피를 마셨다.
> • A와 B는 연이어 출근했다.
> • B는 E보다 나중에 출근했다.

① E는 첫 번째로 출근했고, 에티오피아 커피를 마셨다.

② D는 다섯 번째로 출근했고, 케냐 커피를 마셨다.

③ F는 네 번째로 출근했고, 케냐 커피를 마셨다.

④ E와 D는 서로 다른 종류의 커피를 마셨다.

⑤ B가 A보다 먼저 출근했다면 A는 두 번째로 출근했다.

08 S사 직원 A, B, C, D, E, F가 커피머신 앞에 한 줄로 서 있다. 다음 〈조건〉을 만족할 때 항상 참인 것은?

> **조건**
> • A, B가 E보다 앞에 서 있다.
> • C와 D 사이에 두 명이 있다.
> • F가 맨 앞에 서 있다.
> • A가 D보다 앞에 서 있다.

① D는 항상 E의 바로 앞이나 바로 뒤에 서 있다.

② E가 맨 끝에 서 있으면 C는 F 바로 뒤에 서 있다.

③ A는 C보다 뒤에 서 있다.

④ E가 여섯 번째로 서 있다면 A는 B보다 앞에 서 있다.

⑤ A가 F 바로 뒤에 서 있다면 B는 여섯 번째에 서 있다.

09 A, B, C, D, E, F, G 일곱 명이 토너먼트 경기를 하였다. 다음과 같은 〈조건〉을 만족할 때 항상 거짓인 것은?

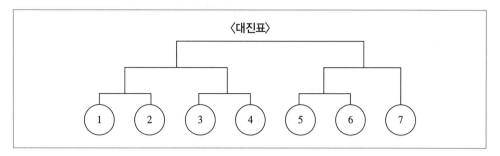

〈대진표〉

조건

- 대진표에서 왼쪽부터 순서대로 경기를 진행하며, 한 라운드가 완전히 끝나야 다음 라운드가 진행된다.
- G와 E는 준결승전에서 만났다.
- D는 결승전에 진출했고, B는 준결승전에서 패배했다.
- D는 첫 번째 경기에 출전했고, F는 두 번째 경기에 출전했다.

① D와 G는 결승전에서 만날 수도 있다.
② C는 1라운드에서 승리했다.
③ A는 부전승으로 준결승전에 출전할 수 없다.
④ B와 F는 1라운드에서 만났다.
⑤ A와 C는 경기를 3번 했다.

10 S부서의 사원 A, B, C, D는 공정설계, 설비기술, 회로설계, 품질보증 4개의 직무 중 각각 2개의 직무를 담당하고 있고, 각 직무의 담당자는 2명이다. 다음과 같은 〈조건〉을 만족할 때 항상 참인 것은?

조건

- C와 D가 담당하는 직무는 서로 다르다.
- B는 공정설계 직무를 담당한다.
- D는 설비기술을 담당한다.
- A와 C는 1개의 직무를 함께 담당한다.

① B가 회로설계 직무를 담당하면 D는 품질보증 직무를 담당한다.
② A가 설비기술 직무를 담당하지 않으면 C는 회로설계 직무를 담당한다.
③ D가 회로설계 직무를 담당하면 A는 C와 품질보증 직무를 담당한다.
④ C가 품질보증 직무를 담당하지 않으면 B는 회로설계 직무를 담당한다.
⑤ B가 설비기술 직무를 담당하지 않으면 A는 회로설계 직무를 담당하지 않는다.

11 A, B, C, D, E는 서로 다른 숫자가 적힌 카드를 한 장씩 가지고 있다. 카드에는 1부터 5까지의 자연수가 하나씩 적혀 있고, 본인이 가지고 있는 카드에 대해 다음과 같이 진술하였다. 한 명이 거짓을 말하고 있을 때 가장 큰 숫자가 적힌 카드를 가지고 있는 사람은?

> • A : 나는 제일 작은 숫자가 적힌 카드를 가지고 있어.
> • B : 나는 C보다는 큰 수가, 5보다 작은 수가 적힌 카드를 가지고 있어.
> • C : 나는 A가 가지고 있는 카드에 적힌 숫자에 2를 곱한 수가 적힌 카드를 가지고 있어.
> • D : 나는 E가 가지고 있는 카드에 적힌 숫자에서 1을 뺀 수가 적힌 카드를 가지고 있어.
> • E : A가 가지고 있는 카드의 숫자보다 작은 수가 적힌 카드를 가지고 있어.

① A   ② B
③ C   ④ D
⑤ E

12 S부서의 사원 A, B, C, D, E는 가, 나, 다팀에 속해있으며, 한 팀은 2명 이하로 구성되어 있다. 사원들이 다음과 같이 진술하였고, 나팀에 속해있는 사원만이 거짓말을 할 때 각 팀의 팀원이 바르게 연결된 것은?

> • A : 나는 C와 같은 팀이야.
> • B : 나는 다팀이야.
> • C : E는 나팀이야.
> • D : 나는 혼자 다팀이야.
> • E : B는 나팀이 아니야.

	가팀	나팀	다팀
①	A, B	C, D	E
②	A, C	B, E	D
③	A, D	B, C	E
④	A, B	C, E	D
⑤	A, E	C, D	B

※ 다음 제시된 도형의 규칙을 보고 물음표에 들어갈 알맞은 것을 고르시오. [13~15]

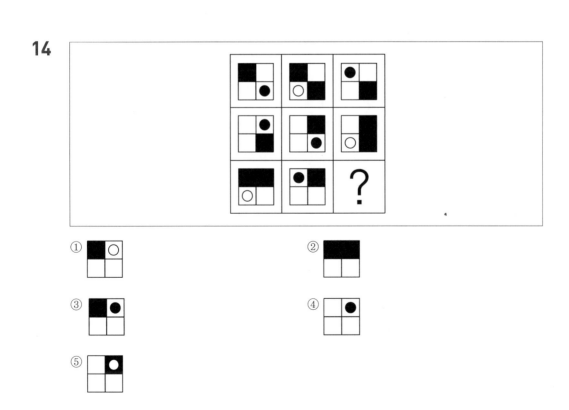

13

① ② ③ ④ ⑤

14

① ② ③ ④ ⑤

15

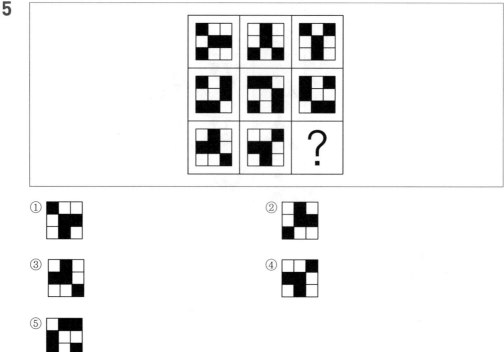

①

②

③

④

⑤

※ 다음 도식에서 기호들은 일정한 규칙에 따라 문자를 변화시킨다. 물음표에 들어갈 알맞은 문자를 고르시오(단, 규칙은 가로와 세로 중 한 방향으로만 적용된다). [16~19]

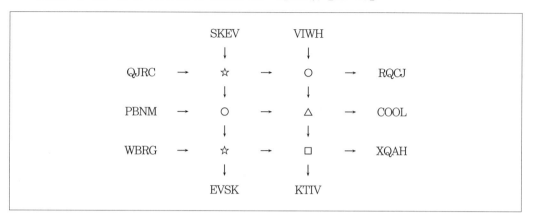

16

BROW → △ → ○ → ?

① QQCU　　　　　　　　② CUQQ
③ QCUQ　　　　　　　　④ CQQU
⑤ UQCQ

17

QWXE → □ → ☆ → ?

① FVWR　　　　　　　　② RVWF
③ EXWQ　　　　　　　　④ QRVF
⑤ RWVF

18

? → ☆ → ○ → HGEK

① GKHE　　　　　　　　② EKGH
③ GHKE　　　　　　　　④ GKEH
⑤ KGHE

19

? → △ → □ → ZMTS

① TSOX　　　　　　　　② XOST
③ SOXT　　　　　　　　④ YNUR
⑤ OSXT

※ 다음 도식에서 기호들은 일정한 규칙에 따라 문자를 변화시킨다. 물음표에 들어갈 알맞은 문자를 고르시오(단, 규칙은 가로와 세로 중 한 방향으로만 적용된다). [20~23]

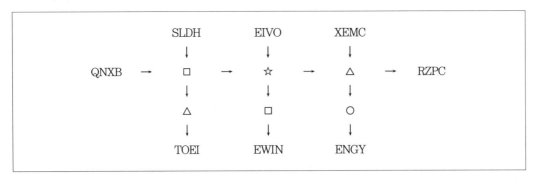

20

HLJW → □ → ☆ → ?

① VMJH ② VJMV
③ JHMV ④ HJMV
⑤ HMJV

21

SEMV → △ → ☆ → ?

① XNGT ② TGNX
③ TNGX ④ NGTX
⑤ GTXN

22

? → ○ → △ → QHIG

① HEFP ② HFPE
③ PFHE ④ EHPF
⑤ EHFP

23

? → □ → ○ → JVMA

① AMVJ ② ALVK
③ JVMA ④ JMAV
⑤ VAMJ

24 다음 제시된 단어의 대응 관계가 동일하도록 빈칸에 들어갈 가장 적절한 단어를 고르면?

조잡하다 : 치밀하다 = 진출하다 : (　　　)

① 철수하다 　　　　　　　　　② 자립하다
③ 인식하다 　　　　　　　　　④ 막론하다
⑤ 분별하다

25 다음 글의 내용이 참일 때 항상 거짓인 것은?

요즘 마트에서 쉽게 찾아볼 수 있는 아보카도는 열대 기후에서 재배되는 과일이다. 아보카도의 모양은 망고와 비슷하지만 잘라보았을 때 망고는 노란빛을 띠는 반면, 아보카도는 초록빛을 띠는 것이 특징이다.

예전에 아보카도는 고지방 식품으로 분류되어 다이어트를 할 때 피해야 할 과일로 여겨졌지만, 아보카도가 다이어트에 효과적이라는 연구결과가 알려지면서 요즘에는 다이어트를 하는 사람에게 인기가 많다. 또한 아보카도에는 비타민 C와 A, 필수지방산 등 영양 성분도 많이 함유되어 있어 여러 질병과 질환을 예방하는 데 도움이 된다.

이러한 효과와 효능을 보려면 잘 익은 아보카도를 골라 올바르게 섭취하는 것이 중요하다. 잘 익은 아보카도는 손으로 만져봤을 때 탄력이 있고, 껍질의 색이 녹색에서 약간 검게 변해 있다. 아보카도는 실내 온도에 3일 정도밖에 보관되지 않으므로 구매 후 바로 섭취하는 것이 좋다. 아보카도는 생으로 먹었을 때 효능을 극대화할 수 있으므로 다양한 채소와 견과류를 곁들인 샐러드로 먹는 것이 좋다.

① 아보카도의 모양은 망고와 비슷하다.
② 잘 익은 아보카도는 만졌을 때 탄력이 있다.
③ 아보카도는 일주일 이상 실온에서 숙성하여 섭취하는 것이 좋다.
④ 아보카도는 다이어트와 여러 질병, 질환을 예방하는 데 도움이 된다.
⑤ 아보카도의 효능을 극대화하려면 생으로 먹어야 한다.

26 다음 지문을 토대로 〈보기〉에 대한 해석으로 옳지 않은 것은?

해시 함수(Hash Function)란 임의 길이의 데이터를 고정된 길이의 데이터로 대응시키는 함수이다. 해시 함수는 키를 값에 연결시키는 자료구조인 해시 테이블에 사용된다. 여기서 키는 입력 값이며, 해시 함수에 의해 얻어지는 값은 해시 값이라고 한다.

해시 함수는 큰 파일에서 중복되는 값을 찾을 수 있기 때문에 데이터 검색이 매우 빠르다는 장점이 있다. 또한 해시 값이 다르면 그 해시 값에 대한 원래 입력 값도 달라야 하는 점을 이용하여 암호로도 사용될 수 있다. 그런데 해시 함수가 서로 다른 두 개의 입력 값에 대해 동일한 해시 값을 나타내는 상황이 발생하는데 이를 해시 충돌이라고 한다. 해시 충돌이 자주 일어나는 해시 함수는 서로 다른 데이터를 구별하기 어려워지고 검색하는 비용이 증가한다.

보기

입력 값	해시 함수 1	해시 값
A	→	01
B	→	02
C	→	03

입력 값	해시 함수 2	해시 값
A	→	01
B	→	02
C	→	02

입력 값	해시 함수 3	해시 값
A	→	01
B	→	02
B	→	03

① 해시 함수 1로 얻어지는 해시 값은 해시 충돌이 발생하지 않았다.
② 해시 함수 1과 다르게 해시 함수 2로 얻어지는 해시 값은 해시 충돌이 발생했다.
③ 해시 함수 3는 암호로 사용될 수 없다.
④ 주어진 자료만으로 판단했을 때 해시 함수 2보다는 해시 함수 1이 검색 비용이 적게 들 것이다.
⑤ 해시 함수 3은 해시 함수 2와 마찬가지로 해시 충돌이 발생했다.

27 다음 글의 내용이 참일 때 항상 거짓인 것은?

> 카메라의 성능이 점점 향상되어 손떨림까지 보정해주는 기술이 적용되기 시작했다. 손떨림 보정 기술에는 크게 광학식 보정(OIS; Optical Image Stabilization)과 전자식 보정(EIS; Electrical Image Stabilization)이 있다.
>
> 광학식 보정은 손이 떨리는 방향과 반대 방향으로 렌즈를 이동시켜 흔들림을 상쇄하는 기술이다. 최근에는 수직, 수평의 직선 운동에 대해서도 보정이 가능한 4축 기술까지 발전하였다.
>
> 전자식 보정은 사진을 찍은 후 떨림을 보정하는 기술이다. 손떨림이 크지 않을 때에는 유용하지만 사진의 해상도가 낮아질 수 있으므로 주의해야 한다.
>
> 전자식 보정은 광학식 보정보다 가격이 저렴하며, 광학식 보정은 전자식 보정보다 성능이 우수하다. 이처럼 두 기술에 장·단점이 있어 어떤 기술을 사용하는 것이 옳다고 할 수 없다. 손떨림 보정 기술의 원리와 장·단점을 분석하여 상황에 따라 적절하게 선택하는 것이 현명하다.

① 광학식 보정은 전자식 보정보다는 가격이 높지만, 성능이 우수하다.

② 전자식 보정은 사진 찍기 전에는 보정되는 정도를 확인할 수 없다.

③ 사진을 찍을 때 주로 거치대를 이용하는 A씨는 광학식 보정보다는 전자식 보정을 선택하는 것이 가격 면에서 이득이다.

④ 전자식 보정은 광학식 보정보다 나은 점이 없으므로 광학식 보정 기술이 적용된 카메라를 구입하는 것이 좋다.

⑤ 광학식 보정은 손이 왼쪽으로 떨리면 렌즈를 오른쪽으로 이동시켜 흔들림을 상쇄하는 기술이다.

정답 및 해설 p.041

01	수리

01 S사에서 스마트패드와 스마트폰을 제조하여 각각 80만 원, 17만 원에 판매하고 있고, 두 개를 모두 구매하는 고객에게는 91만 원으로 할인하여 판매하고 있다. 한 달 동안 S사에서 스마트패드와 스마트폰을 구매한 고객은 총 69명이고, 한 달 동안 S사의 매출액은 4,554만 원이다. 스마트폰만 구입한 고객은 19명일 때, 한 달 동안 스마트패드와 스마트폰을 모두 구입한 고객은 몇 명인가?

① 20명   ② 21명

③ 22명   ④ 23명

⑤ 24명

02 S사 M부서의 직원은 100명이며 40대, 30대, 20대로 구성되어 있다. 20대가 30대의 50%이고, 40대가 30대보다 15명이 많을 때, 30대 직원은 총 몇 명인가?

① 33명   ② 34명

③ 35명   ④ 36명

⑤ 37명

03 K씨는 100억 원을 주식 A와 B에 분산투자하려고 한다. A의 수익률은 10%, B의 수익률은 6%일 때 7억 원의 수익을 내기 위해서 주식 A에 투자할 금액은?

① 23억 원

② 24억 원

③ 25억 원

④ 26억 원

⑤ 27억 원

04 S학원에 초급반 A, B, C수업, 고급반 가, 나, 다수업이 있다. 6개 수업을 순차적으로 개설하려고 할 때, 고급반 수업은 이어서 개설되고, 초급반 수업은 이어서 개설되지 않는 경우의 수는?

① 12가지

② 24가지

③ 36가지

④ 72가지

⑤ 144가지

05 A가 속한 동아리에는 총 6명이 활동 중이며, 올해부터 조장을 뽑기로 하였다. 조장은 매년 1명이며, 1년마다 새로 뽑는다. 연임은 불가능하다고 할 때 올해부터 3년 동안 A가 조장을 2번 할 확률은?(단, 3년 동안 해당 동아리에서 인원 변동은 없었다)

① $\dfrac{1}{9}$

② $\dfrac{1}{10}$

③ $\dfrac{1}{15}$

④ $\dfrac{1}{30}$

⑤ $\dfrac{1}{40}$

06 다음은 지역별 7급 공무원 현황을 나타낸 자료이다. 자료에 대한 설명으로 옳은 것은?

〈지역별 7급 공무원 현황〉

(단위 : 명)

구분	남성	여성	합계
서울	14,000	11,000	25,000
경기	9,000	6,000	15,000
인천	9,500	10,500	20,000
부산	7,500	5,000	12,500
대구	6,400	9,600	16,000
광주	4,500	3,000	7,500
대전	3,000	1,800	4,800
울산	2,100	1,900	4,000
세종	1,800	2,200	4,000
강원	2,200	1,800	4,000
충청	8,000	12,000	20,000
전라	9,000	11,000	20,000
경상	5,500	4,500	10,000
제주	2,800	2,200	5,000
합계	85,300	82,500	167,800

※ 수도권 : 서울, 인천, 경기

① 남성 공무원 수가 여성 공무원 수보다 많은 지역은 5곳이다.
② 광역시 중 남성 공무원 수와 여성 공무원 수 차이가 가장 큰 지역은 울산이다.
③ 인천 여성 공무원 비율과 세종 여성 공무원 비율의 차이는 2.5%p이다.
④ 수도권 전체 공무원 수와 광역시 전체 공무원 수의 차이는 5,000명 이상이다.
⑤ 제주지역 전체 공무원 중 남성 공무원의 비율은 55%이다.

07 다음은 주요업종별 영업이익을 비교한 자료이다. 자료에 대한 설명으로 옳지 않은 것은?

<주요업종별 영업이익 비교>

(단위 : 억 원)

구분	2019년 1분기 영업이익	2019년 4분기 영업이익	2020년 1분기 영업이익
반도체	40,020	40,540	60,420
통신	5,880	6,080	8,880
해운	1,340	1,450	1,660
석유화학	9,800	9,880	10,560
건설	18,220	19,450	16,410
자동차	15,550	16,200	5,240
철강	10,740	10,460	820
디스플레이	4,200	4,620	-1,890
자동차부품	3,350	3,550	-2,110
조선	1,880	2,110	-5,520
호텔	980	1,020	-3,240
항공	-2,880	-2,520	120

① 2019년 4분기의 영업이익은 2019년 1분기 영업이익보다 모든 업종에서 높다.

② 2020년 1분기 영업이익이 전년 동기 대비 영업이익보다 높은 업종은 5개이다.

③ 2020년 1분기 영업이익이 적자가 아닌 업종 중 영업이익이 직전 분기 대비 감소한 업종은 3개이다.

④ 2019년 1, 4분기에 흑자였다가 2020년 1분기에 적자로 전환된 업종은 4개이다.

⑤ 항공업은 2019년 1, 4분기에 적자였다가 2020년 1분기에 흑자로 전환되었다.

08 다음은 2016년부터 2020년까지 시행된 국가고시 현황에 관한 표이다. 자료를 참고하여 그래프로 나타낸 것으로 적절하지 않은 것은?(단, 응시자와 합격자 수는 일의 자리에서 반올림한다)

〈국가고시 현황〉

(단위 : 명)

구분	2016년	2017년	2018년	2019년	2020년
접수자	3,540	3,380	3,120	2,810	2,990
응시율	79.40%	78.70%	82.70%	75.10%	74.20%
합격률	46.60%	44.70%	46.90%	47.90%	53.20%

※ [응시율(%)] = $\dfrac{(응시자\ 수)}{(접수자\ 수)} \times 100$

※ [합격률(%)] = $\dfrac{(합격자\ 수)}{(응시자\ 수)} \times 100$

① 연도별 미응시자 수 추이

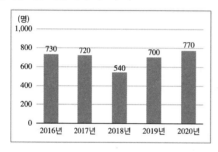

② 연도별 응시자 중 불합격자 수 추이

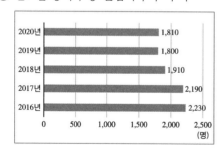

③ 2017 ~ 2020년 전년 대비 접수자 수 변화량

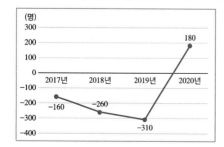

④ 2017 ~ 2020년 전년 대비 합격자 수 변화량

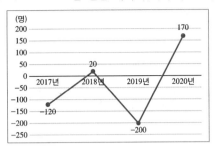

⑤ 2017 ~ 2020년 전년 대비 합격률 증감량

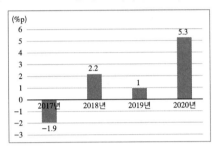

09 다음은 운동시간에 따른 운동효과를 나타낸 자료이다. 운동효과와 운동시간의 관계가 주어진 자료의 식과 같을 때 ㉠과 ㉡에 들어갈 숫자로 알맞은 것은?

〈운동시간에 따른 운동효과〉

운동시간(시간)	1	2	3	4
운동효과	4	62	㉠	㉡

※ (운동효과)$= a \times$(운동시간)$- \dfrac{b^2}{(운동시간)}$

	㉠	㉡			㉠	㉡
①	90	150		②	100	151
③	100	152		④	108	151
⑤	108	152				

10 S사에서 생산하는 A, B제품 매출액은 다음과 같다. 매출액 추이가 동일하게 유지될 때, 두 제품의 매출액을 합쳐서 300억 원을 초과하는 연도는 언제인가?

〈A, B제품 매출액〉

(단위 : 억 원)

구분	2016년	2017년	2018년	2019년	2020년
A제품	100	101	103	107	115
B제품	80	78	76	74	72

① 2021년
③ 2023년
⑤ 2025년
② 2022년
④ 2024년

11 S사는 매년 A기계와 B기계를 생산한다. 다음과 같은 규칙으로 생산할 때, 2025년에 두 기계의 총생산량은?

〈A, B기계 생산대수〉

(단위 : 대)

구분	2015년	2016년	2017년	2018년	2019년	2020년
A기계	20	23	26	29	32	35
B기계	10	11	14	19	26	35

① 130대
③ 150대
⑤ 170대
② 140대
④ 160대

※ 제시된 명제가 모두 참일 때, 빈칸에 들어갈 명제로 가장 적절한 것을 고르시오. [1~5]

01

> 전제1. 대한민국에 사는 사람은 국내 여행을 간다.
> 전제2. 김치찌개를 먹지 않는 사람은 국내 여행을 가지 않는다.
> 결론. _____

① 국내 여행을 가는 사람은 김치찌개를 먹지 않는다.
② 김치찌개를 먹는 사람은 대한민국에 사는 사람이다.
③ 대한민국에 사는 사람은 김치찌개를 먹는다.
④ 김치찌개를 먹지 않는 사람은 국내 여행을 간다.
⑤ 대한민국에 살지 않는 사람은 김치찌개를 먹는다.

02

> 전제1. 작곡가를 꿈꾸는 사람은 TV 시청을 한다.
> 전제2. _____
> 결론. 안경을 쓰지 않은 사람은 작곡가를 꿈꾸지 않는다.

① 작곡가를 꿈꾸는 사람은 안경을 쓰지 않았다.
② TV 시청을 하는 사람은 안경을 쓰지 않았다.
③ 작곡가를 꿈꾸지 않은 사람은 안경을 쓰지 않았다.
④ 안경을 쓰지 않은 사람은 TV 시청을 하지 않는다.
⑤ 안경을 쓴 사람은 TV 시청을 한다.

03

> 전제1. _____
> 전제2. 바이올린을 배우는 사람은 모두 필라테스를 배운다.
> 결론. 피아노를 배우는 사람은 모두 필라테스를 배운다.

① 피아노를 배우는 사람은 모두 바이올린을 배운다.
② 피아노를 배우지 않는 사람은 바이올린을 배운다.
③ 바이올린을 배우는 사람은 피아노를 배운다.
④ 필라테스를 배우는 사람은 피아노를 배운다.
⑤ 필라테스를 배우지 않는 사람은 바이올린을 배운다.

04

> 전제1. 커피를 좋아하지 않는 모든 사람은 와인을 좋아하지 않는다.
> 전제2. _____
> 결론. 커피를 좋아하지 않는 모든 사람은 생강차를 좋아한다.

① 커피를 좋아하면 생강차를 좋아한다.

② 커피를 좋아하면 와인을 좋아한다.

③ 와인을 좋아하면 생강차를 좋아하지 않는다.

④ 와인을 좋아하지 않으면, 생강차를 좋아한다.

⑤ 생강차를 좋아하면 와인을 좋아한다.

05

> 전제1. 유행에 민감한 모든 사람은 고양이를 좋아한다.
> 전제2. _____
> 결론. 고양이를 좋아하는 어떤 사람은 쇼핑을 좋아한다.

① 고양이를 좋아하는 모든 사람은 유행에 민감하다.

② 유행에 민감한 어떤 사람은 쇼핑을 좋아한다.

③ 쇼핑을 좋아하는 모든 사람은 고양이를 좋아하지 않는다.

④ 유행에 민감하지 않은 어떤 사람은 쇼핑을 좋아한다.

⑤ 고양이를 좋아하지 않는 모든 사람은 쇼핑을 좋아한다.

06 A~E 5명은 아이스크림 가게에서 바닐라, 딸기, 초코맛 중에 한 개씩 주문하였다. 〈조건〉과 같이 주문하였을 때, 다음 중 옳지 않은 것은?

1일 차

> **조건**
> • C 혼자 딸기맛을 선택했다.
> • A와 D는 서로 같은 맛을 선택했다.
> • B와 E는 다른 맛을 선택했다.
> • 바닐라, 딸기, 초코맛 아이스크림은 각각 2개씩 있다.
> • 마지막에 주문한 E는 인원 초과로 선택한 아이스크림을 먹지 못했다.

① A가 바닐라맛을 선택했다면, E는 바닐라맛을 선택했다.
② C가 딸기맛이 아닌 초코맛을 선택하고 딸기맛은 아무도 선택하지 않았다면 C는 아이스크림을 먹지 못했을 것이다.
③ D보다 E가 먼저 주문했다면, E는 아이스크림을 먹었을 것이다.
④ A와 E가 같은 맛을 주문했다면, B와 D는 서로 다른 맛을 주문했다.
⑤ E가 딸기맛을 주문했다면, 모두 각자 선택한 맛의 아이스크림을 먹을 수 있었다.

07 A, B, C, D 4명은 S옷가게에서 각자 마음에 드는 옷을 입어보았다. 〈조건〉과 같이 입어보았을 때, 다음 중 항상 옳은 것은?

> **조건**
> • S옷가게에서 판매하는 옷의 종류는 티셔츠, 바지, 코트, 셔츠이다.
> • 종류별로 각각 검은색, 흰색 색상이 있으며, 재고는 1장씩밖에 남지 않았다.
> • 각자 옷의 종류가 겹치지 않도록 2장씩 입었다.
> • 같은 색상으로 입어본 사람은 2명이다.
> • 코트를 입어본 사람은 셔츠를 입어보지 않았다.
> • 티셔츠를 입어본 사람은 바지를 입어보지 않았다.
> • B는 검은색 바지를, C는 흰색 셔츠를 입어보았다.
> • 코트는 A, B가, 티셔츠는 A, C가 입어보았다.
> • 검은색 코트와 셔츠는 A와 D가 입어보았다.

① A는 검은색 티셔츠와 흰색 바지를 입었다.
② A는 검은색 티셔츠와 흰색 코트를 입었다.
③ B는 흰색 바지와 흰색 코트를 입었다.
④ C는 흰색 티셔츠와 검은색 셔츠를 입었다.
⑤ D는 흰색 바지와 검은색 셔츠를 입었다.

08 1에서 5까지의 자연수가 적혀있는 카드가 A, B가 앉아있는 두 책상 위에 동일하게 놓여있다. A, B 두 사람은 각자의 책상 위에 숫자가 안보이게 놓여있는 카드를 세 장씩 뽑았다. A, B가 뽑은 카드가 〈조건〉과 같을 때 카드 숫자 합이 가장 큰 조합은?(단, 한 번 뽑은 카드는 다시 뽑지 않는다)

> **조건**
> • A와 B는 같은 숫자가 적힌 카드를 한 장 뽑았고, 그 숫자는 2이다.
> • B가 세 번째에 뽑은 카드에 적힌 숫자는 A가 세 번째에 뽑은 카드에 적힌 숫자보다 1만큼 작고, B가 첫 번째에 뽑은 카드에 적힌 숫자보다 1만큼 크다.
> • 첫 번째, 두 번째, 세 번째에 A가 뽑은 카드에 적힌 숫자는 B가 뽑은 카드에 적힌 숫자보다 1만큼 크다.

① A - 첫 번째, B - 세 번째
② A - 두 번째, B - 첫 번째
③ A - 두 번째, B - 두 번째
④ A - 세 번째, B - 두 번째
⑤ A - 세 번째, B - 세 번째

09 A, B, C, D, E가 순서대로 놓인 1, 2, 3, 4, 5번 콘센트를 1개씩 이용하여 배터리가 방전된 핸드폰을 충전하려고 한다. 〈조건〉을 만족할 때 다음 중 항상 옳은 것은?(단, 작동하는 콘센트를 이용하는 사람의 핸드폰은 전원이 켜지고, 작동되지 않는 콘센트를 이용하는 사람의 핸드폰은 전원이 켜지지 않는다)

> **조건**
> • 5번 콘센트는 작동되지 않고, 나머지 콘센트는 작동한다.
> • B는 3번 콘센트를 사용한다.
> • D는 5번 콘센트를 이용하지 않는다.
> • A는 1번이나 5번 콘센트를 이용한다.
> • A와 E, C와 D는 바로 옆 콘센트를 이용한다.

① C의 핸드폰에 전원이 켜지지 않는다면, E는 1번 콘센트를 이용한다.
② C가 B의 바로 옆 콘센트를 이용하면, A의 핸드폰에 전원이 켜지지 않는다.
③ E가 4번 콘센트를 이용하면, C는 B의 바로 옆 콘센트를 이용한다.
④ A의 핸드폰에 전원이 켜지지 않는다면, D는 1번 콘센트를 이용한다.
⑤ D가 2번 콘센트를 이용하면, E의 핸드폰에 전원이 켜지지 않는다.

10 가와 나마을에 A ~ F가 살고 있다. 가와 나마을에는 3명씩 살고 있으며, 가마을 사람들은 항상 진실만을 말하고 나마을 사람들은 항상 거짓만 말한다. F가 가 마을에 살고 있고, 다음 〈조건〉을 고려할 때 나마을 사람끼리 바르게 연결된 것은?

> **조건**
> • A : B, D 중 1명은 가마을이야.
> • C : A, E 중 1명은 나마을이야.

① A, B, C   ② A, B, D

③ B, C, D   ④ B, C, E

⑤ C, D, E

※ 다음 제시된 단어의 대응 관계가 동일하도록 빈칸에 들어갈 가장 적절한 단어를 고르시오. [11~12]

11

영겁 : 순간 = ( ) : 고귀

① 숭고   ② 비속

③ 고상   ④ 존귀

⑤ 신성

12

팽대 : 퇴세 = 쇄신 : ( )

① 진보   ② 은폐

③ 세파   ④ 답습

⑤ 개혁

※ 다음 단어의 대응 관계가 나머지와 다른 하나를 고르시오. [13~14]

13 ① 참조 – 참고 ② 숙독 – 탐독
  ③ 임대 – 차용 ④ 정세 – 상황
  ⑤ 분별 – 인식

14 ① 옹호하다 : 편들다 ② 상정하다 : 가정하다
  ③ 혁파하다 : 폐지하다 ④ 원용하다 : 인용하다
  ⑤ 겸양하다 : 거만하다

※ 다음 제시된 도형의 규칙을 보고 물음표에 들어가기에 적절한 것을 고르시오. [15~17]

15

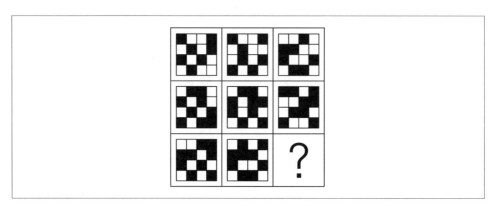

①   ②

③   ④

⑤

16

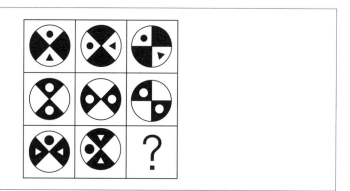

①   ②

③   ④

⑤

17

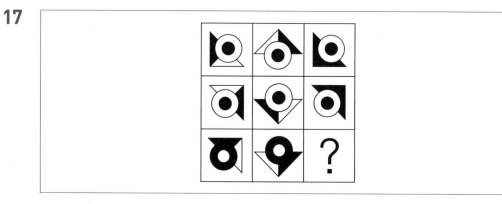

①   ②

③   ④

⑤

※ 다음 도식에서 기호들은 일정한 규칙에 따라 문자를 변화시킨다. 물음표에 들어갈 알맞은 문자를 고르시오(단, 규칙은 가로와 세로 중 한 방향으로만 적용된다). [18~21]

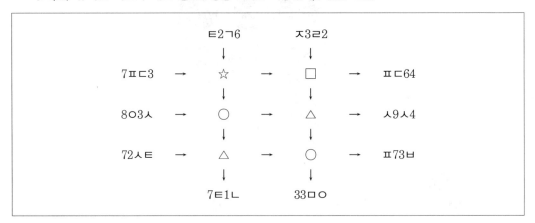

18

QE1O → □ → ☆ → ?

① 1QPD
② EQP1
③ E1QO
④ E1QP
⑤ D1QP

19

JW37 → △ → ○ → ?

① 82JX
② 82XJ
③ 8JX2
④ 37JW
⑤ JX28

20

$$? \rightarrow \triangle \rightarrow \square \rightarrow OVUE$$

① UNWD   ② UNVC

③ UOVE   ④ UVEO

⑤ TNWD

21

$$? \rightarrow \star \rightarrow \triangle \rightarrow 5845$$

① 3675   ② 4557

③ 9465   ④ 6753

⑤ 2167

※ 다음 글의 내용이 참일 때 항상 거짓인 것을 고르시오. [22~23]

22

별도로 제작된 디자인 설계 도면을 바탕으로 소재를 얇게 적층하여 3차원의 입체 형상을 만들어내는 3D프린터는 오바마 대통령의 국정 연설에서도 언급되며 화제를 일으키기도 했다. 단순한 형태의 부품부터 가구, 치아 심지어 크기만 맞으면 자동차까지 인쇄할 수 있는 3D프린터는 의학 분야에서도 역시 활용되고 있다.

인간의 신체 일부를 찍어낼 수 있는 의료용 3D바이오프린팅 시장은 이미 어느 정도 주류로 자리 잡고 있다. 뼈나 장기가 소실된 환자에게 유기물로 3D프린팅된 신체를 대체시키는 기술은 연구개발과 동시에 상용화에도 박차를 가하고 있는 상황이다. 그리고 이러한 의료용 3D프린팅 기술 중에는 사람의 피부를 3D프린터로 인쇄하는 것도 있다. 화상이나 찰과상, 자상 등에 의해 피부 세포가 죽거나 소실되었을 때 인공 피부를 직접 사람에게 인쇄하는 방식이다.

이 인공 피부를 직접 사람에게 인쇄하기 위해서는 마찬가지로 살아 있는 잉크, 즉 '바이오 잉크'가 필요한데, 피부 세포와 콜라겐, 섬유소 등으로 구성된 바이오 잉크는 거부 반응으로 인한 괴사 등의 위험을 해결하기 위해 자기유래세포를 사용한다. 이처럼 환자의 피부 조직을 배양해 만든 배양 피부를 바이오 잉크로 쓰면 본인의 세포에서 유래된 만큼 거부 반응을 최소화할 수 있다는 장점이 있다. 물론 의료용 3D프린팅 기술에도 해결해야 할 문제는 존재한다. 3D프린팅 기술을 통한 피부이식에 대한 안전성 검증에는 많은 비용과 시간, 인내가 필요함에 따라 결과 도출에 오랜 시간이 걸릴 것으로 예상되며, 이 과정에서 장기 이식 및 전체적 동식물 유전자 조작에 대한 부정적 견해를 유발할 수 있을 것으로 우려되기 때문이다.

① 3D프린터는 재료와 그 크기에 따라 다양한 사물을 인쇄할 수 있다.
② 3D프린터 기술이 발전한다면 장기기증자를 기다리지 않아도 될 것이다.
③ 피부를 직접 환자에게 인쇄하기 위해서는 별도의 잉크가 필요하다.
④ 같은 바이오 잉크라 해도 환자에 따라 거부 반응이 발생할 여지가 있다.
⑤ 자칫 장기 이식 및 선택적 동식물 유전자 조작에 대한 부정적 견해를 유발할 수 있다.

23

생태학에서 생물량 또는 생체량으로 번역되어 오던 단어인 바이오매스(Biomass)는, 태양 에너지를 받은 식물과 미생물의 광합성에 의해 생성되는 식물체, 균체 그리고 이를 자원으로 삼는 동물체 등을 모두 포함한 생물 유기체를 일컫는다. 그리고 이러한 바이오매스를 생화학적 또는 물리적 변환과정을 통해 액체, 가스, 고체연료 또는 전기나 열에너지 형태로 이용하는 기술을 화이트 바이오테크놀로지(White Biotechnology), 줄여서 '화이트 바이오'라고 부른다.

옥수수나 콩, 사탕수수와 같은 식물자원을 이용해 화학제품이나 연료를 생산하는 기술인 화이트 바이오는 재생이 가능한 데다 기존 화석원료를 통한 제조방식에서 벗어나 이산화탄소 배출을 줄일 수 있는 탄소중립적인 기술로 주목받고 있다. 한편 산업계에서는 미생물을 활용한 화이트 바이오를 통해 산업용 폐자재나 가축의 분뇨, 생활폐기물과 같이 죽은 유기물이라 할 수 있는 유기성 폐자원을 바이오매스 자원으로 활용하여 에너지를 생산하고자 연구하고 있어, 온실가스 배출, 악취 발생, 수질오염 등 환경적 문제는 물론 그 처리비용 문제도 해결할 수 있을 것으로 기대를 모으고 있다.

비록 보건 및 의료 분야의 바이오산업인 레드 바이오나, 농업 및 식량 분야의 그린 바이오보다 늦게 발전을 시작했지만, 한국과학기술기획평가원이 발간한 보고서에 따르면 화이트 바이오 관련 산업은 연평균 18%의 빠른 속도로 성장하며 기존의 화학 산업을 대체할 것으로 전망하고 있다.

① 생태학에서 정의하는 바이오매스와 산업계에서 정의하는 바이오매스는 다르다.
② 산업계는 화이트 바이오를 통해 환경오염 문제를 해결할 수 있을 것으로 기대를 모으고 있다.
③ 가정에서 나온 폐기물은 바이오매스 자원으로 고려되지 않는다.
④ 화이트 바이오 산업은 아직 다른 두 바이오산업에 비해 규모가 작을 것이다.
⑤ 기존 화학 산업의 경우 탄소배출이 문제가 되고 있었다.

24 다음 글에 대한 반론으로 가장 적절한 것은?

경제 문제는 대개 해결이 가능하다. 대부분의 경제 문제에는 몇 개의 해결책이 있다. 그러나 모든 해결책은 누군가가 상당한 손실을 반드시 감수해야 한다는 특징을 갖고 있다. 하지만 누구도 이 손실을 자발적으로 감수하고자 하지 않으며, 우리의 정치제도는 누구에게도 이 짐을 짊어지라고 강요할 수 없다. 우리의 정치적, 경제적 구조로는 실질적으로 제로섬(Zero-sum)적인 요소를 지니는 경제 문제에 전혀 대처할 수 없다.

대개의 경제적 해결책은 대규모의 제로섬적인 요소를 갖기 때문에 큰 손실을 수반한다. 모든 제로섬 게임에는 승자가 있다면 반드시 패자가 있으며, 패자가 존재해야만 승자가 존재할 수 있다. 경제적 이득이 경제적 손실을 초과할 수도 있지만, 손실의 주체에게 손실의 의미란 상당한 크기의 경제적 이득을 부정할 수 있을 만큼 매우 중요하다. 어떤 해결책으로 인해 평균적으로 사회는 더 잘살게 될 수도 있지만, 이 평균이 훨씬 더 잘살게 된 수많은 사람들과 훨씬 더 못 살게 된 수많은 사람들을 감춘다. 만약 당신이 더 못 살게 된 사람 중 하나라면 내 수입이 줄어든 것보다 다른 누군가의 수입이 더 많이 늘었다고 해서 위안을 얻지는 않을 것이다. 결국 우리는 우리 자신의 수입을 보호하기 위해 경제적 변화가 일어나는 것을 막거나 혹은 사회가 우리에게 손해를 입히는 공공정책이 강제로 시행되는 것을 막기 위해 싸울 것이다.

① 빈부격차를 해소하는 것만큼 중요한 정책은 없다.
② 사회의 총생산량이 많아지게 하는 정책이 좋은 정책이다.
③ 경제문제에서 모두가 만족하는 해결책은 존재하지 않는다.
④ 경제적 변화에 대응하는 정치제도의 기능에는 한계가 존재한다.
⑤ 경제정책의 효율성을 높이는 방법은 일관성을 유지하는 것이다.

25

> 최근 환경 문제가 심각해져, 필환경* 시대가 되었고, 이에 맞춰 그린 컨슈머(Green Consumer)가 늘어나고 있다. 이들은 환경 또는 건강을 가장 중요한 판단 기준으로 하는 소비자로 편의성과 쾌적함 등이 아닌 건강과 환경을 기준으로 제품을 선택하기 때문에 기존의 제품 생산 체계를 유지해 오던 기업들에게 적지 않은 영향을 미치고 있다. 이들은 지구를 살리는 습관이라고 하는 4가지 소비방식인 Refuse, Reduce, Reuse, Recycle을 지키려고 하고 있는데, 이처럼 환경을 의식하는 소비자 운동을 그린 컨슈머 운동이라고도 하고, 그린 컨슈머리즘(Green Consumerism)이라고 부르기도 한다. 필환경 시대에는 컨셔스 패션(Conscious Fashion), 제로 웨이스트(Zero Waste), 프리 사이클링(Precycling) 등의 친환경적 성격의 활동이 떠오르고 있다.
>
> 우리나라의 1인당 연간 플라스틱 소비량은 98.2kg으로 미국(97.7kg), 프랑스(73kg), 일본(66.9kg) 등의 국가보다 자원 소비가 많다. 쓰레기 문제는 이미 심각하며, 쓰레기 저감은 선택이 아닌 생존의 문제기 때문에 많은 사람이 그린 컨슈머에 합류해서 환경보전활동에 참여해야 한다.
>
> * 인류의 생존을 위해 반드시 지켜야 할 소비 트렌드

보기

> 뉴스를 보던 A씨는 지금이 필환경 시대인가를 고민하다가, 집에 쌓여있는 많은 잡동사니를 보고 자신도 그린 컨슈머에 동참해야겠다고 생각하였다. 개인적으로 할 수 있는 것을 해보자는 생각으로 그린 컨슈머의 4가지 소비방식부터 시작하였다. 그런데 활동을 시작하자 생각했던 것보다 훨씬 어려운 점이 많다는 것을 알게 되었다.

① A씨는 커피숍에 갈 때 텀블러를 들고 가고, 물품을 살 때 필요한 것인지 한 번 더 생각하게 될 것이다.

② A씨는 과대 포장은 불필요하기 때문에 공정과정에서 필수 포장만 하도록 조정할 것이다.

③ 패션 업계가 A씨처럼 필환경 시대에 동참하려 한다면, 옷의 생산부터 제작, 폐기까지 친환경적인 요소를 적용하고, 이를 소비자에게 공개할 것이다.

④ A씨가 지금 필환경 시대가 아니라고 판단한다면, 지금과 큰 차이 없는 생활을 할 것이다.

⑤ A씨가 그린 컨슈머가 된 이유는 자신도 우리나라 연간 쓰레기 생산에 관여하고 있는 것을 느꼈기 때문이다.

26

올해 한국의 유진테크가 처음으로 일본 고쿠사이를 제치고 삼성전자에 ALD 장비를 수주하게 되었다. 삼성전자는 기존 고쿠사이의 ALD 장비에 100% 의존하고 있었지만, 이제 ALD 장비 구매가 이원화되면서 구매 협상력이 높아졌다. 삼성전자는 고쿠사이에 웨이퍼 속도를 높여달라고 요청했지만 받아들여지지 않았고, 이후 다른 기업과 ALD 기술 개발을 도전하였으나 상용화하지 못한 상황에 놓여 있었지만, 이번 수주를 계기로 향후 ALD 산업에 청신호가 켜졌다는 전망이다.

ALD는 반도체 제조 과정에서 보호막을 씌우는 데 활용된다. 구체적으로는 실리콘 웨이퍼처럼 미세한 층에 박막(Thin Film)을 씌우는 것으로 반도체 공정에는 반드시 필요한 기술이다. 유진테크는 수년간의 연구개발을 통해 기술력을 높여 기술력이 고쿠사이보다 더 높다는 평가를 받는데 고쿠사이는 기계당 100장 미만의 웨이퍼를 넣어 처리할 수 있지만, 유진테크의 장비는 기계당 150장을 처리할 수 있다. 게다가 이후에도 점점 더 좋은 기술을 확보할 것으로 전망된다.

국내 기술이라는 점과 기술력 등의 강점을 토대로 유진테크는 삼성전자에 ALD 장비를 처음으로 공급하게 되었으며, 기계당 가격은 60 ~ 70억 원으로 현재 13대의 발주를 받았다. 지난해 매출은 2,026억 원이며, 올해 전망치는 3,700억 원이 될 것으로 보인다. 한편 유진테크 외에도 주성엔지니어링 등이 ALD 기술을 가지고 국내에 판매하는 등 일본의 수출규제로 인해 한국의 여러 기업이 기술에 투자하고 있으며, 시간이 지남에 따라 일본에 의존해왔던 기술들을 한국에서도 충분히 가능하리라 전망되고 있다.

보기

일본의 수출규제에 불만을 품고 있던 B씨는 유진테크가 삼성에 ALD 장비를 처음으로 공급하고 있다는 뉴스를 접하고 환호성을 질렀다. 이후 B씨는 우리나라 기술이 어느 정도까지 진척되고 있는지 알아보기 위해 ALD 기술 등 반도체와 관련이 있는 회사 소식을 찾아보고, 경제·IT 전문가들이 전망하고 있는 내용을 조사해 보았다.

① B씨는 유진테크뿐만 아니라 다른 국내기업과도 향후에 ALD 장비 계약을 할 수 있다는 것을 알았다.
② B씨는 유진테크의 올해 매출 전망치 중 1/5 이상이 ALD 장비 수익임을 알고 기술의 중요성을 깨달을 것이다.
③ B씨는 이미 국내 ALD 기술이 일본의 기술을 넘어서고 있다는 것을 알고, 이와 관련된 국내 주식을 조사해 볼 수 있다.
④ B씨는 삼성이 이제 일본에서 ALD 장비를 가져오지 않아도 국내 기업을 통해 장비를 구매할 수 있다는 것을 알고 기뻐할 것이다.
⑤ B씨는 얇은 필름을 씌우는 기술이 반도체 공정에 필수적인 기술임을 알게 될 것이다.

가스는 통상적으로 연료로 사용되는 기체를 의미하며, 우리 생활에는 도시가스 등이 밀접해 있다. 우리나라의 경우 천연가스 중 LNG를 도시가스로 많이 사용하는데, 천연가스는 가솔린이나 LPG보다 열량이 높은 청정에너지를 가지고 있다. 기체 상태이기 때문에 부피가 커서 충전과 운반, 보관 등이 어려워 가솔린이나 디젤보다 사용이 늦어졌으나, 20세기에 LNG를 만드는 기술이 개발되면서 상용화되었다.

천연가스는 변환 방식이나 공급 방식에 따라 종류가 달라진다. 먼저 PNG(Pipeline Natural Gas)는 천연가스 채굴 지역에서 소비 지역까지 배관을 통해 가스를 기체 상태로 이동시켜 사용하는 것으로 CNG나 LNG보다 경제성이 좋으나 직접 연결할 수 없는 지정학적 위치상 우리나라에서는 사용되지 않고 있다.

LNG(Liquefied Natural Gas)는 천연가스의 주성분인 메탄을 영하 162°로 냉각해 액체 상태로 만드는 것으로 부피가 약 600배로 압축된 상태이다. 무색의 투명한 액체로 공해 물질이 거의 없고 열량이 높아 우수한 연료지만, 초저온 탱크가 필요하기 때문에 자동차에서는 운행거리가 긴 시외버스나 대형 화물차에 사용된다.

CNG(Compressed Natural Gas)는 가정이나 공장 등에서 사용되는 LNG를 자동차 연료용으로 변환한 것으로 LNG를 상온에서 기화시킨 후 약 200기압으로 압축해서 만들어진다. LNG보다 부피가 3배 정도 커서 1회 충전으로는 운행 거리가 짧기 때문에 장거리 화물차 등에는 잘 사용되지 않지만 LNG보다 냉각과 단열 장치에 필요한 비용이 절감되어 더 경제적이다. 주로 시내버스용으로 사용되며 서울의 시내버스는 대부분 CNG 버스이다.

우리가 흔히 사용하는 LPG(Liquefied Petroleum Gas)는 천연가스와는 다른 액화석유가스로 프로판과 부탄을 상온에서 가압하여 액화한 것을 말한다. 차량용, 가정용, 공업용 등 다양하게 활용할 수 있으며, 주로 가스통 형태로 공급된다. LPG는 에너지가 크고 쉽게 액화할 수 있으나 공기보다 무겁고 물보다 가벼워 누출 시 폭발 위험성이 크다.

보기

최근 들어 환경문제가 주목을 받기 시작하면서 석유가스보다는 천연가스의 사용 비중과 중요도가 높아지고 있다. 많은 자동차의 연료가 CNG로 전환되고 있으며, 가정에는 도시가스가 보급되고 있다. 우리나라는 북쪽으로 북한이 있어 배관을 연결할 수 없기 때문에 유럽 등의 국가처럼 러시아의 천연가스를 공급받는 대신 다른 방법을 이용하고 있다. 폭발 위험성이 큰 종류는 사용을 줄이려고 하지만 아직은 다양한 분야에서 사용되고 있다. 천연가스는 변화하는 방법에 따라 여러 종류로 나눠지며, 천연가스를 자원화하기 시작한 지는 그리 오래된 편이 아니다.

① PNG, CNG, LNG 등은 친환경적이다.
② 남북이 통일된다면 PNG를 활용할 수 있다.
③ CNG는 천연가스보다 부피가 작으며 시내버스에 주로 사용되고 있다.
④ 천연가스는 변환 방법에 따라 종류와 쓰임이 다르다.
⑤ 폭발 위험성이 큰 것은 가정용으로 사용하지 않는다.

01 수리

01 농도가 25%인 소금물 200g에 농도가 10%인 소금물을 섞었다. 섞은 후 소금물에 함유된 소금의 양이 55g일 때 섞은 후의 소금물의 농도는 얼마인가?

① 20% ② 21%

③ 22% ④ 23%

⑤ 24%

02 S사에서는 A상품을 생산하는 데 모두 10억 원의 생산비용이 발생하며, A상품의 개당 원가는 200원, 정가는 300원이다. 생산한 A상품을 정가에서 25% 할인하여 판매했을 때 손해를 보지 않으려면 몇 개 이상 생산해야 하는가?(단, 이외의 비용은 생각하지 않고 생산한 A상품은 모두 판매된다. 또한 원가에는 생산비용이 포함되어 있지 않다)

① 3천만 개 ② 4천만 개

③ 5천만 개 ④ 6천만 개

⑤ 7천만 개

03 20억 원을 투자하여 10% 수익이 날 확률은 50%이고, 원가 그대로일 확률은 30%, 10% 손해를 볼 확률은 20%일 때 기대수익은?

① 4,500만 원 ② 5,000만 원

③ 5,500만 원 ④ 6,000만 원

⑤ 6,500만 원

04 A, B, C가 함께 작업하였을 때에는 6일이 걸리는 일이 있다. 이 일을 A와 B가 같이 작업하였을 때에는 12일이 걸리고, B와 C가 같이 작업하였을 때에는 10일이 걸린다. B가 혼자 일을 다 했을 때에는 며칠이 걸리겠는가?(단, A, B, C 모두 혼자 일했을 때의 능률과 함께 일했을 때의 능률은 같다)

① 56일　　　　　　　　　　　　② 58일
③ 60일　　　　　　　　　　　　④ 62일
⑤ 64일

05 은경이는 태국 여행에서 A, B, C, D 네 종류의 손수건을 총 9장 구매했으며, 그중 B손수건은 3장, 나머지는 각각 같은 개수를 구매했다. 기념품으로 친구 3명에게 종류가 다른 손수건을 3장씩 나눠줬을 때, 가능한 경우의 수는?

① 5가지　　　　　　　　　　　　② 6가지
③ 7가지　　　　　　　　　　　　④ 8가지
⑤ 9가지

06 S사는 A, B사로부터 동일한 양의 부품을 공급받는다. A사가 공급하는 부품의 0.1%는 하자가 있는 제품이고, B사가 공급하는 부품은 0.2%가 하자가 있는 제품이다. S사는 공급받은 부품 중 A로부터 공급받은 부품 50%와 B사로부터 공급받은 부품 80%를 선별하였다. 이 중 한 부품을 검수하였는데 하자가 있는 제품일 때, 그 제품이 B사 부품일 확률은?(단, 선별 후에도 제품의 불량률은 변하지 않는다)

① $\frac{15}{21}$　　　　　　　　　　　② $\frac{16}{21}$

③ $\frac{17}{21}$　　　　　　　　　　　④ $\frac{18}{21}$

⑤ $\frac{19}{21}$

07 다음은 2018년 주택보급률에 대한 표이다. 표에 대한 해석으로 옳은 것은?

〈2018년 주택보급률 현황〉

구분	2018년		
	가구 수(만 가구)	주택 수(만 호)	주택보급률(약 %)
전국	1,989	2,072	104
수도권	967	957	99
지방	1,022	1,115	109
서울	383	368	96
부산	136	141	103
대구	95	99	104
인천	109	110	101
광주	57	61	107
대전	60	61	102
울산	43	47	110
세종	11	12	109
경기	475	479	100
강원	62	68	110
충북	64	72	113
충남	85	95	112
전북	73	80	110
전남	73	82	112
경북	109	127	116
경남	130	143	110
제주	24	26	108

※ (주택보급률)$=\dfrac{(주택\ 수)}{(가구\ 수)}\times100$

※ 수도권 : 서울, 인천, 경기 지역 / 지방 : 수도권 외 모든 지역

① 전국 주택보급률보다 낮은 지역은 모두 수도권 지역이다.

② 수도권 외 지역 중 주택 수가 가장 적은 지역의 주택보급률보다 높은 지역은 다섯 곳이다.

③ 가구 수가 주택 수보다 많은 지역은 전국에서 가구 수가 세 번째로 많다.

④ 지방 전체 주택 수의 10% 이상을 차지하는 수도권 외 지역 중 지방 주택보급률보다 낮은 지역의 주택보급률과 전국 주택보급률의 차이는 약 1%p이다.

⑤ 주택 수가 가구 수의 1.1배 이상인 지역에서 가구 수가 세 번째로 적은 지역의 주택보급률은 지방 주택보급률보다 약 2%p 높다.

※ 다음은 A국가의 인구동향에 관한 자료이다. 이어지는 질문에 답하시오. [8~9]

〈인구동향〉

(단위 : 만 명, %)

구분	2014년	2015년	2016년	2017년	2018년
전체 인구수	12,381	12,388	12,477	12,633	12,808
남녀성비	101.4	101.8	102.4	101.9	101.7
가임기 여성비율	58.2	57.4	57.2	58.1	59.4
출산율	26.5	28.2	29.7	31.2	29.2
남성 사망률	8.3	7.4	7.2	7.5	7.7
여성 사망률	6.9	7.2	7.1	7.8	7.3

※ 남녀성비 : 여자 100명당 남자 수

08 제시된 자료에 대한 설명으로 옳은 것을 〈보기〉에서 모두 고르면?(단, 인구수는 버림하여 만 명까지만 나타낸다)

보기
ㄱ. 전체 인구수는 2014년 대비 2018년에 5% 이상이 증가하였다.
ㄴ. 제시된 기간 동안 가임기 여성의 비율과 출산율의 증감 추이는 동일하다.
ㄷ. 출산율은 2015년부터 2017년까지 전년 대비 계속 증가하였다.
ㄹ. 출산율과 남성 사망률의 차이는 2017년에 가장 크다.

① ㄱ, ㄴ
② ㄱ, ㄷ
③ ㄴ, ㄷ
④ ㄴ, ㄹ
⑤ ㄷ, ㄹ

09 다음 보고서에 밑줄 친 내용 중 옳지 않은 것은 모두 몇 개인가?

〈보고서〉

자료에 의하면 ㉠ 남녀성비는 2016년까지 증가하는 추이를 보이다가 2017년부터 감소했고, ㉡ 전체 인구수는 계속하여 감소하였다. ㉢ 2014년에는 남성 사망률이 최고치를 기록했다.
그 밖에도 ㉣ 2014년부터 2018년 중 여성 사망률은 2018년이 가장 높았으며, 이와 반대로 ㉤ 2018년은 출산율이 계속 감소하다가 증가한 해이다.

① 1개
② 2개
③ 3개
④ 4개
⑤ 5개

10 S사 실험실에서 A세포를 배양하는 실험을 하고 있다. 다음과 같이 일정한 규칙으로 배양에 성공한다면 9시간 경과했을 때 세포 수는 몇 개가 되겠는가?

〈시간대별 세포 수〉

(단위 : 개)

구분	0시간 경과	1시간 경과	2시간 경과	3시간 경과	4시간 경과
세포 수	220	221	223	227	235

① 727개
② 728개
③ 729개
④ 730개
⑤ 731개

01 제시된 명제가 모두 참일 때, 빈칸에 들어갈 명제로 가장 적절한 것을 고르면?

> 전제1. 야근을 하는 모든 사람은 X분야의 업무를 한다.
> 전제2. 야근을 하는 모든 사람은 Y분야의 업무를 한다.
> 결론. _____

① X분야의 업무를 하는 모든 사람은 야근을 한다.

② Y분야의 업무를 하는 어떤 사람은 X분야의 업무를 한다.

③ Y분야의 업무를 하는 모든 사람은 야근을 한다.

④ X분야의 업무를 하는 모든 사람은 Y분야의 업무를 한다.

⑤ 야근을 하는 어떤 사람은 X분야의 업무를 하지 않는다.

※ 다음 〈조건〉을 통해 추론할 때, 다음 중 항상 거짓이 되는 것을 고르시오. [2~3]

02

> **조건**
> • 6대를 주차할 수 있는 2행 3열로 구성된 G주차장이 있다.
> • G주차장에는 자동차 a, b, c, d가 주차되어 있다.
> • 1행과 2행에 빈자리가 한 곳씩 있다.
> • a자동차는 대각선을 제외하고 주변에 주차된 차가 없다.
> • b자동차와 c자동차는 같은 행 바로 옆에 주차되어 있다.
> • d자동차는 1행에 주차되어 있다.

① b자동차의 앞 주차공간은 비어있다.

② c사동차의 옆 주차공산은 빈자리가 없다.

③ a자동차는 2열에 주차되어 있다.

④ a자동차와 d자동차는 같은 행에 주차되어 있다.

⑤ d자동차와 c자동차는 같은 열에 주차되어 있다.

03

> **조건**
> • A, B, C, D, E 다섯 명의 이름을 입사한 지 오래된 순서로 이름을 적었다.
> • A와 B의 이름은 바로 연달아서 적혔다.
> • C와 D의 이름은 연달아서 적히지 않았다.
> • E는 C보다 먼저 입사하였다.
> • 가장 최근에 입사한 사람은 입사한 지 2년 된 D이다.

① C의 이름은 A의 이름보다 먼저 적혔다.

② B는 E보다 먼저 입사하였다.

③ E의 이름 바로 다음에 C의 이름이 적혔다.

④ A의 이름은 B의 이름보다 나중에 적혔다.

⑤ B는 C보다 나중에 입사하였다.

04 다음 〈조건〉을 통해 추론할 때, 다음 중 항상 참인 것은?

> **조건**
> • 사원번호는 0부터 9까지 정수로 이루어졌다.
> • S사에 입사한 사원에게 부여되는 사원번호는 여섯 자리이다.
> • 2020년 상반기에 입사한 S사 신입사원의 사원번호 앞의 두 자리는 20이다.
> • 사원번호 앞의 두 자리를 제외한 나머지 자리에는 0이 올 수 없다.
> • 2020년 상반기 S사에 입사한 K씨의 사원번호는 앞의 두 자리를 제외하면 세 번째, 여섯 번째 자리의 수만 같다.
> • 사원번호 여섯 자리의 합은 9이다.

① K씨 사원번호의 세 번째 자리 수는 '1'이다.

② K씨의 사원번호는 '201321'이다.

③ K씨의 사원번호는 '201231'이 될 수 없다.

④ K씨의 사원번호 앞의 두 자리가 '20'이 아닌 '21'이 부여된다면 K씨의 사원번호는 '211231'이다.

⑤ K씨의 사원번호 네 번째 자리의 수가 다섯 번째 자리의 수보다 작다면 K씨의 사원번호는 '202032'이다.

※ 다음 제시된 단어의 대응 관계가 동일하도록 빈칸에 들어갈 가장 적절한 단어를 고르시오. [5~8]

05

변변하다 : 넉넉하다 = 소요하다 : (　　)

① 치유하다　　　　　　　② 한적하다
③ 공겸하다　　　　　　　④ 소유하다
⑤ 소란하다

06

공시하다 : 반포하다 = 각축하다 : (　　)

① 공들이다　　　　　　　② 통고하다
③ 독점하다　　　　　　　④ 상면하다
⑤ 경쟁하다

07

침착하다 : 경솔하다 = 섬세하다 : (　　)

① 찬찬하다　　　　　　　② 조악하다
③ 감분하다　　　　　　　④ 치밀하다
⑤ 신중하다

08

겨냥하다 : 가늠하다 = 다지다 : (　　)

① 진거하다　　　　　　　② 겉잡다
③ 요량하다　　　　　　　④ 약화하다
⑤ 강화하다

09 다음 단어의 대응 관계가 나머지와 다른 하나를 고르면?

① 황혼 : 여명
② 유별 : 보통
③ 낭설 : 진실
④ 유지 : 부지
⑤ 서막 : 결말

10 다음 제시된 도형의 규칙을 보고 물음표에 들어갈 알맞은 것을 고르면?

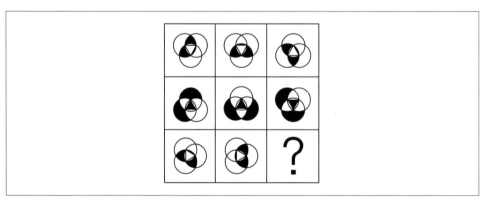

①
②

③
④

⑤

※ 다음 도식에서 기호들은 일정한 규칙에 따라 문자를 변화시킨다. 물음표에 들어갈 알맞은 문자를 고르시오(단, 규칙은 가로와 세로 중 한 방향으로만 적용된다). [11~14]

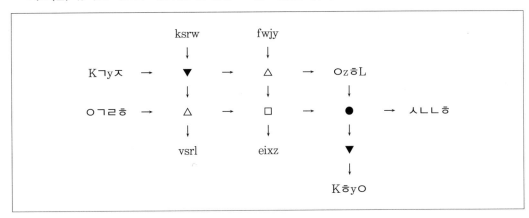

11

ㅅㄴㄹㅁ → ▼ → □ → ?

① ㅁㄴㄹㅅ ② ㅁㄹㄴㅅ
③ ㅁㅅㄴㄹ ④ ㅇㄱㄷㅂ
⑤ ㅅㄱㄹㄹ

12

isog → ● → △ → ?

① hsog ② iosg
③ gosi ④ hsng
⑤ irof

13

? → ▼ → ● → yenv

① neyv ② vney
③ yfnw ④ wyfn
⑤ wnfy

14

? → □ → △ → ㅇㅌㄷㄹ

① ㅈㄹㅋㄷ ② ㅊㄹㄷㅈ
③ ㅈㅊㄹㄷ ④ ㅅㅌㄴㄹ
⑤ ㅅㅌㄹㄴ

15 다음 글의 내용이 참일 때 항상 거짓인 것을 고르면?

일반적으로 최초의 망원경은 네덜란드의 안경 제작자인 한스 리퍼쉬(Hans Lippershey)에 의해 만들어졌다고 알려져 있다. 이 최초의 망원경 발명에는 출처가 분명하지는 않지만 재미있는 일화가 전해진다.

1608년 리퍼쉬의 아들이 리퍼쉬의 작업실에서 렌즈를 가지고 놀다가 두 개의 렌즈를 어떻게 조합을 하였더니 멀리 있는 교회의 뾰족한 첨탑이 매우 가깝게 보였다. 리퍼쉬의 아들은 이러한 사실을 아버지에게 알렸고 이것을 본 리퍼쉬가 망원경을 발명하였다. 리퍼쉬가 만들었던 망원경은 당시 그 지역을 다스리던 영주에게 상납되었다. 유감스럽게도 리퍼쉬가 망원경 제작에 사용한 렌즈의 조합은 현재 정확하게 알려져 있지는 않지만, 아마도 두 개의 볼록렌즈를 사용했을 것으로 추측된다. 이렇게 망원경이 발명되었다는 소식은 유럽 전역으로 빠르게 전파되어, 약 1년 후에는 이탈리아의 갈릴레오에게까지 전해졌다.

1610년, 갈릴레오는 초점거리가 긴 볼록렌즈를 망원경의 대물렌즈로 사용하고 초점 거리가 짧은 오목렌즈를 초점면 앞에 놓아 접안렌즈로 사용하였다. 이 같은 설계는 물체와 상의 상하좌우가 같은 정립상을 제공하므로 지상 관측에 적당하다. 이러한 광학적 설계 방식을 갈릴레이식 굴절 망원경이라고 한다.

갈릴레오가 자신이 만든 망원경으로 천체를 관측하여 발견한 천문학적 사실 중 가장 중요한 것은 바로 금성의 상변화이다. 금성의 각크기가 변한다는 것을 관측함으로써 금성이 지구를 중심으로 공전하는 것이 아니라 태양을 중심으로 공전하고 있다는 것을 증명하였으며, 따라서 코페르니쿠스의 지동설을 지지하는 강력한 증거를 제공하였다. 그러나 갈릴레이식 굴절 망원경은 초점 거리가 짧은 오목렌즈 제작의 어려움으로 배율에 한계가 있었으며, 시야도 좁고 색수차가 심하여 17세기 초반까지만 사용되었다. 오늘날에는 갈릴레이식 굴절 망원경은 오페라 글라스와 같은 작은 쌍안경에나 쓰일 뿐 거의 사용되지 않고 있다.

이후 케플러가 설계했다는 천체 관측용 망원경이 만들어졌는데, 이 망원경은 갈릴레이식보다 진일보한 형태로 오늘날 천체 관측용 굴절 망원경의 원형이 되고 있다. 케플러식 굴절 망원경은 장초점의 볼록렌즈를 대물렌즈로 하고 단초점의 볼록렌즈를 초점면 뒤에 놓아 접안렌즈로 사용한 구조이다. 이러한 설계 방식은 상의 상하좌우가 뒤집힌 도립상을 보여주기 때문에 지상용으로는 부적절하지만 천체를 관측할 때는 별다른 문제가 없다.

---

① 네덜란드의 안경 제작자인 한스 리퍼쉬는 아들의 렌즈 조합 발견을 계기로 망원경을 제작할 수 있었다.

② 갈릴레오의 망원경은 볼록렌즈를 대물렌즈로, 오목렌즈를 접안렌즈로 사용하였다.

③ 갈릴레오는 자신이 발명한 망원경으로 금성의 상변화를 관측하여 금성이 태양을 중심으로 공전한다는 것을 증명하였다.

④ 케플러식 망원경은 볼록렌즈만 사용하여 만들어졌다.

⑤ 케플러식 망원경은 갈릴레오식 망원경과 다르게 상의 상하좌우가 같은 정립상을 보여준다.

16 다음 주장에 대한 반박으로 가장 적절한 것은?

> 비타민D 결핍은 우리 몸에 심각한 건강 문제를 일으킬 수 있다. 비타민D는 칼슘이 체내에 흡수되어 뼈와 치아에 축적되는 것을 돕고 가슴뼈 뒤쪽에 위치한 흉선에서 면역세포를 생산하는 작용에 관여하는데, 비타민D가 부족할 경우 칼슘과 인의 흡수량이 줄어들고 면역력이 약해져 뼈가 약해지거나 신체 불균형이 일어날 수 있다.
>
> 비타민D는 주로 피부가 중파장 자외선에 노출될 때 형성된다. 중파장 자외선은 피부와 혈류에 포함된 7-디하이드로콜레스테롤을 비타민D로 전환시키는데, 이렇게 전환된 비타민D는 간과 신장을 통해 칼시트리롤(Calcitriol)이라는 호르몬으로 활성화된다. 바로 이 칼시트리롤을 통해 우리는 혈액과 뼈에 흡수될 칼슘과 인의 흡수를 조절하는 것이다.
>
> 이러한 기능을 담당하는 비타민D를 함유하고 있는 식품은 자연에서 매우 적기 때문에, 우리의 몸은 충분한 비타민D를 생성하기 위해 주기적으로 태양빛에 노출될 필요가 있다.

① 태양빛에 노출될 경우 피부암 등의 질환이 발생하여 도리어 건강이 더 악화될 수 있다.

② 비타민D 결핍으로 인해 생기는 부작용은 주기적인 칼슘과 인의 섭취를 통해 해결할 수 있다.

③ 비타민D 보충제만으로는 체내에 필요한 비타민D를 얻을 수 없다.

④ 태양빛에 직접 노출되지 않거나 자외선 차단제를 사용했음에도 체내 비타민D 수치가 정상을 유지한다는 연구결과가 있다.

⑤ 선크림 등 자외선 차단제를 사용하더라도 비타민D 생성에 충분한 중파장 자외선에 노출될 수 있다.

17 다음 지문을 토대로 〈보기〉를 바르게 해석한 것은?

요즘 대세로 불리는 폴더블 스마트폰이나 커브드 모니터를 직접 보거나 사용해 본 적이 있는가? 혁신적인 디자인과 더불어 사용자에게 뛰어난 몰입감을 제공하며 시장에서 큰 인기를 끌고 있는 이 제품들의 사양을 자세히 보면 'R'에 대한 값이 표시되어 있음을 알 수 있다. 이 R은 반지름(Radius)을 뜻하며 제품의 굽혀진 곡률을 나타내는데, 이 R의 값이 작을수록 접히는 부분의 비는 공간이 없어 완벽하게 접힌다.

일반적으로 여러 층의 레이어로 구성된 패널은 접었을 때 앞면에는 줄어드는 힘인 압축응력이, 뒷면에는 늘어나는 힘인 인장응력이 동시에 발생한다. 이처럼 서로 반대되는 힘인 압축응력과 인장응력이 충돌하면서 패널의 구조에 영향을 주는 것을 '폴딩 스트레스'라고 하는데, 곡률이 작을수록, 즉 더 접힐수록 패널이 받는 폴딩 스트레스가 높아진다. 따라서 곡률이 상대적으로 작은 인폴딩 패널이 곡률이 큰 아웃폴딩 패널보다 개발 난이도가 높은 셈이다.

> **보기**
>
> S전자는 이번 행사에서 1.4R의 인폴딩 패널을 사용한 폴더블 스마트폰을 개발하는 데 성공했다고 발표했다. 이는 아웃폴딩 패널을 사용한 H기업이나 동일한 인폴딩 패널을 사용한 A기업의 폴더블 스마트폰보다 현저히 낮은 곡률이다.

① 이번에 H기업에서 새로 개발한 1.6R의 작은 곡률이 적용된 패널을 사용한 폴더블 스마트폰은 S전자에서 개발한 폴더블 스마트폰과 동일한 방식의 패널을 사용했을 것이다.

② 아웃폴딩 패널을 사용한 H기업의 폴더블 스마트폰은 이번에 S전자에서 개발한 폴더블 스마트폰보다 폴딩 스트레스가 낮을 것이다.

③ 인폴딩 패널을 사용한 A기업의 폴더블 스마트폰은 S전자에서 개발한 폴더블 스마트폰과 개발 난이도가 비슷했을 것이다.

④ 아웃폴딩 패널을 사용한 H기업의 폴더블 스마트폰의 R값이 인폴딩 패널을 사용한 A기업의 폴더블 스마트폰의 R값보다 작을 것이다.

⑤ S전자의 폴더블 스마트폰의 R값이 경쟁 기업보다 작은 것은 여러 층으로 구성된 패널의 층수를 타 기업의 패널보다 줄여 압축응력과 인장응력으로 인한 스트레스를 줄였기 때문일 것이다.

2020년 상반기 기출복원문제

정답 및 해설 p.061

| 01 | 수리 |

01 5% 소금물에 소금 40g을 넣었더니 25%의 소금물이 됐다. 이때 처음 5% 소금물의 양은?

① 130g
② 140g
③ 150g
④ 160g
⑤ 170g

02 욕조에 A탱크로 물을 채웠을 때 18분에 75%를 채울 수 있다. 욕조의 물을 전부 뺀 후, 15분간 A탱크로 물을 채우다 B탱크로 나머지를 채울 때, B탱크로만 물을 채우는 데 걸리는 시간은?(단, B탱크는 A탱크보다 1.5배 빠르게 물을 채운다)

① 2분
② 3분
③ 4분
④ 5분
⑤ 6분

03 S사 직원은 각자 하나의 프로젝트를 선택하여 진행해야 하며 X, Y, Z프로젝트 중 선택되지 않은 프로젝트는 진행하지 않아도 상관없다. X, Y, Z프로젝트 중 X프로젝트는 대리만, Y프로젝트는 사원만, Z프로젝트는 누구나 진행할 수 있다. 대리 2명, 사원 3명이 프로젝트를 선택하여 진행하는 경우의 수는?

① 16가지
② 32가지
③ 36가지
④ 48가지
⑤ 72가지

04 A는 0.8km의 거리를 12분 만에 걸어간 후 36km/h의 속력의 버스에 탑승해 8분 동안 이동하여 목적지에 도착했다. 다음 날 A가 자전거를 이용해 같은 시간 동안 같은 경로로 이동할 때 평균 속력은?

① 1.80km/분
② 1.00km/분
③ 0.50km/분
④ 0.28km/분
⑤ 0.15km/분

05 서울 지사에 근무하는 A와 B는 X와 Y경로를 이용하여 부산 지사로 외근을 갈 예정이다. X경로를 이용하여 이동을 하면 A가 B보다 1시간 늦게 도착한다. A는 X경로로 이동하고 B는 X경로보다 160km 긴 Y경로로 이동하면 A가 B보다 1시간 빨리 도착한다. 이때 B의 속력은?

① 40km/h
② 50km/h
③ 60km/h
④ 70km/h
⑤ 80km/h

06 1 ~ 9까지의 수가 적힌 카드를 철수와 영희가 한 장씩 뽑았을 때 영희가 철수보다 큰 수가 적힌 카드를 뽑는 경우의 수는?

① 16가지
② 32가지
③ 36가지
④ 38가지
⑤ 64가지

07 S사는 주사위를 굴려 1이 나오면 당첨, 2, 3, 4가 나오면 꽝이고, 5 이상인 경우는 가위바위보를 통해 이겼을 때 당첨이 되는 이벤트를 하였다. 가위바위보에 비겼을 때에는 가위바위보를 한 번 더 할 수 있는 재도전의 기회를 얻으며 재도전은 한 번만 할 수 있다. 이때 당첨될 확률은?

① $\dfrac{1}{54}$
② $\dfrac{3}{54}$
③ $\dfrac{17}{54}$
④ $\dfrac{7}{14}$
⑤ $\dfrac{9}{14}$

08 S사는 작년에 직원이 총 45명이었다. 올해는 작년보다 안경을 쓴 사람은 20%, 안경을 쓰지 않은 사람은 40% 증가하여 총 58명이 되었다. 퇴사한 직원은 없다고 할 때 올해 입사한 사람 중 안경을 쓴 사람의 수는?

① 5명   ② 10명
③ 15명   ④ 20명
⑤ 25명

1일 차

09 다음은 Z세균을 각각 다른 환경인 X와 Y조건에서 방치하는 실험을 하였을 때 번식하는 수를 기록한 자료이다. 번식하는 수는 일정한 규칙으로 변화할 때 10일 차에 Z세균의 번식 수를 구하면?

〈실험 결과〉

(단위 : 만 개)

구분	1일 차	2일 차	3일 차	4일 차	5일 차	…	10일 차
X조건에서의 Z세균	10	30	50	90	150	…	(A)
Y조건에서의 Z세균	1	2	4	8	16	…	(B)

	(A)	(B)
①	1,770	512
②	1,770	256
③	1,770	128
④	1,440	512
⑤	1,440	256

※ 다음 짝지어진 단어 사이의 관계가 나머지와 다른 하나를 고르시오. [1~2]

01
① 노리다 – 겨냥하다
② 엄정 – 해이
③ 성기다 – 뜨다
④ 자아내다 – 끄집어내다
⑤ 보편 – 일반

02
① 득의 – 실의
② 엎어지다 – 자빠지다
③ 화해 – 결렬
④ 판이하다 – 다르다
⑤ 고상 – 저열

※ 제시된 단어와 동일한 관계가 되도록 빈칸에 들어갈 가장 적절한 단어를 고르시오. [3~4]

03

뇌까리다 : 지껄이다 = ( ) : 상서롭다

① 망하다
② 성하다
③ 길하다
④ 실하다
⑤ 달하다

04

초췌하다 : 수척하다 = 함양 : ( )

① 집합
② 활용
③ 결실
④ 도출
⑤ 육성

※ 제시된 명제가 모두 참일 때, 빈칸에 들어갈 명제로 가장 적절한 것을 고르시오. [5~6]

05

- 피자를 좋아하는 사람은 치킨을 좋아한다.
- 치킨을 좋아하는 사람은 감자튀김을 좋아한다.
- 나는 피자를 좋아한다.
- 따라서 _____

① 나는 피자를 좋아하지만 감자튀김은 좋아하지 않는다.
② 치킨을 좋아하는 사람은 피자를 좋아한다.
③ 감자튀김을 좋아하는 사람은 치킨을 좋아한다.
④ 나는 감자튀김을 좋아한다.
⑤ 감자튀김을 좋아하는 사람은 피자를 좋아한다.

06

- 갈매기는 육식을 하는 새이다.
- _____
- 바닷가에 사는 새는 갈매기이다.
- 따라서 헤엄을 치는 새는 육식을 한다.

① 바닷가에 살지 않는 새는 헤엄을 치지 않는다.
② 갈매기는 헤엄을 친다.
③ 육식을 하는 새는 바닷가에 살지 않는다.
④ 헤엄을 치는 새는 육식을 하지 않는다.
⑤ 갈매기가 아니어도 육식을 하는 새는 있다.

07 고등학교 동창인 A, B, C, D, E, F는 중국 음식점에서 식사를 하기 위해 원형 테이블에 앉았다. 〈조건〉이 다음과 같을 때, 항상 옳은 것은?

> **조건**
> • E와 F는 서로 마주보고 앉아 있다.
> • C와 B는 붙어있다.
> • A는 F와 한 칸 떨어져 앉아 있다.
> • D는 F의 바로 오른쪽에 앉아 있다.

① A와 B는 마주보고 있다.

② A와 D는 붙어있다.

③ B는 F와 붙어있다.

④ C는 F와 붙어있다.

⑤ D는 C와 마주보고 있다.

08 A, B, C, D, E 다섯 사람은 마스크를 사기 위해 차례대로 줄을 서 있다. 네 사람이 진실을 말한다고 할 때, 다음 중 거짓말을 하는 사람은?

> • A : B 다음에 E가 바로 도착해서 줄을 섰어.
> • B : D는 내 바로 뒤에 줄을 섰지만 마지막은 아니었어.
> • C : 내 앞에 줄을 선 사람은 한 명뿐이야.
> • D : 내 뒤에는 두 명이 줄을 서고 있어.
> • E : A는 가장 먼저 마스크를 구입할 거야.

① A   ② B

③ C   ④ D

⑤ E

09 친구 갑, 을, 병, 정은 휴일을 맞아 백화점에서 옷을 고르기로 했다. 〈조건〉이 다음과 같을 때 갑, 을, 병, 정이 고른 옷으로 옳은 것은?

> **조건**
> • 네 사람은 각각 셔츠, 바지, 원피스, 치마를 구입했다.
> • 병은 원피스와 치마 중 하나를 구입했다.
> • 갑은 셔츠와 치마를 입지 않는다.
> • 정은 셔츠를 구입하기로 했다.
> • 을은 치마와 원피스를 입지 않는다.

	갑	을	병	정
①	치마	바지	원피스	셔츠
②	바지	치마	원피스	셔츠
③	치마	셔츠	원피스	바지
④	원피스	바지	치마	셔츠
⑤	바지	원피스	치마	셔츠

※ 다음 제시된 도형의 규칙을 보고 물음표에 들어갈 알맞은 것을 고르시오. [10~11]

10

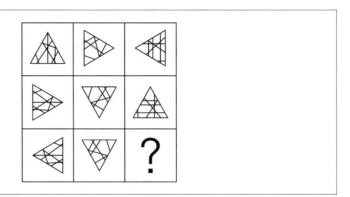

①

②

③

④

⑤

11

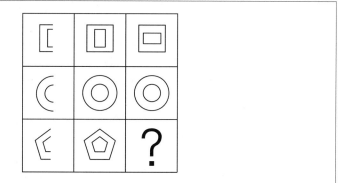

①

②

③

④

⑤

12 다음 글을 통해 추론할 수 있는 내용으로 적절하지 않은 것은?

> 오골계(烏骨鷄)라는 단어를 들었을 때 머릿속에 떠오르는 이미지는 어떤가? 아마 대부분의 사람들은 볏부터 발끝까지 새까만 닭의 모습을 떠올릴지도 모르겠다. 하지만 사실 이것은 토착종인 오계로, 오골계와는 엄밀히 구분되는 종이다. 그렇다면 오골계와 오계는 정확히 어떠한 차이가 있을까? 흔히 시장에 유통되고 있는 오골계는 정확히는 일제강점기에 유입된 '실키'라는 품종에서 비롯된 혼합종이라고 할 수 있다. 살과 가죽, 뼈 등이 검정에 가까운 자색을 띠지만 흰색이나 붉은 갈색의 털을 지니기도 한다. 병아리 또한 흰 솜털로 덮여 있으며 발가락 수가 5개인 것이 특징이다.
>
> 연산오계라고도 불리는 오계는 대한민국 천연기념물 제265호로 지정되어 충남 논산시에 위치한 국내 유일의 오계 사육 농장에서만 사육되고 있다. 살과 가죽, 뼈는 물론 털까지 검으며 야생성이 강하고 사육기간이 길어 기르는 것이 쉽지 않은 것으로 알려져 있다. 병아리 또한 검은색을 띠고 발가락 수가 일반 닭과 같은 4개이기에 구분이 어렵지는 않다.
>
> 오계라는 명칭은 동의보감에서 그 이름과 함께 약효와 쓰임새가 기록되어 있는 것을 토대로 최소 선조 이전부터 사육되었던 것으로 추정하고 있다. 하지만 현재는 그 수가 적어 천연기념물로 보호하기 위한 종계 개체 수 1,000마리를 유지하고 있으며, 그 외의 종계로써의 가치가 끝난 퇴역종계와 비 선발 종계후보들만이 식용으로 쓰이고 있다.

① 털의 색을 통해 오골계와 오계를 구분할 수 있을 것이다.

② 손질된 오골계와 오계 고기를 구분하기는 어려울 것이다.

③ 살이 검은 것을 제외하면 오골계와 일반 닭은 큰 차이가 없다고 볼 수 있다.

④ 오계는 병아리 때부터 다른 닭과 구분하기 쉽다고 할 수 있다.

⑤ 오계는 식재보다는 약용으로 더 많이 쓰였을 것으로 짐작할 수 있다.

2일 차

수리

01 핵심이론

02 대표유형

2일 차
수리

GSAT의 수리 영역은 크게 응용수리와 자료해석으로 나눌 수 있다. 응용수리는 주로 수의 관계(약수와 배수, 소수, 합성수, 인수분해, 최대공약수 / 최소공배수 등)를 이용하는 기초적인 계산 문제, 방정식과 부등식을 수립(날짜 / 요일 / 시간, 시간 / 거리 / 속도, 나이 / 수량, 원가 / 정가, 일 / 일률, 농도, 비율 등)하여 미지수를 계산하는 응용계산 문제, 경우의 수와 확률을 구하는 문제 등이 출제된다. 자료해석은 제시된 표를 이용하여 그래프로 변환하거나 자료를 해석하는 문제, 자료의 추이를 파악하여 빈칸을 찾는 문제 등이 출제된다. 출제비중은 응용수리 2문제(10%), 자료해석 18문제(90%)가 출제되며, 30분 내에 20문항을 해결해야 한다.

01 응용수리

수의 관계에 대해 알고 그것을 응용하여 계산할 수 있는지 그리고 미지수를 구하기 위해 필요한 계산식을 세울 수 있는지를 평가하는 유형이다. 최근에는 단순하게 계산하는 문제가 아닌 두, 세 단계의 풀이과정을 거쳐서 답을 도출하는 문제가 출제되고 있으므로 기초적인 유형을 정확하게 알고, 이를 활용하는 연습을 해야 한다.

┌─ 학습 포인트 ┐
- 문제풀이 시간 확보가 관건이므로 이 유형에서 점수를 따기 위해서는 다양한 문제를 최대한 많이 풀어보는 수밖에 없다.
- 고등학교 시절을 생각하며 오답노트를 만드는 것도 좋은 방법이 될 수 있다.

02 자료해석

표나 그래프 등 주어진 자료를 보고 필요한 정보를 빠르게 찾아 해석할 수 있는지를 평가하는 유형이다. 자료계산, 자료해석은 다른 기업의 인적성검사에도 흔히 출제되는 유형이지만, 규칙적인 변화 추이를 파악해서 미래를 예측하고, 자료의 적절한 값을 구하는 문제는 GSAT에서만 출제되는 특이한 유형이므로 익숙해지도록 연습해야 한다.

│ 학습 포인트 │

- 표, 꺾은선그래프, 막대그래프, 원그래프 등 다양한 형태의 자료를 눈에 익힌다. 그래야 실제 시험에서 자료가 제시되었을 때 중점을 두고 파악해야 할 부분이 더욱 선명하게 보일 것이다.
- 자료해석 유형의 문제는 제시되는 정보의 양이 매우 많으므로 시간을 절약하기 위해서는 문제를 읽은 후 바로 자료 분석에 들어가는 것보다는, 선택지를 먼저 읽고 필요한 정보만 추출하여 답을 찾는 것이 좋다.

01 수리 핵심이론

01 응용수리

1. 수의 관계

(1) 약수와 배수

a가 b로 나누어 떨어질 때, a는 b의 배수, b는 a의 약수

(2) 소수

1과 자기 자신만을 약수로 갖는 수, 즉 약수의 개수가 2개인 수

(3) 합성수

1과 자신 이외의 수를 약수로 갖는 수, 즉 소수가 아닌 수 또는 약수의 개수가 3개 이상인 수

(4) 최대공약수

2개 이상의 자연수의 공통된 약수 중에서 가장 큰 수

(5) 최소공배수

2개 이상의 자연수의 공통된 배수 중에서 가장 작은 수

(6) 서로소

1 이외에 공약수를 갖지 않는 두 자연수, 즉 최대공약수가 1인 두 자연수

(7) 소인수분해

주어진 합성수를 소수의 거듭제곱 형태로 나타내는 것

(8) 약수의 개수

자연수 $N = a^m \times b^n$에 대하여, N의 약수의 개수는 $(m+1) \times (n+1)$개

(9) 최대공약수와 최소공배수의 관계

두 자연수 A, B에 대하여, 최소공배수와 최대공약수를 각각 L, G라고 하면 $A \times B = L \times G$가 성립한다.

2. 방정식의 활용

(1) 날짜 · 요일 · 시계

① 날짜 · 요일

    ㉠ 1일＝24시간＝1,440분＝86,400초

    ㉡ 날짜 · 요일 관련 문제는 대부분 나머지를 이용해 계산한다.

② 시계

    ㉠ 시침이 1시간 동안 이동하는 각도 : 30°

    ㉡ 시침이 1분 동안 이동하는 각도 : 0.5°

    ㉢ 분침이 1분 동안 이동하는 각도 : 6°

(2) 거리 · 속력 · 시간

① (거리)＝(속력)×(시간)

    ㉠ 기차가 터널을 통과하거나 다리를 지나가는 경우

      • (기차가 움직인 거리)＝(기차의 길이)＋(터널 또는 다리의 길이)

    ㉡ 두 사람이 반대 방향 또는 같은 방향으로 움직이는 경우

      • (두 사람 사이의 거리)＝(두 사람이 움직인 거리의 합 또는 차)

② $(속력)=\dfrac{(거리)}{(시간)}$

    ㉠ 흐르는 물에서 배를 타는 경우

      • (하류로 내려갈 때의 속력)＝(배 자체의 속력)＋(물의 속력)

      • (상류로 올라갈 때의 속력)＝(배 자체의 속력)－(물의 속력)

③ $(시간)=\dfrac{(거리)}{(속력)}$

(3) 나이 · 인원 · 개수

구하고자 하는 것을 미지수로 놓고 식을 세운다. 동물의 경우 다리의 개수에 유의해야 한다.

(4) 원가 · 정가

① (정가)＝(원가)＋(이익)

② (이익)＝(정가)－(원가)

③ $(a$ 원에서 $b\%$ 할인한 가격$)=a\times\left(1-\dfrac{b}{100}\right)$

(5) 일률 · 톱니바퀴

① 일률

전체 일의 양을 1로 놓고, 시간 동안 한 일의 양을 미지수로 놓고 식을 세운다.

- (일률)$=\dfrac{(\text{작업량})}{(\text{작업기간})}$

- (작업기간)$=\dfrac{(\text{작업량})}{(\text{일률})}$

- (작업량)$=$(일률)$\times$(작업기간)

② 톱니바퀴

(톱니 수)$\times$(회전수)$=$(총 맞물린 톱니 수)

즉, A, B 두 톱니에 대하여, (A의 톱니 수)$\times$(A의 회전수)$=$(B의 톱니 수)$\times$(B의 회전수)가 성립한다.

(6) 농도

① (농도)$=\dfrac{(\text{용질의 양})}{(\text{용액의 양})}\times100$

② (용질의 양)$=\dfrac{(\text{농도})}{100}\times$(용액의 양)

(7) 수 I

① 연속하는 세 자연수 : $x-1,\ x,\ x+1$
② 연속하는 세 짝수(홀수) : $x-2,\ x,\ x+2$

(8) 수 II

① 십의 자릿수가 x, 일의 자릿수가 y인 두 자리 자연수 : $10x+y$
   이 수에 대해, 십의 자리와 일의 자리를 바꾼 수 : $10y+x$
② 백의 자릿수가 x, 십의 자릿수가 y, 일의 자릿수가 z인 세 자리 자연수 : $100x+10y+z$

(9) 증가 · 감소

① x가 $a\%$ 증가 : $\left(1+\dfrac{a}{100}\right)x$

② y가 $b\%$ 감소 : $\left(1-\dfrac{b}{100}\right)y$

3. 경우의 수 · 확률

(1) 경우의 수

① 경우의 수 : 어떤 사건이 일어날 수 있는 모든 가짓수

② 합의 법칙

  ㉠ 두 사건 A, B가 동시에 일어나지 않을 때, A가 일어나는 경우의 수를 m, B가 일어나는 경우의 수를 n이라고 하면, 사건 A 또는 B가 일어나는 경우의 수는 $m+n$이다.

  ㉡ '또는', '~이거나'라는 말이 나오면 합의 법칙을 사용한다.

③ 곱의 법칙

  ㉠ A가 일어나는 경우의 수를 m, B가 일어나는 경우의 수를 n이라고 하면, 사건A와 B가 동시에 일어나는 경우의 수는 $m \times n$이다.

  ㉡ '그리고', '동시에'라는 말이 나오면 곱의 법칙을 사용한다.

④ 여러 가지 경우의 수

  ㉠ 동전 n개를 던졌을 때, 경우의 수 : 2^n

  ㉡ 주사위 m개를 던졌을 때, 경우의 수 : 6^m

  ㉢ 동전 n개와 주사위 m개를 던졌을 때, 경우의 수 : $2^n \times 6^m$

  ㉣ n명을 한 줄로 세우는 경우의 수 : $n! = n \times (n-1) \times (n-2) \times \cdots \times 2 \times 1$

  ㉤ n명 중, m명을 뽑아 한 줄로 세우는 경우의 수 : $_n\mathrm{P}_m = n \times (n-1) \times \cdots \times (n-m+1)$

  ㉥ n명을 한 줄로 세울 때, m명을 이웃하여 세우는 경우의 수 : $(n-m+1)! \times m!$

  ㉦ 0이 아닌 서로 다른 한 자리 숫자가 적힌 n장의 카드에서, m장을 뽑아 만들 수 있는 m자리 정수의 개수 : $_n\mathrm{P}_m$

  ㉧ 0을 포함한 서로 다른 한 자리 숫자가 적힌 n장의 카드에서, m장을 뽑아 만들 수 있는 m자리 정수의 개수 : $(n-1) \times _{n-1}\mathrm{P}_{m-1}$

  ㉨ n명 중, 자격이 다른 m명을 뽑는 경우의 수 : $_n\mathrm{P}_m$

  ㉩ n명 중, 자격이 같은 m명을 뽑는 경우의 수 : $_n\mathrm{C}_m = \dfrac{_n\mathrm{P}_m}{m!}$

  ㉪ 원형 모양의 탁자에 n명을 앉히는 경우의 수 : $(n-1)!$

⑤ 최단거리 문제 : A에서 B 사이에 P가 주어져 있다면, A와 P의 최단거리, B와 P의 최단거리를 각각 구하여 곱한다.

(2) 확률

① (사건 A가 일어날 확률)$= \dfrac{(\text{사건 A가 일어나는 경우의 수})}{(\text{모든 경우의 수})}$

② 여사건의 확률

  ㉠ 사건 A가 일어날 확률이 p일 때, 사건 A가 일어나지 않을 확률은 $(1-p)$이다.

  ㉡ '적어도'라는 말이 나오면 주로 사용한다.

③ 확률의 계산

  ㉠ 확률의 덧셈

    두 사건 A, B가 동시에 일어나지 않을 때, A가 일어날 확률을 p, B가 일어날 확률을 q라고 하면, 사건 A 또는 B가 일어날 확률은 $p+q$이다.

ⓛ 확률의 곱셈

　　A가 일어날 확률을 p, B가 일어날 확률을 q라고 하면, 사건 A와 B가 동시에 일어날 확률은 $p \times q$
　　이다.

④ 여러 가지 확률

　　㉠ 연속하여 뽑을 때, 꺼낸 것을 다시 넣고 뽑는 경우 : 처음과 나중의 모든 경우의 수는 같다.

　　㉡ 연속하여 뽑을 때, 꺼낸 것을 다시 넣지 않고 뽑는 경우 : 나중의 모든 경우의 수는 처음의 모든
　　　경우의 수보다 1만큼 작다.

　　㉢ (도형에서의 확률)$= \dfrac{(\text{해당하는 부분의 넓이})}{(\text{전체 넓이})}$

02　자료해석

(1) 꺾은선(절선)그래프

　① 시간적 추이(시계열 변화)를 표시하는 데 적합하다.

　　예 연도별 매출액 추이 변화 등

　② 경과・비교・분포를 비롯하여 상관관계 등을 나타날 때 사용한다.

〈한국 자동차부품 수입 국가별 의존도〉

(단위 : %)

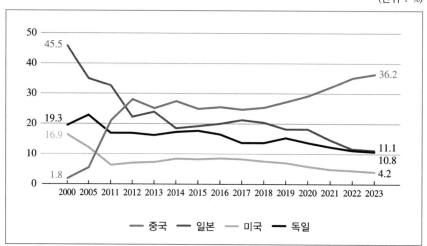

(2) 막대그래프

① 비교하고자 하는 수량을 막대 길이로 표시하고, 그 길이를 비교하여 각 수량 간의 대소 관계를 나타내는 데 적합하다.

　예 영업소별 매출액, 성적별 인원분포 등

② 가장 간단한 형태로 내역·비교·경과·도수 등을 표시하는 용도로 사용한다.

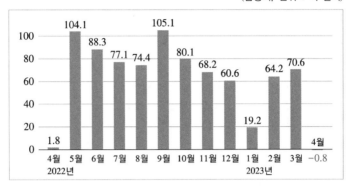

〈경상수지 추이〉

(잠정치, 단위 : 억 달러)

(3) 원그래프

① 내역이나 내용의 구성비를 분할하여 나타내는 데 적합하다.

　예 제품별 매출액 구성비 등

② 원그래프를 정교하게 작성할 때는 수치를 각도로 환산해야 한다.

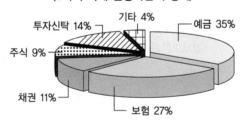

〈C국의 가계 금융자산 구성비〉

(4) 점그래프

① 지역분포를 비롯하여 도시, 지방, 기업, 상품 등의 평가나 위치, 성격을 표시하는 데 적합하다.

　예 광고비율과 이익률의 관계 등

② 종축과 횡축에 두 요소를 두고, 보고자 하는 것이 어떤 위치에 있는가를 알고자 할 때 사용한다.

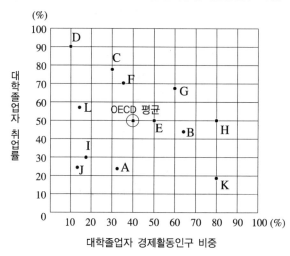

〈OECD 국가의 대학졸업자 취업률 및 경제활동인구 비중〉

(5) 층별그래프

① 합계와 각 부분의 크기를 백분율로 나타내고 시간적 변화를 보는 데 적합하다.

② 합계와 각 부분의 크기를 실수로 나타내고 시간적 변화를 보는 데 적합하다.

　예 상품별 매출액 추이 등

③ 선의 움직임보다는 선과 선 사이의 크기로써 데이터 변화를 나타내는 그래프이다.

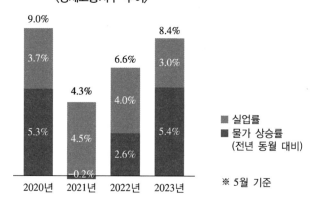

〈경제고통지수 추이〉

(6) 레이더 차트(거미줄그래프)

① 다양한 요소를 비교할 때, 경과를 나타내는 데 적합하다.

  예 매출액의 계절변동 등

② 비교하는 수량을 직경, 또는 반경으로 나누어 원의 중심에서의 거리에 따라 각 수량의 관계를 나타내는 그래프이다.

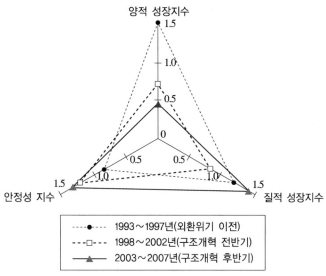

〈외환위기 전후 한국의 경제상황〉

1. 수추리

(1) 등차수열 : 앞의 항에 일정한 수를 더해 이루어지는 수열

(2) 등비수열 : 앞의 항에 일정한 수를 곱해 이루어지는 수열

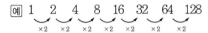

(3) 계차수열 : 수열의 인접하는 두 항의 차로 이루어진 수열

(4) 피보나치 수열 : 앞의 두 항의 합이 그 다음 항의 수가 되는 수열

예 $1 \quad 1 \quad \underset{1+1}{2} \quad \underset{1+2}{3} \quad \underset{2+3}{5} \quad \underset{3+5}{8} \quad \underset{5+8}{13} \quad \underset{8+13}{21}$

(5) 건너뛰기 수열

- 두 개 이상의 수열이 일정한 간격을 두고 번갈아가며 나타나는 수열

  예 1 1 3 7 5 13 7 19

  - 홀수 항 : 1 3 5 7
    +2 +2 +2
  - 짝수 항 : 1 7 13 19
    +6 +6 +6

- 두 개 이상의 규칙이 일정한 간격을 두고 번갈아가며 적용되는 수열

  예 0 1 3 4 12 13 39 40
  +1 ×3 +1 ×3 +1 ×3 +1

(6) 군수열 : 일정한 규칙성으로 몇 항씩 묶어 나눈 수열

예 • 1 1 2 1 2 3 1 2 3 4

⇒ 1 1 2 1 2 3 1 2 3 4

• 1 3 4 6 5 11 2 6 8 9 3 12

⇒ 1 3 4   6 5 11   2 6 8   9 3 12
　　 1+3=4　 6+5=11　　 2+6=8　　 9+3=12

• 1 3 3 2 4 8 5 6 30 7 2 14

⇒ 1 3 3   2 4 8   5 6 30   7 2 14
　　 1×3=3　 2×4=8　　 5×6=30　　 7×2=14

2. 문자추리

(1) 알파벳, 자음, 한자, 로마자

1	2	3	4	5	6	7	8	9	10	11	12	13	14	15	16	17	18	19	20	21	22	23	24	25	26
A	B	C	D	E	F	G	H	I	J	K	L	M	N	O	P	Q	R	S	T	U	V	W	X	Y	Z
ㄱ	ㄴ	ㄷ	ㄹ	ㅁ	ㅂ	ㅅ	ㅇ	ㅈ	ㅊ	ㅋ	ㅌ	ㅍ	ㅎ												
一	二	三	四	五	六	七	八	九	十																
i	ii	iii	iv	v	vi	vii	viii	ix	x																

(2) 일반모음

1	2	3	4	5	6	7	8	9	10
ㅏ	ㅑ	ㅓ	ㅕ	ㅗ	ㅛ	ㅜ	ㅠ	ㅡ	ㅣ

(3) 일반모음+이중모음(사전 등재 순서)

1	2	3	4	5	6	7	8	9	10	11	12	13	14	15	16	17	18	19	20	21
ㅏ	ㅐ	ㅑ	ㅒ	ㅓ	ㅔ	ㅕ	ㅖ	ㅗ	ㅘ	ㅙ	ㅚ	ㅛ	ㅜ	ㅝ	ㅞ	ㅟ	ㅠ	ㅡ	ㅢ	ㅣ

| 유형분석 |

- 출제되는 응용수리 2문제 중 1문제에 속할 가능성이 높은 유형이다.
- (거리)=(속력)×(시간) 공식을 활용한 문제이다.

$$(속력)=\frac{(거리)}{(시간)}$$

$$(시간)=\frac{(거리)}{(속력)}$$

거리	
속력	시간

으로 기억해두면 세 가지 공식을 한 번에 기억할 수 있다.

- 기차와 터널의 길이, 물과 같이 속력이 있는 장소 등 추가적인 거리나 속력 시간에 관한 조건과 결합하여 난도 높은 문제로 출제된다.

A사원은 회사 근처 카페에서 거래처와 미팅을 갖기로 했다. 처음에는 4km/h로 걸어가다가 약속 시간에 늦을 것 같아서 10km/h로 뛰어서 24분 만에 미팅 장소에 도착했다. 회사에서 카페까지의 거리가 2.5km일 때, A사원이 뛴 거리는?

① 0.6km

② 0.9km

③ 1.2km

④ 1.5km

⑤ 1.8km

정답 ④

총거리와 총시간이 주어져 있으므로 걸은 거리와 뛴 거리 또는 걸은 시간과 뛴 시간을 미지수로 잡을 수 있다.
미지수를 잡기 전에 문제에서 묻는 것을 정확하게 파악해야 나중에 답을 구할 때 헷갈리지 않는다.
문제에서 A사원이 뛴 거리를 물어보았으므로 거리를 미지수로 놓는다.
A사원이 회사에서 카페까지 걸어간 거리를 $x$km, 뛴 거리를 $y$km라고 하자.
회사에서 카페까지의 거리는 2.5km이므로 걸어간 거리 $x$km와 뛴 거리 $y$km를 합하면 2.5km이다.
$x+y=2.5 \cdots$ ㉠

A사원이 회사에서 카페까지 24분이 걸렸으므로 걸어간 시간$\left(\dfrac{x}{4}\text{ 시간}\right)$과 뛰어간 시간$\left(\dfrac{y}{10}\text{ 시간}\right)$을 합치면 24분이다.

이때 속력은 시간 단위이므로 분으로 바꾸어 계산한다.

$\dfrac{x}{4} \times 60 + \dfrac{y}{10} \times 60 = 24 \rightarrow 5x+2y=8 \cdots$ ㉡

㉡-2㉠을 하여 ㉠과 ㉡을 연립하면 $x=1$이고, 구한 x의 값을 ㉠에 대입하면 $y=1.5$이다.
따라서 A사원이 뛴 거리는 $y$km이므로 1.5km이다.

30초 컷 풀이 Tip

1. 미지수를 정할 때에는 문제에서 묻는 것을 정확하게 파악해야 한다.
2. 속력과 시간의 단위를 처음에 정리하여 계산하면 계산 실수 없이 풀이할 수 있다.
   - 1시간=60분=3,600초
   - 1km=1,000m=100,000cm

온라인 풀이 Tip

온라인 GSAT는 풀이를 문제풀이 용지에 작성하여 시험이 끝난 후 제출해야 한다. 따라서 문제풀이 용지를 최대한 활용해야 한다. 문제를 풀 때 필요한 정보를 문제풀이 용지에 옮겨 적어 문제풀이 용지만 보고 답을 구할 수 있도록 한다. 다음은 문제풀이 용지를 활용한 풀이 예시이다.

걸은 속력 : 4km/h 뛴 속력 : 10km/h 총걸린 시간 : 24분 총거리 : 2.5km **뛴 거리는 몇 km?**	주어진 정보
걸어간 거리를 $x$km, 뛴 거리를 $y$km로 가정 $x+y=2.5$ $\dfrac{x}{4} \times 60 + \dfrac{y}{10} \times 60 = 24$ $\rightarrow 5x+2y=8$ $\therefore x=1, \ y=1.5$	문제 풀이

| 응용수리 |
농도

| 유형분석 |

- 출제되는 응용수리 2문제 중 1문제에 속할 가능성이 높은 유형이다.

- $(농도)=\dfrac{(용질의\ 양)}{(용액의\ 양)}\times100$ 공식을 활용한 문제이다.

  $(용질의\ 양)=\dfrac{(농도)}{100}\times(용액의\ 양)$

  다음과 같이 주어진 정보를 한눈에 알아볼 수 있도록 표를 그리면 식을 세우기 쉽다.

구분	용액 1	용액 2	...
용질의 양			
용액의 양			
농도			

- (소금물의 양)=(물의 양)+(소금의 양)이라는 것에 유의하고, 더해지거나 없어진 것을 미지수로 두고 풀이한다.
- 온라인으로 GSAT가 시행되고 나서 한 번도 빠짐없이 출제된 유형이다.

소금물 500g이 있다. 이 소금물에 농도가 3%인 소금물 200g을 온전히 섞었더니 소금물의 농도는 7%가 되었다. 500g의 소금물에 녹아 있던 소금은 몇 g인가?

① 31g

② 37g

③ 43g

④ 49g

⑤ 55g

정답 ③

문제에서 구하고자 하는 500g의 소금물에 녹아 있던 소금의 양을 미지수로 놓는다.

500g의 소금물에 녹아 있던 소금의 양을 xg이라고 하자.

소금물 500g에 농도 3%인 소금물 200g을 섞었을 때 소금물의 농도가 주어졌으므로 농도를 기준으로 식을 세울 수 있다.

식을 세우기 전에 주어진 정보를 바탕으로 표를 그리면 식을 세우기 훨씬 쉬워진다.

구분	섞기 전	섞을 소금물	섞은 후
소금(g)	x	6	$x+6$
소금＋물(g)	500	200	500+200
농도(%)	구할 필요 없음	3	7

섞은 후의 정보를 가지고 식을 구하면 다음과 같다.

$$\frac{x+6}{500+200} \times 100 = 7$$

→ $(x+6) \times 100 = 7 \times (500+200)$

→ $(x+6) \times 100 = 4,900$

→ $100x + 600 = 4,900$

→ $100x = 4,300$

∴ $x = 43$

따라서 500g의 소금물에 녹아 있던 소금의 양은 43g이다.

30초 컷 풀이 Tip

간소화

숫자의 크기를 최대한 간소화해야 한다. 특히, 농도의 경우 분수와 정수가 같이 제시되고, 최근에는 비율을 활용한 문제가 많이 출제되고 있으므로 통분이나 약분을 통해 수를 간소화시켜 계산 실수를 줄일 수 있도록 한다.

주의사항

항상 미지수를 구해서 그 값을 계산하여 풀이해야 하는 것은 아니다. 문제에서 원하는 값은 정확한 미지수를 구하지 않아도 풀이과정에서 답이 제시되는 경우가 있으므로 문제에서 묻는 것을 명확히 해야 한다.

섞은 소금물 풀이 방법

1. 정보 정리

   주어진 정보를 각 소금물 단위로 정리한다. 각 소금물에서 2가지 정보가 주어졌다면 계산으로 나머지 정보를 찾는다.

2. 미지수 설정

   각 소금물에서 2가지 이상의 정보가 없다면 그중 1가지 정보를 미지수로 설정한다. 나머지 모르는 정보도 앞서 설정한 미지수로 표현해놓는다.

3. 식 세우기

   섞기 전과 섞은 후의 소금의 양, 소금물의 양을 이용하여 식을 세운다.

| 유형분석 |

- 전체 일의 양을 1로 두고 풀이하는 유형이다.
- 분이나 초 단위 계산이 가장 어려운 유형으로 출제되고 있다.
- $(일률) = \dfrac{(작업량)}{(작업기간)}$

  $(작업기간) = \dfrac{(작업량)}{(일률)}$

  $(작업량) = (일률) \times (작업기간)$

한 공장에서는 기계 2대를 운용하고 있다. 이 공장의 전체 작업을 수행할 때 A기계로는 12시간이 걸리며, B기계로는 18시간이 걸린다. 이미 절반의 작업이 수행된 상태에서, A기계로 4시간 동안 작업하다가 이후로는 A, B 두 기계를 모두 동원해 작업을 수행했다면 남은 절반의 작업을 완료하는 데 소요되는 총시간은?

① 5시간
② 5시간 12분
③ 5시간 20분
④ 5시간 30분
⑤ 5시간 40분

전체 일의 양을 1이라고 하자. A기계가 한 시간 동안 작업할 수 있는 일의 양은 $\frac{1}{12}$ 이고, B기계가 한 시간 동안 작업할 수 있는

일의 양은 $\frac{1}{18}$ 이다.

이미 절반의 작업이 진행되었으므로 남은 일의 양은 $1 - \frac{1}{2} = \frac{1}{2}$ 이다.

이 중 A기계로 4시간 동안 작업을 진행했으므로 A기계와 B기계가 함께 작업해야 하는 일의 양은 $\frac{1}{2} - \left(\frac{1}{12} \times 4 \right) = \frac{1}{6}$ 이다.

따라서 남은 $\frac{1}{6}$ 을 수행하는 데 걸리는 시간은 $\dfrac{\frac{1}{6}}{\left(\frac{1}{12} + \frac{1}{18} \right)} = \dfrac{\frac{1}{6}}{\frac{5}{36}} = \frac{6}{5}$ 시간이다.

따라서 총 5시간 12분이 걸린다.

30초 컷 풀이 Tip

1. 전체의 값을 모르는 상태에서 비율을 묻는 문제의 경우 전체를 1이라고 하면 쉽게 풀이할 수 있다.

   예 S가 1개의 빵을 만드는 데 3시간이 걸린다. 1개의 빵을 만드는 일의 양을 1이라고 하면 S는 1시간에 $\frac{1}{3}$ 만큼의 빵을
   만든다.

2. 난도가 높은 일의 양 문제에 접근할 때 전체 일의 양을 막대 그림으로 표현하면서 풀이하면 한눈에 파악할 수 있다.

   예

$\frac{1}{2}$ 수행됨	A기계로 4시간 동안 작업	A, B 두 기계를 모두 동원해 작업

온라인 풀이 Tip

문제를 보자마자 기계별로 단위 시간당 일의 양부터 적고 시작한다. 그리고 남은 일의 양과 동원되는 기계는 몇 대인지를 확인하여 적어두고 풀이한다.

구분	A기계	B기계
시간당 일의 양	$\frac{1}{12}$	$\frac{1}{18}$

* 절반 작업됨 & A기계 4시간 작업 & A, B 두 기계를 모두 사용
  남은 절반의 작업 소요 시간?

주어진 정보

A기계 4시간 작업 후 남은 일의 양 : $\frac{1}{2} - \left(\frac{1}{12} \times 4 \right) = \frac{1}{6}$

$\rightarrow \dfrac{\frac{1}{6}}{\left(\frac{1}{12} + \frac{1}{18} \right)} = \dfrac{\frac{1}{6}}{\frac{5}{36}} = \frac{6}{5}$

$\therefore 4 + \frac{0}{5}$

문제 풀이

| 유형분석 |

- 원가, 정가, 할인가, 판매가 등의 개념을 명확히 한다.
  (정가)＝(원가)＋(이익)
  (이익)＝(정가)－(원가)

  a원에서 $b\%$ 할인한 가격＝$a \times \left(1 - \dfrac{b}{100}\right)$
- 난이도가 어려운 편은 아니지만 비율을 활용한 계산 문제이기 때문에 실수하기 쉽다.
- 최근에는 경우의 수와 결합하여 출제되기도 했다.

종욱이는 25,000원짜리 피자 두 판과 8,000원짜리 샐러드 세 개를 주문했다. 통신사 멤버십 혜택으로 피자는 15%, 샐러드는 25%를 할인받을 수 있고, 이벤트로 통신사 멤버십 혜택을 적용한 금액의 10%를 추가 할인받았다고 한다. 종욱이가 할인받은 금액은 얼마인가?

① 12,150원   ② 13,500원

③ 18,600원   ④ 19,550원

⑤ 20,850원

할인받기 전 종욱이가 지불할 금액은 $25,000 \times 2 + 8,000 \times 3 = 74,000$원이다.
통신사 할인과 이벤트 할인을 적용한 금액은 $(25,000 \times 2 \times 0.85 + 8,000 \times 3 \times 0.75) \times 0.9 = 54,450$원이다.
따라서 종욱이가 할인받은 금액은 $74,000 - 54,450 = 19,550$원이다.

30초 컷 풀이 Tip

전체 금액을 구하는 것이 아니라 할인된 금액을 구하면 수의 크기도 작아지고, 풀이 과정을 단축시킬 수 있다.
예를 들어 위의 문제에서 피자는 15%, 샐러드는 25%를 할인받았으므로 할인받은 금액은 각각 $7,500$원, $6,000$원이다.
할인받은 금액의 합을 원래 지불했어야 하는 금액에서 빼면 $60,500$원이고, 이의 10%는 $6,050$원이므로 종욱이가 할인받은
총금액은 $7,500 + 6,000 + 6,050 = 19,550$원이다.

온라인 풀이 Tip

다음은 문제풀이 용지를 활용한 풀이 예시이다.
금액 유형은 한번 잘못 계산하면 되돌아가기 쉽지 않다. 문제를 두 번 정도 읽는다는 생각으로 정확하게 정리해야 한다.

$25,000 \times 2$	$8,000 \times 3$	
15% 할인	25% 할인	
10% 할인		주어진 정보
할인받은 금액?		

할인 전 금액 : $25,000 \times 2 + 8,000 \times 3 = 74,000$원
할인 후 금액 : $(25,000 \times 2 \times 0.85 + 8,000 \times 3 \times 0.75) \times 0.9 = 54,450$원
할인받은 금액 : $74,000 - 54,450 = 19,550$원

문제 풀이

| 유형분석 |

- 출제되는 응용수리 2문제 중 1문제에 속할 가능성이 높은 유형이다.
- 순열(P)과 조합(C)을 활용한 문제이다.

$$_n\mathrm{P}_m = n \times (n-1) \times \cdots \times (n-m+1)$$

$$_n\mathrm{C}_m = \frac{_n\mathrm{P}_m}{m!} = \frac{n \times (n-1) \times \cdots \times (n-m+1)}{m!}$$

- 벤다이어그램을 활용한 문제가 출제되기도 한다.

S전자는 토요일에는 2명의 사원이 당직 근무를 서도록 사칙으로 규정하고 있다. S전자의 B팀에는 8명의 사원이 있다. B팀이 앞으로 3주 동안 토요일 당직 근무를 선다고 했을 때, 가능한 모든 경우의 수는 몇 가지인가?(단, 모든 사원은 당직 근무를 2번 이상 서지 않는다)

① 1,520가지
② 2,520가지
③ 5,040가지
④ 10,080가지
⑤ 15,210가지

8명을 2명씩 3그룹으로 나누는 경우의 수는 $_8C_2 \times _6C_2 \times _4C_2 \times \frac{1}{3!} = 28 \times 15 \times 6 \times \frac{1}{6} = 420$가지이다.

3개의 그룹을 각각 A, B, C라 하면, 3주 동안 토요일에 근무자를 배치하는 경우의 수는 A, B, C를 일렬로 배열하는 방법의 수와 같다. 3그룹을 일렬로 나열하는 경우의 수는 $3 \times 2 \times 1 = 6$가지이다.

∴ $420 \times 6 = 2,520$가지

30초 컷 풀이 Tip

경우의 수의 합의 법칙과 곱의 법칙 등에 관해 명확히 한다.

합의 법칙

1. 두 사건 A, B가 동시에 일어나지 않을 때, A가 일어나는 경우의 수를 m, B가 일어나는 경우의 수를 n이라고 하면, 사건 A 또는 B가 일어나는 경우의 수는 $m+n$이다.
2. '또는', '~이거나'라는 말이 나오면 합의 법칙을 사용한다.

곱의 법칙

1. A가 일어나는 경우의 수를 m, B가 일어나는 경우의 수를 n이라고 하면, 사건A와 B가 동시에 일어나는 경우의 수는 $m \times n$이다.
2. '그리고', '동시에'라는 말이 나오면 곱의 법칙을 사용한다.

온라인 풀이 Tip

경우의 수 유형은 길게 풀어져 있는 문장을 알고 있는 공식에 대입할 수 있게 숫자를 잘 정리하는 게 포인트이다. 온라인으로 경우의 수 유형을 풀 때에도 수만 잘 정리하면 쉽게 풀 수 있다.

예 해당 문제에서는 '8명의 사원을 2명씩 3주에 배치'가 핵심이다.

8명의 사원

↓

2명씩 / 3주

∴ $_8C_2 \times _6C_2 \times _4C_2$

| 유형분석 |

- 출제되는 응용수리 2문제 중 1문제에 속할 가능성이 높은 유형이다.
- 순열(P)과 조합(C)을 활용한 문제이다.
- 조건부 확률 문제가 출제되기도 한다.

주머니에 1부터 10까지의 숫자가 적힌 카드 10장이 들어있다. 주머니에서 카드를 세 번 뽑는다고 할 때, 1, 2, 3이 적힌 카드 중 하나 이상을 뽑을 확률은?(단, 꺼낸 카드는 다시 넣지 않는다)

① $\dfrac{7}{24}$

② $\dfrac{17}{24}$

③ $\dfrac{5}{8}$

④ $\dfrac{7}{8}$

⑤ $\dfrac{5}{6}$

①

(1, 2, 3이 적힌 카드 중 하나 이상을 뽑을 확률)=1−(세 번 모두 4 ~ 10이 적힌 카드를 뽑을 확률)

• 세 번 모두 4 ~ 10이 적힌 카드를 뽑을 확률 : $\dfrac{7}{10} \times \dfrac{6}{9} \times \dfrac{5}{8} = \dfrac{7}{24}$

∴ 1, 2, 3이 적힌 카드 중 하나 이상을 뽑을 확률 : $1 - \dfrac{7}{24} = \dfrac{17}{24}$

30초 컷 풀이 Tip

여사건의 확률
1. 사건 A가 일어날 확률이 p일 때, 사건 A가 일어나지 않을 확률은 $(1-p)$이다.
2. '적어도'라는 말이 나오면 주로 사용한다.

확률의 덧셈
두 사건 A, B가 동시에 일어나지 않을 때, A가 일어날 확률을 p, B가 일어날 확률을 q라고 하면, 사건 A 또는 B가 일어날 확률은 $p+q$이다.

확률의 곱셈
A가 일어날 확률을 p, B가 일어날 확률을 q라고 하면, 사건 A와 B가 동시에 일어날 확률은 $p \times q$이다.

온라인 풀이 Tip

경우의 수 유형과 마찬가지로 확률 유형을 풀이하는 방법은 같다.
예 1 ~ 10 10장
　　↓
　 3장 / 1, 2, 3 중 적어도 1장 이상
∴ $1 - \dfrac{7}{10} \times \dfrac{6}{9} \times \dfrac{5}{8}$

| 자료해석 |
추론 · 분석

| 유형분석 |

- 자료를 보고 해석하거나 추론한 내용을 고르는 문제가 출제된다.
- 증감 추이, 증감률, 증감폭 등의 간단한 계산이 포함되어 있다.
- %, %p 등의 차이점을 알고 적용할 수 있어야 한다.
  %(퍼센트) : 어떤 양이 전체(100)에 대해서 얼마를 차지하는가를 나타내는 단위
  %p(퍼센트 포인트) : %로 나타낸 수치가 이전 수치와 비교했을 때 증가하거나 감소한 양

다음은 민간 분야 사이버 침해사고 발생현황에 대한 자료이다. 이에 대한 〈보기〉의 설명 중 옳지 않은 것을 모두 고르면?

〈민간 분야 사이버 침해사고 발생현황〉

(단위 : 건)

구분	2020년	2021년	2022년	2023년
홈페이지 변조	650	900	600	390
스팸릴레이	100	90	80	40
기타 해킹	300	150	170	165
단순 침입시도	250	300	290	175
피싱 경유지	200	430	360	130
전체	1,500	1,870	1,500	900

보기

ㄱ. 단순 침입시도 분야의 침해사고는 매년 스팸릴레이 분야의 침해사고 건수의 2배 이상이다.

ㄴ. 2020년 대비 2023년 침해사고 건수가 50% 이상 감소한 분야는 2개이다.

ㄷ. 2022년 홈페이지 변조 분야의 침해사고 건수가 차지하는 비중은 35% 이상이다.

ㄹ. 2021년 대비 2023년은 모든 분야의 침해사고 건수가 감소하였다.

① ㄱ, ㄴ   ② ㄱ, ㄹ

③ ㄴ, ㄷ   ④ ㄴ, ㄹ

⑤ ㄷ, ㄹ

정답 ④

ㄴ. 2020년 대비 2023년 각 분야의 침해사고 건수 감소율은 다음과 같다.

- 홈페이지 변조 : $\dfrac{390-650}{650}\times100=-40\%$

- 스팸릴레이 : $\dfrac{40-100}{100}\times100=-60\%$

- 기타 해킹 : $\dfrac{165-300}{300}\times100=-45\%$

- 단순 침입시도 : $\dfrac{175-250}{250}\times100=-30\%$

- 피싱 경유지 : $\dfrac{130-200}{200}\times100=-35\%$

따라서 50% 이상 감소한 분야는 '스팸릴레이'한 분야이다.

ㄹ. 기타 해킹 분야의 2023년 침해사고 건수는 2021년 대비 증가했으므로 옳지 않은 설명이다.

오답분석

ㄱ. 단순 침입시도 분야의 침해사고는 매년 스팸릴레이 분야의 침해사고 건수의 2배 이상인 것을 확인할 수 있다.

ㄷ. 2022년 홈페이지 변조 분야의 침해사고 건수가 차지하는 비중은 $\dfrac{600}{1,500}\times100=40\%$로, 35% 이상이다.

30초 컷 풀이 Tip

간단한 선택지부터 해결하기
계산이 필요 없거나 생각하지 않아도 되는 선택지를 먼저 해결한다.
예 ③은 제시된 수치의 증감 추이를 판단하는 문제이므로 가장 먼저 풀이 가능하다.

적절한 것 / 적절하지 않은 것 헷갈리지 않게 표시하기
자료해석은 적절한 것 또는 적절하지 않은 것을 찾는 문제가 출제된다. 문제마다 매번 바뀌므로 이를 확인하는 것은 매우 중요하다. 따라서 선택지에 표시할 때에도 선택지가 적절하지 않은 내용이라서 '×' 표시를 했는지, 적절한 내용이지만 문제가 적절하지 않은 것을 찾는 문제라 '×' 표시를 했는지 헷갈리지 않도록 표시 방법을 정해야 한다.

제시된 자료를 통해 계산할 수 있는 값인지 확인하기
제시된 자료만으로 계산할 수 없는 값을 묻는 선택지인지 먼저 판단해야 한다. 문제를 읽고 바로 계산부터 하면 함정에 빠지기 쉽다.

온라인 풀이 Tip

2020년 하반기부터 화면을 손가락으로 가리킬 수 있게 되었다. 오프라인 시험에서는 종이에 중요한 부분을 표시할 수 있지만, 온라인 시험에서는 표시할 방법이 없어 필요한 여러 정보를 눈으로 확인해야 한다. 따라서 마우스 포인터와 손가락으로 표시하는 행동은 자료해석 유형을 풀이할 때 많은 도움이 되므로 이를 활용하여 풀이한다.

자료에서 가장 큰 값 찾기
자료를 위에서 아래로 또는 왼쪽에서 오른쪽으로 훑으면서 지금까지 확인한 숫자 중 가장 큰 값을 손가락으로 가리킨다. 자료가 많으면 줄이 헷갈릴 수 있으므로 마우스 포인터로 줄을 따라가며 읽는다.

| 유형분석 |

- 주어진 자료를 통해 문제에서 주어진 특정한 값을 찾고, 자료의 변동량을 구할 수 있는지를 평가하는 유형이다.
- 각 그래프의 선이 어떤 항목을 의미하는지와 단위를 정확히 확인한다.
- 그림을 통해 계산하지 않고 눈으로 확인할 수 있는 내용(증감추이)이 있는지 확인한다.

귀하는 S회사의 인사관리 부서에서 근무 중이다. 오늘 회의시간에 생산부서의 인사평가 자료를 취합하여 보고해야 하는데 자료 취합 중 파일에 오류가 생겨 일부 자료가 훼손되었다. 다음 중 (가) ~ (다)에 들어갈 점수로 가장 적절한 것은?(단, 각 평가는 100점 만점이고, 종합순위는 각 평가지표 점수의 총합으로 결정한다)

〈인사평가 점수 현황〉

(단위 : 점)

구분	역량	실적	자기계발	성실성	종합순위
A사원	70	(가)	80	70	4
B대리	80	85	(나)	70	1
C과장	(다)	85	70	75	2
D부장	80	80	60	70	3

※ 점수는 5점 단위로 부여함

	(가)	(나)	(다)
①	60	70	55
②	65	65	65
③	65	60	65
④	75	65	55
⑤	75	60	65

정답 ②

(가) ~ (다)에 들어갈 정확한 값을 찾으려 계산하기보다는 자료에서 해결할 수 있는 실마리를 찾아 적절하지 않은 선택지를 제거하는 방식으로 접근하는 것이 좋다.

먼저 종합순위가 3위인 D부장의 점수는 모두 공개되어 있으므로 총점을 계산해보면, 80+80+60+70=290점이다.

종합순위가 4위인 A사원의 총점은 70+(가)+80+70=220+(가)점이며, 3위 점수인 290점보다 낮아야 하므로 (가)에 들어갈 점수는 70점 미만이다.

종합순위가 2위인 C과장의 총점은 (다)+85+70+75=230+(다)점이며, 290점보다 높아야 하므로 (다)에 들어갈 점수는 60점을 초과해야 한다.

위의 조건에 해당하는 ②, ③에 따라 (가)=65점, (다)=65점을 대입하면, C과장의 총점은 230+65=295점이 된다.

종합순위가 1위인 B대리의 총점은 80+85+(나)+70=235+(나)점이며, 295점보다 높아야 하므로 (나)에 들어갈 점수는 60점을 초과해야 한다.

따라서 (나)의 점수가 60점인 ③은 제외되므로 가장 적절한 것은 ②이다.

■ 30초 컷 풀이 Tip

자료계산 유형은 선택지를 소거하면서 풀이하면 시간을 단축시킬 수 있다.

■ 온라인 풀이 Tip

• 숫자를 정확하게 옮겨 적은 후, 정확하게 계산을 할지 어림계산을 할지 고민한다.
• 최근 시험에서는 숫자 계산이 깔끔하게 떨어지는 경우가 많다.

| 유형분석 |

- 제시된 표나 그래프의 수치를 그래프로 올바르게 변환한 것을 묻는 유형이다.
- 복잡한 표가 제시되지 않으므로 수의 크기만을 판단하여 풀이할 수 있다.
- 정확한 수치가 제시되지 않을 수 있으므로 그래프의 높낮이나 넓이를 판단하여 풀이해야 한다.
- 제시된 표나 그래프의 수치를 계산하여 변환하는 유형도 출제될 수 있다.

다음은 연도별 S전자제품 매장의 개·폐업점 수에 관한 자료이다. 이를 그래프로 바르게 변환한 것은?

〈연도별 개·폐업점 수〉

(단위 : 개)

구분	개업점 수	폐업점 수	구분	개업점 수	폐업점 수
2012년	3,449	1,965	2018년	3,252	2,873
2013년	3,155	2,121	2019년	3,457	2,745
2014년	4,173	1,988	2020년	3,620	2,159
2015년	4,219	2,465	2021년	3,244	3,021
2016년	3,689	2,658	2022년	3,515	2,863
2017년	3,887	2,785	2023년	3,502	2,758

①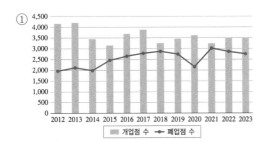

②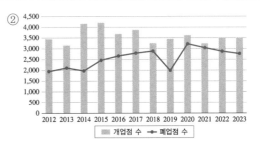

③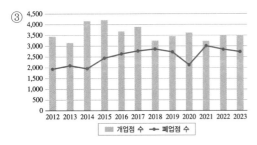

④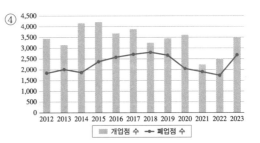

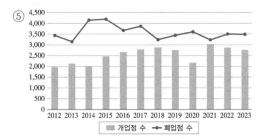
⑤

정답 ③

제시된 자료의 개업점 수와 폐업점 수의 증감 추이를 나타내면 다음과 같다.

구분	2012년	2013년	2014년	2015년	2016년	2017년	2018년	2019년	2020년	2021년	2022년	2023년
개업점 수	–	감소	증가	증가	감소	증가	감소	증가	증가	감소	증가	감소
폐업점 수	–	증가	감소	증가	증가	증가	증가	감소	감소	증가	감소	감소

이와 일치하는 추이를 보이고 있는 ③의 그래프가 적절하다.

오답분석

① 2012 ~ 2013년 개업점 수가 자료보다 높고, 2014 ~ 2015년 개업점 수는 낮다.
② 2019년 폐업점 수는 자료보다 낮고, 2020년의 폐업점 수는 높다.
④ 2021 ~ 2022년 개업점 수와 폐업점 수가 자료보다 낮다.
⑤ 2012 ~ 2023년 개업점 수와 폐업점 수가 바뀌었다.

30초 컷 풀이 Tip

1. 수치를 일일이 확인하는 것보다 해당 풀이처럼 증감 추이를 먼저 판단해서 선택지를 1차적으로 거르고 나머지 선택지 중 그래프 모양이 크게 차이 나는 곳의 수치를 확인하면 빠르게 풀이할 수 있다.
2. 막대그래프가 자료로 제시되는 경우 막대의 가운데 부분을 연결하면 꺾은선그래프가 된다.

온라인 풀이 Tip

이 유형은 계산이 없다면 눈으로만 풀이해도 되지만, 문제풀이 용지에 풀이를 남겨야 하므로 다음과 같이 작성한다.
1. 계산이 있는 경우
   계산 부분만 문제풀이 용지에 적어도 충분하다.
2. 계산이 없는 경우
   해당 문제 풀이처럼 주어진 자료에서 증가, 감소를 파악하여 작성하거나 오답분석 처럼 '①은 2012년 개업점 수가 자료보다 높음'으로 작성하고 다른 부분만 요약하여 작성한다.

| 유형분석 |

- 제시된 자료의 규칙을 바탕으로 미래의 값을 추론하는 유형이다.
- 등차수열이나 등비수열, log, 지수 등의 수학적인 지식을 묻기도 한다.

주요 수열 종류

구분	설명
등차수열	앞의 항에 일정한 수를 더해 이루어지는 수열
등비수열	앞의 항에 일정한 수를 곱해 이루어지는 수열
계차수열	수열의 인접하는 두 항의 차로 이루어진 수열
피보나치 수열	앞의 두 항의 합이 그 다음 항의 수가 되는 수열
건너뛰기 수열	1. 두 개 이상의 수열이 일정한 간격을 두고 번갈아가며 나타나는 수열
	2. 두 개 이상의 규칙이 일정한 간격을 두고 번갈아가며 적용되는 수열
군수열	일정한 규칙성으로 몇 항씩 묶어 나눈 수열

A제약회사에서는 유산균을 배양하는 효소를 개발 중이다. 이 효소와 유산균이 만났을 때 다음과 같이 유산균의 수가 변화하고 있다면 효소의 양이 12g일 때 남아있는 유산균의 수는?

효소의 양(g)	1	2	3	4	5
유산균의 수(억 마리)	120	246	372	498	624

① 1,212억 마리   ② 1,346억 마리

③ 1,480억 마리   ④ 1,506억 마리

⑤ 1,648억 마리

정답 ④

1. 규칙 파악

문제에서 효소와 유산균이 만났을 때 유산균의 수가 변화한다고 하였으므로 효소의 양과 유산균의 수의 변화는 관련이 있는 것을 알 수 있다. 효소의 수는 한 개씩 늘어나고 있고 그에 따른 유산균의 수는 계속 증가하고 있다. 수열 문제에 접근할 때 가장 먼저 등차수열이나 등비수열이 아닌지 확인해야 한다. 이 문제에서 유산균의 수는 공차가 126인 등차수열임을 알 수 있다.

2. 계산

삼성 수추리는 직접 계산해도 될 만큼의 계산력을 요구한다. 물론 식을 세워서 계산하는 방법이 가장 빠르고 정확하지만 공식이 기억나지 않는다면 머뭇거리지 말고 직접 계산을 해야 한다.

이 문제 역시 효소의 양이 12g일 때 유산균의 수를 물었으므로 공식이 생각나지 않는다면 직접 계산으로 풀이할 수 있다. 하지만 시험 보기 전까지 식을 세워보는 연습을 하여 실전에서 빠르게 풀 수 있도록 다음과 같이 2가지의 풀이 방법을 제시하였다.

㉠ 직접 계산하기

효소의 양(g)	5	6	7	8	9	10	11	12
유산균의 수(억 마리)	624 →	750 →	876 →	1,002 →	1,128 →	1,254 →	1,380 →	1,506
	+126	+126	+126	+126	+126	+126	+126	

㉡ 식 세워 계산하기

식을 세우기 전에 미지수를 지정한다. 효소의 양이 ng일 때 유산균의 수를 a_n억 마리라고 하자.

등차수열의 공식이 $a_n =$(첫 항)+(공차)$\times(n-1)$임을 활용한다.

유산균의 수는 매일 126억 마리씩 증가하고 있다. 등차수열 공식에 의해 $a_n = 120+126(n-1)=126n-6$이다.

따라서 효소의 양이 12g일 때의 유산균의 수는 $a_{12}=126\times12-6=1,512-6=1,506$억 마리이다.

30초 컷 풀이 Tip

자료해석의 수추리는 복잡한 규칙을 묻지 않고, 지나치게 큰 n(미래)의 값을 묻지 않는다. 등차수열이나 등비수열 등이 출제되었을 때, 공식이 생각나지 않는다면 써서 나열하는 것이 문제 풀이 시간을 단축할 수 있는 방법이다.

온라인 풀이 Tip

쉬운 수열은 눈으로 풀 수 있지만 대부분은 차이를 계산해봐야 하는 등 여러 경우를 생각해봐야 한다. 문제풀이 용지도 활용해야 하므로 문제를 읽고 바로 수열을 문제풀이 용지에 옮겨 적도록 한다.

지식에 대한 투자가 가장 이윤이 많이 남는 법이다.

- 벤자민 프랭클린 -

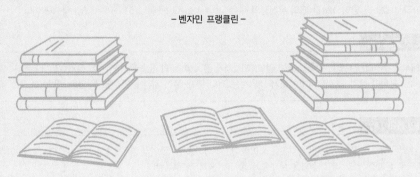

3일 차

추리

01 핵심이론

02 대표유형

3일 차
추리

합격 CHEAT KEY

GSAT 추리 영역은 크게 언어추리, 도형·도식추리로 나눌 수 있다. 언어추리에서는 동의·유의·반의·상하 관계 등 다양한 어휘 관계를 묻는 문제와 문장나열 문제 그리고 논리추리 및 추론을 요하는 문제가 출제된다. 또한, 도형추리 문제에서는 제시된 도형의 단계적 변화 속에서 변화의 규칙을 찾아내야 하며, 도식추리 문제에서는 문자의 변화 과정에 숨어있는 규칙을 읽어야 한다. 이 영역을 통해 평가하고자 하는 바는 '실제 업무를 행하는 데 필요한 논리적 사고력을 갖추고 있는가', '신속하고 올바른 판단을 내릴 수 있는가', '현재의 과정을 통해 미래를 추론할 수 있는가'이다. 이러한 세 가지 능력을 평가하기 위해 30개 문항을 30분 안에 풀도록 하고 있다.

01 언어추리

언어에 대한 논리력, 사고력 그리고 추리력을 평가하는 유형으로 추리 영역 30문항 중 약 23문항 정도가 출제된다. 이는 전체의 약 75%를 차지할 정도로 비중이 굉장히 크므로 반드시 고득점을 얻어야 할 부분이다. 언어추리는 크게 명제, 조건추리, 문장나열, 어휘추리, 독해추론으로 구분할 수 있다.

┤ 학습 포인트 ├

• 명제 유형의 삼단논법 문제에서는 대우 명제를, '어떤'을 포함하는 명제 문제에서는 벤다이어그램을 활용한다.
• 조건추리 유형에서는 주어진 규칙과 조건을 파악한 후 이를 도식화(표, 기호 등으로 정리)하여 문제에 접근해야 한다.
• 어휘추리 유형에서는 문장 속 어휘의 쓰임이 아닌 1:1 어휘 관계를 묻는 것이 일반적이므로 어휘의 뜻을 정확하게 알아둔다.
• 나열하기 유형은 글의 내용과 흐름을 잘 파악하고 있는지를 평가하는 유형이므로 지시어와 접속어의 쓰임에 대해 정확하게 알아둔다.
• 독해추론 유형에서는 제시문의 길이에 따라 독해 속도가 달라질 수 있으므로 꾸준한 연습을 통해 제시문을 빠르고 정확하게 이해할 수 있도록 연습한다.

02 도형추리

도형에 적용된 규칙을 파악할 수 있는지 평가하는 유형으로, 추리 영역 30문항 중 약 3문항 내외가 출제된다. 3×3개의 칸에 8개 도형만 제시되고, 그 안에서 도형이 변하는 규칙을 찾아 비어 있는 자리에 들어갈 도형의 모양을 찾는 문제이다.

┤ 학습 포인트 ├
- x축·y축·원점 대칭, 시계 방향·시계 반대 방향 회전, 색 반전 등 도형 변화의 기본 규칙을 숙지하고, 두 가지 규칙이 동시에 적용되었을 때의 모습도 추론할 수 있는 훈련이 필요하다.
- 규칙을 추론하는 정해진 방법은 없다. 따라서 많은 문제를 풀고 접해보면서 감을 익히는 수밖에 없다.

03 도식추리

문자가 변화하는 과정을 보고 기호의 의미를 파악한 후, 제시된 문자가 어떻게 변화하는지 판단하는 유형이다. 추리 영역 30문항 중 4문항 정도가 출제된다. 하나의 보기에 여러 문제가 딸려 있는 묶음 형태로 출제되므로 주어진 기호를 정확히 파악해야 한다.

┤ 학습 포인트 ├
- 그동안은 각 자릿수 ±4까지의 연산, 문자의 이동 등의 규칙이 출제되었다. 따라서 문자에 대응하는 숫자를 숙지하고 있으면 문제 푸는 시간을 단축할 수 있을 것이다.
- 규칙의 대부분이 문자의 배열을 서로 바꾸거나 앞 또는 뒤의 문자로 치환하는 정도이므로 그리 복잡하지 않다. 기본 논리 구조를 이해하고 연습한다면 실전에서 어렵지 않게 문제를 풀어낼 수 있을 것이다.

01 추리 핵심이론

01 언어추리

| 01 | 어휘추리

1. 유의 관계

두 개 이상의 어휘가 서로 소리는 다르나 의미가 비슷한 경우를 유의 관계라고 하고, 유의 관계에 있는 어휘를 유의어(類義語)라고 한다. 유의 관계의 대부분은 개념적 의미의 동일성을 전제로 한다. 그렇다고 하여 유의 관계를 이루는 단어들을 어느 경우에나 서로 바꾸어 쓸 수 있는 것은 아니다.
따라서 언어 상황에 적합한 말을 찾아 쓰도록 노력하여야 한다.

(1) 원어의 차이

한국어는 크게 고유어, 한자어, 외래어로 구성되어 있다. 따라서 하나의 사물에 대해서 각각 부르는 일이 있을 경우 유의 관계가 발생하게 된다.

(2) 전문성의 차이

같은 사물에 대해서 일반적으로 부르는 이름과 전문적으로 부르는 이름이 다른 경우가 많다. 이런 경우에 전문적으로 부르는 이름과 일반적으로 부르는 이름 사이에 유의 관계가 발생한다.

(3) 내포의 차이

나타내는 의미가 완전히 일치하지는 않으나, 유사한 경우에 유의 관계가 발생한다.

(4) 완곡어법

문화적으로 금기시하는 표현을 둘러서 말하는 것을 완곡어법이라고 하며, 이러한 완곡어법 사용에 따라 유의 관계가 발생한다.

2. 반의 관계

(1) 개요

반의어(反意語)는 둘 이상의 단어에서 의미가 서로 짝을 이루어 대립하는 경우를 말한다.

즉, 반의어는 어휘의 의미가 서로 대립하는 단어를 말하며, 이러한 어휘들의 관계를 반의 관계라고 한다. 한 쌍의 단어가 반의어가 되려면, 두 어휘 사이에 공통적인 의미 요소가 있으면서도 동시에 서로 다른 하나의 의미 요소가 있어야 한다.

반의어는 반드시 한 쌍으로만 존재하는 것이 아니라, 다의어(多義語)이면 그에 따라 반의어가 여러 개로 달라질 수 있다. 즉, 하나의 단어에 대하여 여러 개의 반의어가 있을 수 있다.

(2) 반의어의 종류

반의어에는 상보 반의어와 정도 반의어, 관계 반의어, 방향 반의어가 있다.

① **상보 반의어** : 한쪽 말을 부정하면 다른 쪽 말이 되는 반의어이며, 중간항은 존재하지 않는다. '있다' 와 '없다'가 상보적 반의어이며, '있다'와 '없다' 사이의 중간 상태는 존재할 수 없다.

② **정도 반의어** : 한쪽 말을 부정하면 반드시 다른 쪽 말이 되는 것이 아니며, 중간항을 갖는 반의어이 다. '크다'와 '작다'가 정도 반의어이며, 크지도 작지도 않은 중간이라는 중간항을 갖는다.

③ **관계 반의어** : 관계 반의어는 상대가 존재해야만 자신이 존재할 수 있는 반의어이다. '부모'와 '자식' 이 관계 반의어의 예이다.

④ **방향 반의어** : 맞선 방향을 전제로 하여 관계나 이동의 측면에서 대립을 이루는 단어 쌍이다. 방향 반의어는 공간적 대립, 인간관계 대립, 이동적 대립 등으로 나누어 볼 수 있다.

3. 상하 관계

상하 관계는 단어의 의미적 계층 구조에서 한쪽이 의미상 다른 쪽을 포함하거나 다른 쪽에 포섭되는 관계를 말한다. 상하 관계를 형성하는 단어들은 상위어(上位語)일수록 일반적이고 포괄적인 의미를 지니며, 하위어(下位語)일수록 개별적이고 한정적인 의미를 지닌다.

따라서 상위어는 하위어를 함의하게 된다. 즉, 하위어가 가지고 있는 의미 특성을 상위어가 자동적으로 가지 게 된다.

4. 부분 관계

부분 관계는 한 단어가 다른 단어의 부분이 되는 관계를 말하며, 전체 – 부분 관계라고도 한다. 부분 관계에 서 부분을 가리키는 단어를 부분어(部分語), 전체를 가리키는 단어를 전체어(全體語)라고 한다. 예를 들면, '머리, 판, 몸통, 다리'는 '몸'의 부분어이며, 이러한 부분어들에 의해 이루어진 '몸'은 전체어이다.

| 02 | 명제추리

1. 연역 추론

이미 알고 있는 판단(전제)을 근거로 새로운 판단(결론)을 유도하는 추론이다. 연역 추론은 진리일 가능성을 따지는 귀납 추론과는 달리, 명제 간의 관계와 논리적 타당성을 따진다. 즉, 연역 추론은 전제들로부터 절대적인 필연성을 가진 결론을 이끌어내는 추론이다.

(1) 직접 추론

한 개의 전제로부터 중간적 매개 없이 새로운 결론을 이끌어내는 추론이며, 대우 명제가 그 대표적인 예이다.

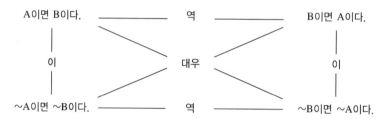

- 한국인은 모두 황인종이다. (전제)
- 그러므로 황인종이 아닌 사람은 모두 한국인이 아니다. (결론 1)
- 그러므로 황인종 중에는 한국인이 아닌 사람도 있다. (결론 2)

---

(2) 간접 추론

둘 이상의 전제로부터 새로운 결론을 이끌어내는 추론이다. 삼단논법이 가장 대표적인 예이다.

① 정언 삼단논법 : 세 개의 정언명제로 구성된 간접추론 방식이다. 세 개의 명제 가운데 두 개의 명제는 전제이고, 나머지 한 개의 명제는 결론이다. 세 명제의 주어와 술어는 세 개의 서로 다른 개념을 표현한다.

② 가언 삼단논법 : 가언명제로 이루어진 삼단논법을 말한다. 가언명제란 두 개의 정언명제가 '만일 ~이라면'이라는 접속사에 의해 결합된 복합명제이다. 여기서 '만일'에 의해 이끌리는 명제를 전건이라고 하고, 그 뒤의 명제를 후건이라고 한다. 가언 삼단논법의 종류로는 혼합가언 삼단논법과 순수가언 삼단논법이 있다.

㉠ 혼합가언 삼단논법 : 대전제만 가언명제로 구성된 삼단논법이다. 긍정식과 부정식 두 가지가 있으며, 긍정식은 'A면 B이다. A이다. 그러므로 B이다.'이고, 부정식은 'A면 B이다. B가 아니다. 그러므로 A가 아니다.'이다.

- 만약 A라면 B이다.
- B가 아니다.
- 그러므로 A가 아니다.

㉡ 순수가언 삼단논법 : 대전제와 소전제 및 결론까지 모두 가언명제들로 구성된 삼단논법이다.

- 만약 A라면 B이다.
- 만약 B라면 C이다.
- 그러므로 만약 A라면 C이다.

③ 선언 삼단논법 : '~이거나 ~이다.'의 형식으로 표현되며 전제 속에 선언 명제를 포함하고 있는 삼단논법이다.

- 내일은 비가 오거나 눈이 온다(A 또는 B이다).
- 내일은 비가 오지 않는다(A가 아니다).
- 그러므로 내일은 눈이 온다(그러므로 B이다).

④ 딜레마 논법 : 대전제는 두 개의 가언명제로, 소전제는 하나의 선언명제로 이루어진 삼단논법으로, 양도추론이라고도 한다.

• 만일 네가 거짓말을 하면, 신이 미워할 것이다.	(대전제)
• 만일 네가 거짓말을 하지 않으면, 사람들이 미워할 것이다.	(대전제)
• 너는 거짓말을 하거나, 거짓말을 하지 않을 것이다.	(소전제)
• 그러므로 너는 미움을 받게 될 것이다.	(결론)

2. 귀납 추론

특수한 또는 개별적인 사실로부터 일반적인 결론을 이끌어 내는 추론을 말한다. 귀납 추론은 구체적 사실들을 기반으로 하여 결론을 이끌어 내기 때문에 필연성을 따지기보다는 개연성과 유관성, 표본성 등을 중시하게 된다. 여기서 개연성이란, 관찰된 어떤 사실이 같은 조건하에서 앞으로도 관찰될 수 있는가 하는 가능성을 말하고, 유관성은 추론에 사용된 자료가 관찰하려는 사실과 관련되어야 하는 것을 일컬으며, 표본성은 추론을 위한 자료의 표본 추출이 공정하게 이루어져야 하는 것을 가리킨다. 이러한 귀납 추론은 일상생활 속에서 많이 사용하고, 우리가 알고 있는 과학적 사실도 이와 같은 방법으로 밝혀졌다.

그러나 전제들이 참이어도 결론이 항상 참인 것은 아니다. 단 하나의 예외로 인하여 결론이 거짓이 될 수 있다.

> • 성냥불은 뜨겁다.
> • 연탄불도 뜨겁다.
> • 그러므로 모든 불은 뜨겁다.

위 예문에서 '성냥불이나 연탄불이 뜨거우므로 모든 불은 뜨겁다.'라는 결론이 나왔는데, 반딧불은 뜨겁지 않으므로 '모든 불이 뜨겁다.'라는 결론은 거짓이 된다.

(1) 완전 귀납 추론

관찰하고자 하는 집합의 전체를 다 검증함으로써 대상의 공통 특질을 밝혀내는 방법이다. 이는 예외 없는 진실을 발견할 수 있다는 장점은 있으나, 집합의 규모가 크고 속성의 변화가 다양할 경우에는 적용하기 어려운 단점이 있다.

예 1부터 10까지의 수를 다 더하여 그 합이 55임을 밝혀내는 방법

(2) 통계적 귀납 추론

통계적 귀납 추론은 관찰하고자 하는 집합의 일부에서 발견한 몇 가지 사실을 열거함으로써 그 공통점을 결론으로 이끌어 내려는 방식을 가리킨다. 관찰하려는 집합의 규모가 클 때 그 일부를 표본으로 추출하여 조사하는 방식이 이에 해당하며, 표본 추출의 기준이 얼마나 적합하고 공정한가에 따라 그 결과에 대한 신뢰도가 달라진다는 단점이 있다.

예 여론조사에서 일부의 국민에 대한 설문 내용을 바탕으로, 이를 전체 국민의 여론으로 제시하는 것

(3) 인과적 귀납 추론

관찰하고자 하는 집합의 일부 원소들이 지닌 인과 관계를 인식하여 그 원인이나 결과를 이끌어 내려는 방식을 말한다.

① 일치법 : 공통적인 현상을 지닌 몇 가지 사실 중에서 각기 지닌 요소 중 어느 한 가지만 일치한다면 이 요소가 공통 현상의 원인이라고 판단

② **차이법** : 어떤 현상이 나타나는 경우와 나타나지 않은 경우를 놓고 보았을 때, 각 경우의 여러 조건 중 단 하나만이 차이를 보인다면 그 차이를 보이는 조건이 원인이 된다고 판단

　　예 현수와 승재는 둘 다 지능이나 학습 시간, 학습 환경 등이 비슷한데 공부하는 태도에는 약간의 차이가 있다. 따라서 두 사람이 성적이 차이를 보이는 것은 학습 태도의 차이 때문으로 생각된다.

③ **일치·차이 병용법** : 몇 개의 공통 현상이 나타나는 경우와 몇 개의 그렇지 않은 경우를 놓고 일치법 과 차이법을 병용하여 적용함으로써 그 원인을 판단

　　예 학업 능력 정도가 비슷한 두 아동 집단에 대해 처음에는 같은 분량의 과제를 부여하고 나중에는 각기 다른 분량의 과제를 부여한 결과, 많이 부여한 집단의 성적이 훨씬 높게 나타났다. 이로 보아, 과제를 많이 부여하는 것이 적게 부여하는 것보다 학생의 학업 성적 향상에 도움이 된다고 판단할 수 있다.

④ **공변법** : 관찰하는 어떤 사실의 변화에 따라 현상의 변화가 일어날 때 그 변화의 원인이 무엇인지 판단

　　예 담배를 피우는 양이 각기 다른 사람들의 집단을 조사한 결과, 담배를 많이 피울수록 폐암에 걸릴 확률이 높다는 사실이 발견되었다.

⑤ **잉여법** : 앞의 몇 가지 현상이 뒤의 몇 가지 현상의 원인이며, 선행 현상의 일부분이 후행 현상의 일부분이라면, 선행 현상의 나머지 부분이 후행 현상의 나머지 부분의 원인임을 판단

　　예 어젯밤 일어난 사건의 혐의자는 정은이와 규민이 두 사람인데, 정은이는 알리바이가 성립되어 혐의 사실이 없는 것으로 밝혀졌다. 따라서 그 사건의 범인은 규민이일 가능성이 높다.

3. 유비 추론

두 개의 대상 사이에 일련의 속성이 동일하다는 사실에 근거하여 그것들의 나머지 속성도 동일하리라는 결론을 이끌어내는 추론, 즉 이미 알고 있는 것에서 다른 유사한 점을 찾아내는 추론을 말한다. 그렇기 때문에 유비 추론은 잣대(기준)가 되는 사물이나 현상이 있어야 한다.

유비 추론은 가설을 세우는 데 유용하다. 이미 알고 있는 사례로부터 아직 알지 못하는 것을 생각해 봄으로써 쉽게 가설을 세울 수 있다. 이때 유의할 점은 이미 알고 있는 사례와 이제 알고자 하는 사례가 매우 유사하다는 확신과 증거가 있어야 한다. 그렇지 않은 상태에서 유비 추론에 의해 결론을 이끌어 내면, 그것은 개연성이 거의 없고 잘못된 결론이 될 수도 있다.

> • 지구에는 공기, 물, 흙, 햇빛이 있다(A는 a, b, c, d의 속성을 가지고 있다).
> • 화성에는 공기, 물, 흙, 햇빛이 있다(B는 a, b, c, d의 속성을 가지고 있다).
> • 지구에 생물이 살고 있다(A는 e의 속성을 가지고 있다).
> • 그러므로 화성에도 생물이 살고 있을 것이다(그러므로 B도 e의 속성을 가지고 있을 것이다).

1. 회전 모양

(1) 180° 회전한 도형은 좌우가 상하가 모두 대칭이 된 모양이 된다.

예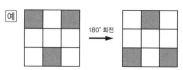

(2) 시계 방향으로 90° 회전한 도형은 시계 반대 방향으로 270° 회전한 도형과 같다.

예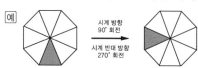

(3) 좌우 반전 → 좌우 반전, 상하 반전 → 상하 반전은 같은 도형이 된다.

예

(4) 도형을 거울에 비친 모습은 방향에 따라 좌우 또는 상하로 대칭된 모습이 나타난다.

예

2. 회전 각도

도형의 회전 각도는 도형의 모양으로 유추할 수 있다.

(1) 회전한 모양이 회전하기 전의 모양과 같은 경우

도형	가능한 회전 각도
$60°$ 삼각형	$\cdots,\ -240°,\ -120°,\ +120°,\ +240°,\ \cdots$
$90°$ 정사각형	$\cdots,\ -180°,\ -90°,\ +90°,\ +180°,\ \cdots$
$108°$ 오각형	$\cdots,\ -144°,\ -72°,\ +72°,\ +144°,\ \cdots$

(2) 회전한 모양이 회전하기 전의 모양과 다른 경우

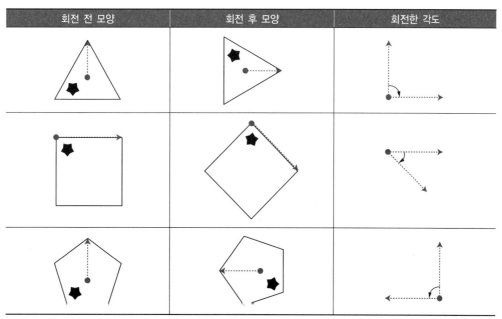

회전 전 모양	회전 후 모양	회전한 각도

1. 논리구조

논리구조에서는 주로 단락과 문장 간의 관계나 글 전체의 논리적 구조를 정확히 파악했는지, 글의 순서를 바르게 배열하는 유형이 출제되고 있다. 따라서 제시문의 전체적인 흐름을 바탕으로 각 문단의 특징, 단락 간의 역할 등을 논리적으로 구조화할 수 있는 능력을 길러야 한다.

(1) 문장과 문장 간의 관계
① 상세화 관계 : 주지 → 구체적 설명(비교, 대조, 유추, 분류, 분석, 인용, 예시, 비유, 부연, 상술 등)
② 문제(제기)와 해결 관계 : 한 문장이 문제를 제기하고, 다른 문장이 그 해결책을 제시하는 관계(과제 제시 → 해결 방안, 문제 제기 → 해답 제시)
③ 선후 관계 : 한 문장이 먼저 발생한 내용을 담고, 다음 문장이 나중에 발생한 내용을 담고 있는 관계
④ 원인과 결과 관계 : 한 문장이 원인이 되고, 다른 문장이 그 결과가 되는 관계(원인제시 → 결과 제시, 결과 제시 → 원인 제시)
⑤ 주장과 근거 관계 : 한 문장이 필자가 말하고자 하는 바(주지)가 되고, 다른 문장이 그 문장의 증거(근거)가 되는 관계(주장 제시 → 근거 제시, 의견 제안 → 의견 설명)
⑥ 전제와 결론 관계 : 앞 문장에서 조건이나 가정을 제시하고, 뒤 문장에서 이에 따른 결론을 제시하는 관계

(2) 문장의 연결 방식
① 순접 : 원인과 결과, 부연 설명 등의 문장 연결에 쓰임
  예 그래서, 그리고, 그러므로 등
② 역접 : 앞글의 내용을 전면적 또는 부분적으로 부정
  예 그러나, 그렇지만, 그래도, 하지만 등
③ 대등·병렬 : 앞뒤 문장의 대비와 반복에 의한 접속
  예 및, 혹은, 또는, 이에 반하여 등
④ 보충·첨가 : 앞글의 내용을 보다 강조하거나 부족한 부분을 보충하기 위해 다른 말을 덧붙이는 문맥
  예 단, 곧, 즉, 더욱이, 게다가, 왜냐하면 등
⑤ 화제 전환 : 앞글과는 다른 새로운 내용을 이야기하기 위한 문맥
  예 그런데, 그러면, 다음에는, 이제, 각설하고 등
⑥ 비유·예시 : 앞글에 대해 비유적으로 다시 말하거나 구체적인 예를 보임
  예 예를 들면, 예컨대, 마치 등

(3) 원리 접근법

앞뒤 문장의 중심 의미 파악	→	앞뒤 문장의 중심 내용이 어떤 관계인지 파악	→	문장 간의 접속어, 지시어의 의미와 기능	→	문장의 의미와 관계성 파악
각 문장의 의미를 어떤 관계로 연결해서 글을 전개하는지 파악해야 한다.		지문 안의 모든 문장은 서로 논리적 관계성이 있다.		접속어와 지시어를 음미하는 것은 독해의 길잡이 역할을 한다.		문단의 중심 내용을 알기 위한 기본 분석 과정이다.

2. 논리적 이해

(1) 전제의 추론

전제의 추론은 규칙적으로 주어진 내용의 이면에 내포되어 있는 이미 옳다고 인정된 사실을 유추하는 유형이다.

① 먼저 주장이 무엇인지 명확하게 파악해야 한다.

② 주장이 성립하기 위해서 논리적으로 필요한 요건이 무엇인지 생각해 본다.

③ 선택지 중 주장과 논리적으로 인과 관계를 형성할 수 있는 조건을 찾아낸다.

(2) 결론의 추론

주어진 내용을 명확히 이해한 다음, 이를 근거로 이끌어 낼 수 있는 올바른 결론이나 관련 사항을 논리적인 관점에서 찾는 문제 유형이다. 이와 같은 문제는 평상시 비판적이고 논리적인 관점으로 글을 읽는 연습을 충분히 해 두어야 유리하다고 볼 수 있다.

> 자주 출제되는 유형
> • 정의가 바르게 된 것
> • 문맥상 삭제해도 되는 부분
> • 빈칸에 들어갈 적절한 것
> • 다음 글에 이어 나올 수 있는 것
> • 글의 내용을 통해 알 수 없는 것
> • 가장 타당한 논증
> • 다음 내용이 들어가기에 가장 적절한 위치

이와 같은 유형의 문제를 풀 때는 먼저 제시문을 읽고, 그 글을 통해 타당성 여부를 검증해 가는 방법을 취하는 것이 좋다. 물론 통독(通讀)을 통해 각 문단에서 다루고 있는 내용이 무엇인지 미리 확인해 두어야만 선택지와 관련된 내용을 이끌어 낼 근거가 언급된 부분을 쉽게 찾을 수 있다.

| 유형분석 |

- '$p \rightarrow q$, $q \rightarrow r$이면 $p \rightarrow r$이다.' 형식의 삼단논법과 명제의 대우를 활용하여 푸는 유형이다.
- 전제를 추리하거나 결론을 추리하는 유형이 출제된다.
- 'A○ → B×' 또는 '$p \rightarrow \sim q$'와 같이 명제를 단순화하여 정리하면서 풀어야 한다.

제시된 명제가 모두 참일 때, 빈칸에 들어갈 명제로 가장 적절한 것을 고르면?

전제1. 공부를 하지 않으면 시험을 못 본다.
전제2. _____
결론. 공부를 하지 않으면 성적이 나쁘게 나온다.

① 공부를 한다면 시험을 잘 본다.
② 시험을 잘 본다면 공부를 한 것이다.
③ 성적이 좋다면 공부를 한 것이다.
④ 시험을 잘 본다면 성적이 좋은 것이다.
⑤ 성적이 좋다면 시험을 잘 본 것이다.

'공부를 함'을 p, '시험을 잘 봄'을 q, '성적이 좋게 나옴'을 'r'이라 하면 첫 번째 명제는 $\sim p \to \sim q$, 마지막 명제는 $\sim p \to \sim r$이다.
따라서 $\sim q \to \sim r$이 빈칸에 들어가야 $\sim p \to \sim q \to \sim r$이 되어 $\sim p \to \sim r$이 성립한다.
참인 명제의 대우도 역시 참이므로 $\sim q \to \sim r$의 대우인 '성적이 좋다면 시험을 잘 본 것이다.'가 답이 된다.

30초 컷 풀이 Tip

전제 추리 방법	결론 추리 방법
전제1이 $p \to q$일 때, 결론이 $p \to r$이라면 각 명제의 앞부분이 같으므로 뒷부분을 $q \to r$로 이어준다. 만일 형태가 이와 맞지 않는다면 대우명제를 이용한다.	대우명제를 활용하여 전제1과 전제2가 $p \to q$, $q \to r$의 형태로 만들어진다면 결론은 $p \to r$이다.

온라인 풀이 Tip

해설처럼 p, q, r 등의 문자로 표현하는 것이 아니라 자신이 알아볼 수 있는 단어나 기호로 표시한다. 문제풀이 용지만 봐도 문제 풀이가 가능하도록 풀이과정을 써야 한다.

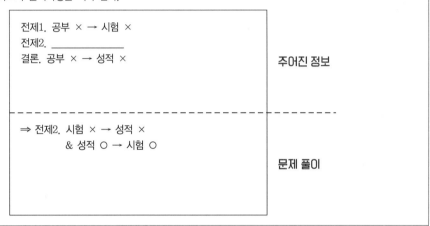

전제1. 공부 × → 시험 ×
전제2. _____
결론. 공부 × → 성적 ×

주어진 정보

⇒ 전제2. 시험 × → 성적 ×
　　　& 성적 ○ → 시험 ○

문제 풀이

| 유형분석 |

- '어떤', '모든' 등 일부 또는 전체를 나타내는 명제 유형이다.
- 전제를 추리하거나 결론을 추리하는 유형이 출제된다.
- 벤다이어그램으로 나타내어 접근한다.

제시된 명제가 모두 참일 때, 빈칸에 들어갈 명제로 가장 적절한 것을 고르면?

전제1. 어떤 키가 작은 사람은 농구를 잘한다.
전제2. _____
결론. 어떤 순발력이 좋은 사람은 농구를 잘한다.

① 어떤 키가 작은 사람은 순발력이 좋다.
② 농구를 잘하는 어떤 사람은 키가 작다.
③ 순발력이 좋은 사람은 모두 키가 작다.
④ 키가 작은 사람은 모두 순발력이 좋다.
⑤ 어떤 키가 작은 사람은 농구를 잘하지 못한다.

정답 ④

'키가 작은 사람'을 A, '농구를 잘하는 사람'을 B, '순발력이 좋은 사람'을 C라고 하면, 전제1과 결론은 다음과 같은 벤다이어그램으로 나타낼 수 있다.

전제1)

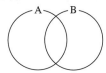

결론)

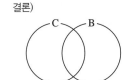

결론이 참이 되기 위해서는 B와 공통되는 부분의 A와 C가 연결되어야 하므로 A를 C에 모두 포함시켜야 한다.

즉, 다음과 같은 벤다이어그램이 성립할 때 마지막 명제가 참이 될 수 있으므로 빈칸에 들어갈 명제는 '키가 작은 사람은 모두 순발력이 좋다.'의 ④이다.

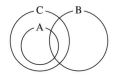

오답분석

① 다음과 같은 경우 성립하지 않는다.

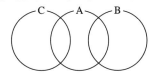

③ 다음과 같은 경우 성립하지 않는다.

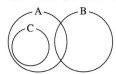

30초 컷 풀이 Tip

다음은 출제 가능성이 높은 명제 유형을 정리한 표이다. 이를 응용한 다양한 유형의 문제가 출제될 수 있으므로 대표적인 유형을 학습해두어야 한다.

구분		전제1	전제2	결론
명제 유형1	명제	어떤 A는 B이다.	모든 A는 C이다.	어떤 C는 B이다. (=어떤 B는 C이다.)
	벤다이어그램	A, B 벤다이어그램	C, A 벤다이어그램	C, B, A 벤다이어그램
명제 유형2	명제	모든 A는 B이다.	모든 A는 C이다.	어떤 C는 B이다. (=어떤 B는 C이다.)
	벤다이어그램	B, A 벤다이어그램	C, A 벤다이어그램	B, C, A 벤다이어그램

| 조건추리 |
배열하기 · 묶기 · 연결하기

| 유형분석 |

- 주어진 조건에 따라 한 줄로 세우거나 자리를 배치하는 유형이다.
- 평소 충분한 연습이 되어있지 않으면 풀기 어려운 유형이므로, 최대한 다양한 유형을 접해 보고 패턴을 익히는 것이 좋다.

S전자 마케팅팀에는 부장 A, 과장 B · C, 대리 D · E, 신입사원 F · G 총 7명이 근무하고 있다. A부장은 신입사원 입사 기념으로 팀원을 데리고 영화관에 갔다. 영화를 보기 위해 주어진 〈조건〉에 따라 자리에 앉는다고 할 때, 항상 옳은 것을 고르면?

조건

- 7명은 7자리가 일렬로 붙어 있는 좌석에 앉는다.
- 양 끝자리 옆에는 비상구가 있다.
- D와 F는 인접한 자리에 앉는다.
- A와 B 사이에는 한 명이 앉아 있다.
- C와 G 사이에는 한 명이 앉아 있다.
- G는 왼쪽 비상구 옆 자리에 앉아 있다.

① E는 D와 B 사이에 앉는다.

② G와 가장 멀리 떨어진 자리에 앉는 사람은 D이다.

③ C 양 옆에는 A와 B가 앉는다.

④ D는 비상구와 붙어 있는 자리에 앉는다.

⑤ 가운데 자리에는 항상 B가 앉는다.

여섯 번째 조건에 의해 G는 첫 번째 자리에 앉고, 다섯 번째 조건에 의해 C는 세 번째 자리에 앉는다.
A와 B가 네 번째 · 여섯 번째 또는 다섯 번째 · 일곱 번째 자리에 앉으면 D와 F가 나란히 앉을 수 없다. 따라서 A와 B는 두 번째,
네 번째 자리에 앉는다. 그러면 남은 자리는 다섯 · 여섯 · 일곱 번째 자리이므로 D와 F는 다섯 · 여섯 번째 또는 여섯 · 일곱 번째
자리에 앉게 되고, 나머지 한 자리에 E가 앉는다.
이를 정리하면 다음과 같다.

구분	1	2	3	4	5	6	7
경우 1	G	A	C	B	D	F	E
경우 2	G	A	C	B	F	D	E
경우 3	G	A	C	B	E	D	F
경우 4	G	A	C	B	E	F	D
경우 5	G	B	C	A	D	F	E
경우 6	G	B	C	A	F	D	E
경우 7	G	B	C	A	E	D	F
경우 8	G	B	C	A	E	F	D

C의 양 옆에는 항상 A와 B가 앉으므로 ③은 항상 옳다.

오답분석

① 경우 3 · 4 · 7 · 8에서만 가능하며, 나머지 경우에는 성립하지 않는다.
② · ④ 경우 4 · 8에서만 가능하며, 나머지 경우에는 성립하지 않는다.
⑤ B는 두 번째 자리에 앉을 수도 있다.

30초 컷 풀이 Tip

이 유형에서 가장 먼저 해야 할 일은 고정된 조건을 찾는 것이다. 고정된 조건을 찾아 그 부분을 정해 놓으면 경우의 수가
훨씬 줄어든다.

온라인 풀이 Tip

컴퓨터 화면을 오래 쳐다보면서 풀 수 있는 유형이 아니므로 빠르게 문제를 읽고 문제풀이 용지만 보고 풀 수 있도록 모든
조건을 정리해 놓아야 한다. 그러기 위해서는 주어진 조건을 기호화하여 알아보기 쉽도록 정리할 수 있어야 한다.

간단한 기호로 주어진 조건 정리하기

구분	기호화 예시
7명은 7자리가 일렬로 붙어 있는 좌석에 앉는다.	| 1 | 2 | 3 | 4 | 5 | 6 | 7 |
양 끝자리 옆에는 비상구가 있다.	| 비 | 1 | 2 | 3 | 4 | 5 | 6 | 7 | 비 |
D와 F는 인접한 자리에 앉는다.	D∧F
A와 B 사이에는 한 명이 앉아 있다.	A∨B
C와 G 사이에는 한 명이 앉아 있다.	C∨G
G는 왼쪽 비상구 옆 자리에 앉아 있다.	|G

| 유형분석 |

- 일반적으로 4 ~ 5명의 진술이 제시되며, 각 진술의 진실 및 거짓 여부를 확인하여 범인을 찾는 유형이다.
- 추리영역 중에서도 체감 난도가 상대적으로 높은 유형으로 알려져 있으나, 문제풀이 패턴을 익히면 시간을 절약할 수 있는 문제이다.
- 각 진술 사이의 모순을 찾아 성립하지 않는 경우의 수를 제거하거나, 경우의 수를 나누어 모든 조건이 들어맞는지를 확인해야 한다.

S그룹에 지원한 5명의 취업준비생 갑, 을, 병, 정, 무 중 1명이 합격하였다. 취업준비생들은 다음과 같이 이야기하였고, 이 중 1명이 거짓말을 하였다. 합격한 학생은 누구인가?

- 갑 : 을은 합격하지 않았다.
- 을 : 합격한 사람은 정이다.
- 병 : 내가 합격하였다.
- 정 : 을의 말은 거짓말이다.
- 무 : 나는 합격하지 않았다.

① 갑   ② 을
③ 병   ④ 정
⑤ 무

을과 정은 상반된 이야기를 하고 있으므로 둘 중 한 명은 진실, 다른 한 명은 거짓을 말하고 있다.

ⅰ) 을이 진실, 정이 거짓인 경우 : 정을 제외한 네 사람의 말은 모두 참이므로 합격자는 병, 정이 되는데, 합격자는 1명이어야 하므로 모순이다. 따라서 을은 거짓, 정은 진실을 말한다.

ⅱ) 을이 거짓, 정이 진실인 경우 : 정을 제외한 네 사람의 말은 모두 참이므로 합격자는 병이다.

따라서 합격자는 병이 된다.

30초 컷 풀이 Tip

진실게임 유형 중 90% 이상은 다음 두 가지 방법으로 풀 수 있다. 주어진 진술을 빠르게 훑으며 다음 두 가지 중 어떤 경우에 해당되는지 확인한 후 문제를 풀어나간다.

두 명 이상의 발언 중 한쪽이 진실이면 다른 한쪽이 거짓인 경우
1. A가 진실이고 B가 거짓인 경우, B가 진실이고 A가 거짓인 경우 두 가지로 나눌 수 있다.
2. 두 가지 경우에서 각 발언의 진위 여부를 판단한다.
3. 주어진 조건과 비교한다(범인의 숫자가 맞는지, 진실 또는 거짓을 말한 인원수가 조건과 맞는지 등).

두 명 이상의 발언 중 한쪽이 진실이면 다른 한쪽도 진실인 경우
1. A와 B가 모두 진실인 경우, A와 B가 모두 거짓인 경우 두 가지로 나눌 수 있다.
2. 두 가지 경우에서 각 발언의 진위 여부를 판단하여 범인을 찾는다.
3. 주어진 조건과 비교한다(범인의 숫자가 맞는지, 진실 또는 거짓을 말한 인원수가 조건과 맞는지 등).

3일 차

| 어휘추리 |
대응관계

| 유형분석 |

- 주어진 단어 사이의 관계를 유추하여 빈칸에 들어갈 알맞은 단어를 찾는 문제이다.
- 출제되는 어휘 관련 2문제 중 1문항이 이 유형으로 출제된다.
- 유의 관계, 반의 관계, 상하 관계 이외에도 원인과 결과, 행위와 도구, 한자성어 등 다양한 관계가 제시된다.
- 최근에는 유의 관계와 반의 관계 위주로 출제되고 있다.

다음 제시된 단어의 대응관계에 따라 빈칸에 들어갈 단어로 가장 적절한 것은?

> 황공하다 : 황름하다 = (　　) : 아퀴짓다

① 두려워하다   ② 거칠다
③ 마무리하다   ④ 시작하다
⑤ 치장하다

정답 ③

최근에 출제되는 어휘유추 유형 문제는 선뜻 답을 고르기 쉽지 않은 경우가 많다. 이 경우 먼저 ①~⑤의 단어를 모두 빈칸에 넣어 보고, 제시된 단어와 관계 자체가 없는 선택지 → 관계가 있지만 빈칸에 들어갔을 때 옆의 단어 관계와 등가 관계를 이룰 수 없는 선택지 순서로 소거하면 좀 더 쉽게 답을 찾을 수 있다.

제시된 단어의 대응관계는 유의 관계이다. ① 두려워하다, ② 거칠다, ⑤ 치장하다는 확실히 '아퀴짓다'와의 관계를 찾기 어려우므로 선택지에서 먼저 제거할 수 있다. 다음으로 ④가 빈칸에 들어갈 경우, 제시된 두 단어는 유의 관계인데, '아퀴짓다'와 ④는 반의 관계이므로 제외한다. 따라서 남은 ③이 정답이다.

- 황공하다·황름하다 : 위엄이나 지위 따위에 눌리어 두렵다.
- 아퀴짓다 : 일이나 말을 끝마무리하다.
- 마무리하다 : 일을 끝맺다.

30초 컷 풀이 Tip

동의어 / 반의어 종류

구분		뜻	예시
동의어		형태는 다르나 동일한 의미를 가지는 두 개 이상의 단어	가난 – 빈곤, 가격 – 비용, 가능성 – 잠재력 등
반의어	상보 반의어	의미 영역이 상호 배타적인 두 영역으로 양분하는 두 개 이상의 단어	살다 – 죽다, 진실 – 거짓 등
	정도(등급) 반의어	정도나 등급에 있어 대립되는 두 개 이상의 단어	크다 – 작다, 길다 – 짧다, 넓다 – 좁다, 빠르다 – 느리다 등
	방향(상관) 반의어	맞선 방향을 전제로 하여 관계나 이동의 측면에서 대립하는 두 개 이상의 단어	오른쪽 – 왼쪽, 앞 – 뒤, 가다 – 오다, 스승 – 제자 등

함정 제거

동의어를 찾는 문제라면 무조건 선택지에서 반의어부터 지우고 시작한다. 반대로 반의어를 찾는 문제라면 선택지에서 동의어를 지우고 시작한다. 단어와 관련이 없는 선택지는 헷갈리지 않지만 관련이 있는 선택지는 아는 문제여도 함정에 빠져 틀리기 쉽기 때문이다.

온라인 풀이 Tip

온라인 시험에서 답이 아닌 선택지를 화면에서는 지울 수 없다. 따라서 문제풀이 용지에 답이 아닌 선택지를 제거하는 표시를 하는 방법과 손가락을 접거나 화면에서 선택지를 손가락으로 가리는 방법을 사용해야 한다.

| 유형분석 |

- 3×3의 칸에 나열된 각 도형 사이의 규칙을 찾아 ?에 들어갈 알맞은 도형을 찾는 유형이다.
- 이때 규칙은 가로 또는 세로로 적용되며, 회전, 색 반전, 대칭, 겹치는 부분 지우기 / 남기기 / 색 반전 등 다양한 규칙이 적용된다.
- 온라인 GSAT에서는 비교적 간단한 규칙이 출제되고 있다.

다음 제시된 도형의 규칙을 보고 ?에 들어갈 알맞은 것을 고르면?

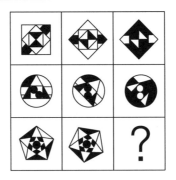

①

②

③

④

⑤

정답 ④

규칙은 가로 방향으로 적용된다.

첫 번째 도형을 시계 방향으로 45° 회전한 것이 두 번째 도형, 이를 색 반전한 것이 세 번째 도형이다.

30초 컷 풀이 Tip

1. 규칙 방향 파악

   규칙이 적용되는 방향이 가로인지 세로인지부터 파악한다. 해당 문제처럼 세 도형이 서로 다른 모양일 때에는 쉽게 파악할 수 있지만 아닌 경우도 많다. 모양이 비슷한 경우에는 가로와 세로 모두 확인하여 규칙이 적용된 방향을 유추해야 한다.

2. 규칙 유추

   규칙을 유추하기 쉬운 도형을 기준으로 규칙을 파악한다. 나머지 도형을 통해 유추한 규칙이 맞는지 확인한다.

주요 규칙

구분		예시
회전	45° 회전	 시계 방향
	60° 회전	 시계 반대 방향
	90° 회전	 시계 반대 방향
	120° 회전	 시계 반대 방향
	180° 회전	
색반전		
대칭	x축 대칭	
	y축 대칭	

3일 차

도식추리

| 유형분석 |

- 문자를 바꾸는 규칙을 파악한 후, 제시된 규칙이 적용되었을 때 ?에 들어갈 알맞은 문자를 고르는 유형이다.
- 각 규칙이 2개 이상 한꺼번에 적용되어 제시되기 때문에 각각의 예시만 봐서는 규칙을 파악하기 어렵다. 공통되는 규칙이 있는 예시를 찾아 서로 비교하여 각 문자열의 위치가 바뀌었는지 / 숫자의 변화가 있었는지 등을 확인하며 규칙을 찾아야 한다.

다음 도식에서 기호들은 일정한 규칙에 따라 문자를 변화시킨다. ?에 들어갈 알맞은 문자를 고르면?(단, 규칙은 가로와 세로 중 한 방향으로만 적용된다)

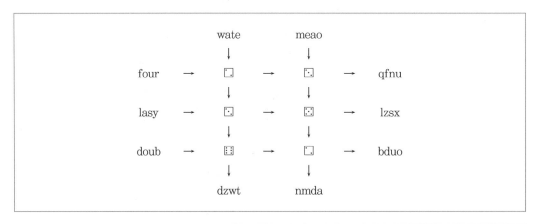

ㄱㅊㄷㅈ → 🔲 → 🔲 → ?

① ㅈㄱㅊㄷ

② ㄴㅈㅊㄷ

③ ㄴㅈㅊㄱ

④ ㅇㄱㅈㄷ

⑤ ㄱㅊㄴㅈ

정답 ④

1. 규칙 파악할 순서 찾기 : □ → □ and □ → □
2. 규칙 파악

1	2	3	4	5	6	7	8	9	10	11	12	13	14	15	16	17	18	19	20	21	22	23	24	25	26
A	B	C	D	E	F	G	H	I	J	K	L	M	N	O	P	Q	R	S	T	U	V	W	X	Y	Z
ㄱ	ㄴ	ㄷ	ㄹ	ㅁ	ㅂ	ㅅ	ㅇ	ㅈ	ㅊ	ㅋ	ㅌ	ㅍ	ㅎ	ㄱ	ㄴ	ㄷ	ㄹ	ㅁ	ㅂ	ㅅ	ㅇ	ㅈ	ㅊ	ㅋ	ㅌ

- □ : 가로 두 번째 도식과 세로 두 번째 도식에서 □ → □ 규칙이 겹치므로 이를 이용하면 □의 규칙이 1234 → 4123임을 알 수 있다.
- □ and □ : □의 규칙을 찾았으므로 가로 첫 번째 도식에서 □의 규칙이 각 자릿수 −1, 0, −1, 0임을 알 수 있다. 같은 방법으로 가로 세 번째 도식에서 □의 규칙이 1234 → 1324임을 알 수 있다.
- □ : □의 규칙을 찾았으므로 가로 두 번째 도식에서 □의 규칙이 각 자릿수 +1, −1, +1, −1임을 알 수 있다.

따라서 정리하면 다음과 같다.

□ : 1234 → 4123
□ : 각 자릿수 −1, 0, −1, 0
□ : 1234 → 1324
□ : 각 자릿수 +1, −1, +1, −1

ㄱㅊㄷㅈ → ㅈㄱㅊㄷ → ㅇㄱㅈㄷ
　　　　　　　 □ 　　　　　　 □

30초 컷 풀이 Tip

문자 순서 표기
문제를 보고 규칙을 찾기 전에 문제에서 사용한 문자를 순서대로 적어놓아야 빠르게 풀이할 수 있다.

묶음 규칙 이용
규칙을 한 번에 파악할 수 없을 때 두 가지 이상의 규칙을 한 묶음으로 생각하여 접근한다.

예
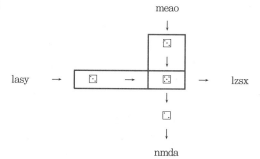

가로 도식에서 □ → □ 규칙을 한 묶음으로 생각하면 last → □ → □ → lzss이므로 □ → □는 각 자릿수 0, −1, 0, −1의 규칙을 갖는다.
세로 도식에서 meao은 □ → □의 규칙이 적용되면 mdan이 되므로 mdan → □ → nmda이다. 따라서 □의 규칙은 1234 → 41230이다.

규칙 정리
유추한 규칙을 알아볼 수 있도록 정리해둔다.

기출 규칙
GSAT에서 자주 출제되는 규칙은 크게 두 가지이다.

규칙	예시
순서 교체	1234 → 4321
각 자릿수 + 또는 −	+1, −1, +1, −1

| 유형분석 |

- 글의 내용과 흐름을 잘 파악하고 있는지를 평가하는 유형이다.
- 문장 순서 나열에서 가장 중요한 것은 지시어와 접속어이므로, 접속어의 쓰임에 대해 정확히 알고 있어야 하며, 지시어가 가리키는 것이 무엇인지 잘 파악해야 한다.

다음 중 제시된 문장을 논리적인 순서대로 바르게 나열한 것은?

(가) 본성 대 양육 논쟁은 앞으로 치열하게 전개될 소지가 많다. 하지만 유전과 환경이 인간의 행동에 어느 정도 영향을 미치는가를 따지는 일은 멀리서 들려오는 북소리가 북에 의한 것인지, 아니면 연주자에 의한 것인지를 분석하는 것처럼 부질없는 것인지 모른다. 본성과 양육 모두 인간 행동에 필수적인 요인이므로.

(나) 20세기 들어 공산주의와 나치주의의 출현으로 본성 대 양육 논쟁이 극단으로 치달았다. 공산주의의 사회 개조론은 양육을, 나치즘의 생물학적 결정론은 본성을 옹호하는 이데올로기이기 때문이다. 히틀러의 유대인 대량 학살에 충격을 받은 과학자들은 환경 결정론에 손을 들어 줄 수밖에 없었다. 본성과 양육 논쟁에서 양육 쪽이 일방적인 승리를 거두게 된 것이다.

(다) 이러한 추세는 1958년 미국 언어학자 노엄 촘스키에 의해 극적으로 반전되기 시작했다. 촘스키가 치켜든 선천론의 깃발은 진화 심리학자들이 승계했다. 진화 심리학은 사람의 마음을 생물학적 적응의 산물로 간주한다. 1992년 심리학자인 레다 코스미데스와 인류학자인 존 투비 부부가 함께 저술한『적응하는 마음』이 출간된 것을 계기로 진화 심리학은 하나의 독립된 연구 분야가 됐다. 말하자면 윌리엄 제임스의 본능에 대한 개념이 1세기 만에 새 모습으로 부활한 셈이다.

(라) 더욱이 1990년부터 인간 게놈 프로젝트가 시작됨에 따라 본성과 양육 논쟁에서 저울추가 본성 쪽으로 기울면서 생물학적 결정론이 더욱 강화되었다. 그러나 2001년 유전자 수가 예상보다 적은 3만여 개로 밝혀지면서 본성보다는 양육이 중요하다는 목소리가 커지기 시작했다. 이를 계기로 본성 대 양육 논쟁이 재연되기에 이르렀다.

① (가) – (나) – (다) – (라)
② (가) – (나) – (라) – (다)
③ (가) – (다) – (나) – (라)
④ (나) – (다) – (라) – (가)
⑤ (나) – (라) – (다) – (가)

정답 ④

'본성 대 양육 논쟁'이라는 화제를 제기하는 (나) 문단이 첫 번째에 배치되어야 하며, (다) 문단의 '이러한 추세'가 가리키는 것이 (나) 문단에서 언급한 '양육 쪽이 일방적인 승리를 거두게 된 것'이므로, (나) - (다) 문단 순으로 이어지는 것이 자연스럽다. 또한 (라) 문단의 첫 번째 문장, '더욱이'는 앞 내용과 연결되는 내용을 덧붙여 앞뒤 문장을 이어주는 말이므로 (다) 문단의 뒤에 이어져야 하며, 본성과 양육 논쟁의 가열을 전망하면서 본성과 양육 모두 인간 행동에 필수적인 요인임을 밝히고 있는 (가) 문단이 가장 마지막에 배치되는 것이 적절하다.

30초 컷 풀이 Tip

- 각 문단에 위치한 지시어와 접속어를 살펴본다. 문두에 접속어가 오거나 문장 중간에 지시어가 나오는 경우 글의 첫 번째 문단이 될 수 없다.
- 각 문단의 첫 문장과 마지막 문장에 집중하면서 글의 순서를 하나씩 맞춰 나간다.
- 선택지를 참고하여 문단의 순서를 생각해 보는 것도 시간을 단축하는 좋은 방법이 될 수 있다.

| 유형분석 |

- 주어진 글을 바탕으로 추론했을 때 항상 참 또는 거짓인 것을 고르는 유형이다.
- 언어이해 영역의 내용일치와 유사한 면이 있으나 내용일치가 지문에 제시된 내용인지 아닌지만 확인하는 유형이라면, 내용추론은 지문에 직접적으로 제시되지 않은 내용까지 추론하여 답을 도출해야 한다는 점에서 차이가 있다.

다음 글의 내용이 참일 때 항상 거짓인 것을 고르면?

루머는 구전과 인터넷을 통해 확산되고, 그 과정에서 여러 사람들의 의견이 더해진다. 루머는 특히 사회적 불안감이 형성되었을 때 빠르게 확산되는데, 이는 사람들이 사회적·개인적 불안감을 해소하기 위한 수단으로 루머에 의지하기 때문이다.

나아가 루머가 확산되는 데는 사회적 동조가 중요한 영향을 미친다. 사회적 동조란 '다수의 의견이나 사회적 규범에 개인의 의견과 행동을 맞추거나 동화시키는 경향'을 뜻한다. 사회적 동조는 루머가 사실로 인식되고 대중적으로 수용되는 과정에서도 큰 영향력을 행사한다.

사회적 동조는 개인이 어떤 정보에 대해 판단하거나 그에 대한 태도를 결정하는 데 정당성을 제공한다. 다수의 의견을 따름으로써 어떤 정보를 믿는 것에 대한 합리적 이유를 갖게 되는 것이다. 실제로 루머에 대한 지지 댓글을 많이 본 사람들은 루머에 대한 반박 댓글을 많이 본 사람들에 비해 루머를 사실로 믿는 경향이 더욱 강한 것으로 나타났다. 또한 사회적 동조가 있는 상태에서는 개인의 성향과 상관없이 루머를 사실이라고 믿는 경우가 많았다.

사회적 동조의 또 다른 역할은 사람들이 자신의 의견을 제시할 때 사회적 분위기를 고려하게 하는 것이다. 소속된 집단으로부터 소외되지 않기 위해서 다수에 의해 지지되는 의견을 따라가는 현상이 발생하기도 한다. 이와 같은 현상은 개인주의 문화권보다는 집단주의 문화권에 있는 사람들에게서 더 잘 나타난다. 집단주의 문화권 사람들은 루머를 믿는 사람들로부터 루머에 대한 정보를 얻고 그것을 근거로 하여 판단하며, 다른 사람들의 의견에 개인의 생각을 일치시키는 경향이 두드러진다.

① 사람들은 루머를 사회적 불안감을 해소하기 위한 수단으로 삼기도 한다.

② 사회적 동조는 개인이 루머를 사실로 받아들이는 결정을 함에 있어 정당성을 제공한다.

③ 집단주의 문화권에서는 개인주의 문화권보다 사회적 동조가 루머의 확산에 미치는 영향이 더 크게 나타난다.

④ 루머에 대한 반박 댓글을 많이 본 사람들이 지지 댓글을 많이 본 사람들보다 루머를 사실로 믿는 경향이 더 약하다.

⑤ 사회적 동조가 있을 때, 충동적인 사람들은 충동적이지 않은 사람들에 비해 루머를 사실로 믿는 경향이 더 강하다.

사회적 동조가 있는 상태에서는 개인의 성향과 상관없이, 즉 충동적인 것과는 무관하게 루머를 사실이라고 믿는 경우가 많았다고 하였으므로 옳지 않다.

오답분석

① 사람들이 사회적·개인적 불안감을 해소하기 위한 수단으로 루머에 의지한다고 하였으므로 옳은 내용이다.

② 사회적 동조는 개인이 어떤 정보에 대해 판단하거나 그에 대한 태도를 결정하는 데 정당성을 제공한다고 하였으므로 옳은 내용이다.

③ 집단주의 문화권 사람들은 루머를 믿는 사람들로부터 루머에 대한 정보를 얻고 그것을 근거로 하여 판단하며, 다른 사람들의 의견에 개인의 생각을 일치시키는 경향이 두드러진다고 하였으므로 옳은 내용이다.

④ 루머에 대한 지지 댓글을 많이 본 사람들은 루머에 대한 반박 댓글을 많이 본 사람들에 비해 루머를 사실로 믿는 경향이 더욱 강한 것으로 나타났다고 하였다. 따라서 이를 역으로 생각하면 반박 댓글을 많이 본 사람들이 루머를 사실로 믿는 경향이 더 약함을 알 수 있다.

30초 컷 풀이 Tip

주어진 글에 대하여 거짓이 되는 답을 고르는 문제의 경우 제시문에 있는 특정 문장이나 키워드가 되는 단어의 의미를 비트는 경우가 많다. 따라서 정반대의 의미를 지녔거나 지나치게 과장된, 혹은 축소된 의미를 지닌 단어가 문항에 새로 추가되지는 않았는지 비교해보도록 한다.

온라인 풀이 Tip

온라인으로 풀기 어려운 유형이며 출제 비율이 높아 합격을 좌우하는 유형이 될 것이다. 따라서 비슷한 유형을 많이 풀면서 문제를 눈으로만 푸는 연습을 하여 온라인 시험에 대비해야 한다.

| 유형분석 |

- 글을 읽고 비판적 의견이나 반박을 생각할 수 있는지를 평가하는 유형이다.
- 제시문의 '주장'에 대한 반박을 찾는 것이므로, '근거'에 대한 반박이나 논점에서 벗어난 것을 찾지 않도록 주의해야 한다.

다음 글에 대한 반론으로 가장 적절한 것을 고르면?

> 인공 지능 면접은 더 많이 활용되어야 한다. 인공 지능을 활용한 면접은 인터넷에 접속하여 인공 지능과 문답하는 방식으로 진행되는데, 지원자는 시간과 공간에 구애받지 않고 면접에 참여할 수 있는 편리성이 있어 면접 기회가 확대된다. 또한 회사는 면접에 소요되는 인력을 줄여, 비용 절감 측면에서 경제성이 크다. 실제로 인공 지능을 면접에 활용한 ○○회사는 전년 대비 2억 원 정도의 비용을 절감했다. 그리고 기존 방식의 면접에서는 면접관의 주관이 개입될 가능성이 큰 데 반해, 인공 지능을 활용한 면접에서는 빅데이터를 바탕으로 한 일관된 평가 기준을 적용할 수 있다. 이러한 평가의 객관성 때문에 많은 회사들이 인공 지능 면접을 도입하는 추세이다.

① 빅데이터는 사회에서 형성된 정보가 축적된 결과물이므로 왜곡될 가능성이 적다.

② 인공 지능을 활용한 면접은 기술적으로 완벽하기 때문에 인간적 공감을 떨어뜨린다.

③ 회사 관리자 대상의 설문 조사에서 인공 지능을 활용한 면접을 신뢰한다는 비율이 높게 나온 것으로 보아 기존의 면접 방식보다 지원자의 잠재력을 판단하는 데 더 적합하다.

④ 회사의 특수성을 고려해 적합한 인재를 선발하려면 오히려 해당 분야의 경험이 축적된 면접관의 생각이나 견해가 면접 상황에서 중요한 판단 기준이 되어야 한다.

⑤ 면접관의 주관적인 생각이나 견해로는 지원자의 잠재력을 판단하기 어렵다.

정답 ④

제시문에서는 편리성, 경제성, 객관성 등을 이유로 인공 지능 면접을 지지하고 있다. 따라서 객관성보다 면접관의 생각이나 견해가 회사 상황에 맞는 인재를 선발하는 데 적합하다는 논지로 반박하는 것은 옳다.

오답분석

①·③·⑤ 제시문의 주장에 반박하는 것이 아니라 제시문의 주장을 강화하는 근거에 해당한다.

② 인공 지능 면접에 필요한 기술과 인간적 공감의 관계는 제시문에서 주장한 내용이 아니므로 반박의 근거로도 적당하지 않다.

30초 컷 풀이 Tip

1. 주장, 관점, 의도, 근거 등 문제를 풀기 위한 글의 핵심을 파악한다. 이후 글의 주장 및 근거의 어색한 부분을 찾아 반박할 주장과 근거를 생각해본다.

2. 제시된 지문이 지나치게 길 경우 선택지를 먼저 파악하여 홀로 글의 주장이 어색하거나 상반된 의견을 제시하고 있는 답은 없는지 확인한다.

3. 반론 유형을 풀기 어렵다면 지문과 일치하는 선택지부터 지워나가는 소거법을 활용한다. 함정도 피하고 쉽게 풀 수 있다.

4. 문제를 풀 때 지나치게 시간에 쫓기거나 집중력이 떨어진 상황이라면 제시문의 처음 문장 혹은 마지막 문장을 읽어 글이 주장하는 바를 빠르게 파악하는 것도 좋은 방법이다. 단, 처음 문장에서 글쓴이의 주장과 반대되는 사례를 먼저 언급하는 경우도 있으므로 이 경우에는 마지막 문장과 비교하여 어느 의견이 글쓴이의 주장에 가까운지 구분하도록 한다.

| 유형분석 |

- 제시된 글을 읽은 뒤 이를 토대로 〈보기〉의 문장을 바르게 해석할 수 있는지 평가하는 유형이다.
- 제시문을 토대로 〈보기〉의 문장을 해석하는 것이므로 반대로 〈보기〉의 문장을 통해 제시문을 해석하거나 반박하지 않도록 주의한다.

다음 글을 토대로 〈보기〉를 바르게 해석한 것은?

근대 이후 개인의 권리가 중시되자 법철학은 권리의 근본적 성격을 법적으로 존중되는 의사에 의한 선택의 관점에서 볼 것인가 아니면 법적으로 보호되는 이익의 관점에서 볼 것인가를 놓고 지속적으로 논쟁해 왔다. 의사설의 기본적인 입장은 어떤 사람이 무언가에 대하여 권리를 갖는다는 것은 법률관계 속에서 그 무언가와 관련하여 그 사람의 의사에 의한 선택이 다른 사람의 의사보다 우월한 지위에 있음을 법적으로 인정하는 것이다. 의사설을 지지한 하트는 권리란 그것에 대응하는 의무가 존재한다고 보았다. 그는 의무의 이행 여부를 통제할 권능을 가진 권리자의 선택이 권리의 본질적 요소라고 보았기 때문에 법이 타인의 의무 이행 여부에 대한 권능을 부여하지 않은 경우에는 권리를 가졌다고 말할 수 없다고 주장했다.

의사설은 타인의 의무 이행 여부와 관련된 권능, 곧 합리적 이성을 가진 자가 아니면 권리자가 되지 못하는 난점이 있다. 또한 의사설은 면제권을 갖는 어떤 사람이 면제권을 포기함으로써 타인의 권능 아래에 놓일 권리, 즉 스스로를 노예와 같은 상태로 만들 권리를 인정해야 하는 상황에 직면한다. 하지만 현대에서는 이런 상황이 인정되기가 어렵다.

이익설의 기본적인 입장은 권리란 이익이며, 법이 부과하는 타인의 의무로부터 이익을 얻는 자는 누구나 권리를 갖는다는 것이다. 그래서 타인의 의무 이행에 따른 이익이 없다면 권리가 없다고 본다. 이익설을 주장하는 라즈는 권리와 의무가 동전의 양면처럼 논리적으로 서로 대응하는 관계일 뿐만 아니라 권리가 의무를 정당화하는 관계에 있다고 보았다. 즉, 권리가 의무 존재의 근거가 된다고 보는 입장을 지지한다고 볼 수 있다. 그래서 누군가의 어떤 이익이 타인에게 의무를 부과할 만큼 중요성을 가지는 것일 때 비로소 그 이익은 권리로서 인정된다고 보았다.

이익설의 난점으로는 제3자를 위한 계약을 들 수 있다. 가령 갑이 을과 계약하며 병에게 꽃을 배달해 달라고 했다고 하자. 이익 수혜자는 병이지만 권리자는 계약을 체결한 갑이다. 쉽게 말해 을의 의무 이행에 관한 권능을 가진 사람은 병이 아니라 갑이다. 그래서 이익설은 이익의 수혜자가 아닌 권리자가 있는 경우를 설명하기 어렵다는 비판을 받는다. 또한 이익설은 권리가 실현하려는 이익과 그에 상충하는 이익을 비교해야 할 경우 어느 것이 더 우세한지를 측정하기 쉽지 않다.

보기

A씨는 동물 보호 정책 시행 의무의 헌법 조문화, 동물 정책 기본법 제정 등을 통해 동물 보호 의무가 헌법에 명시되어야 한다고 주장하였다.

① 하트의 주장에 따르면 동물 보호 의무가 헌법에 명시되지 않더라도 동물은 기본적으로 보호받을 권리를 가지고 있다.

② 하트의 주장에 따르면 동물 생명의 존엄성이 법적으로 보호됨으로써 동물이 보다 나은 삶을 살 수 있다면 동물은 권리를 가질 수 있다.

③ 하트의 주장에 따르면 사람이 동물 보호 의무를 갖는다고 하더라도 동물은 이성적 존재가 아니므로 동물은 권리를 갖지 못한다.

④ 라즈의 주장에 따르면 사람의 의무 이행에 따른 이익이 있다면 동물이 권리를 가질 수 있지만, 그렇다고 동물의 권리가 사람의 의무를 정당화하는 것은 아니다.

⑤ 라즈의 주장에 따르면 동물의 이익이 사람에게 의무를 부과할 만큼 중요성을 가지지 못하더라도 상충하는 이익보다 우세할 경우 권리로 인정될 수 있다.

정답 ③

의사설을 지지한 하트는 의무 이행 여부를 통제할 권능을 가진 권리자의 선택을 권리의 본질적 요소로 보았기 때문에 타인의 의무 이행 여부와 관련된 권능, 곧 합리적 이성을 가진 자가 아니면 권리자가 될 수 없다고 보았다. 따라서 하트는 동물 보호 의무와 관련하여 사람이 동물 보호 의무를 갖는다고 하더라도 이성적 존재가 아닌 동물은 권리를 갖지 못한다고 주장할 수 있다.

오답분석

① 의사설을 지지한 하트에 따르면 법이 타인의 의무 이행 여부에 대한 권능을 부여하지 않은 경우에는 권리를 가졌다고 말할 수 없다.

② 법이 타인의 의무로부터 이익을 얻는 자는 누구나 권리를 갖는다는 이익설의 입장에 따른 주장이므로 의사설을 지지한 하트의 주장으로는 적절하지 않다.

④ 이익설을 주장한 라즈에 따르면 타인의 의무로부터 이익을 얻는 자는 누구나 권리를 가지므로 권리와 의무는 서로 대응하는 관계이며, 권리는 의무를 정당화한다.

⑤ 이익설을 주장한 라즈에 따르면 누군가의 이익이 타인에게 의무를 부과할 만큼 중요성을 가질 때 그 이익은 권리로서 인정된다. 또한 이익설은 권리가 실현하려는 이익과 상충하는 이익을 비교해야 할 경우 어느 것이 더 우세한지를 측정하기 어렵다는 단점이 있다.

30초 컷 풀이 Tip

〈보기〉 해석의 경우 제시문과 〈보기〉에 제시된 문장의 의미를 제대로 파악할 필요가 있다는 점에서 난도가 높은 유형이라고 볼 수 있다. 제시문과 〈보기〉 그리고 문항의 의미를 모두 파악하는 데는 상당한 시간이 소요되므로, 가장 먼저 〈보기〉의 내용을 이해하도록 한다. 이후 각 문항에서 공통적으로 나타나는 핵심 주장이나 단어, 특정 사물이나 개인의 명칭 등 키워드를 기준으로 문항을 구분한 뒤, 이를 제시문과 대조하여 그 논지와 같은 문항을 찾아내도록 한다.

온라인 풀이 Tip

지문에 중요한 부분을 표시할 수 없으므로 〈보기〉부터 읽어 지문에서 확인해야 하는 정보가 무엇인지 파악한다. 문제풀이 용지에 〈보기〉의 내용을 간단하게 적어두고, 지문을 읽으면서 관련 내용을 추가로 요약한다.

아는 것을 안다고 하고, 모르는 것을 모른다고 말하는 것이, 그것이 아는 것이다.

– 논어 –

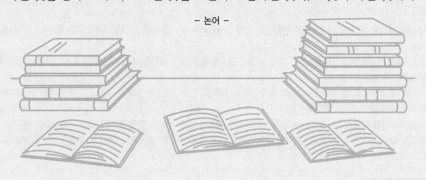

4일 차

모의고사

🕐 응시시간 : 60분　　📋 문항 수 : 50문항

정답 및 해설 p.068

01　수리

01 S사에 지원한 지원자의 남학생과 여학생의 비율은 3 : 2이었다. 지원자 중 합격자의 남녀 비율은 5 : 2이고, 불합격자 남녀 비율은 4 : 3이라고 한다. 전체 합격자 수가 280명일 때, 지원자 중 여학생은 총 몇 명인가?

① 440명
② 480명
③ 540명
④ 560명
⑤ 640명

02 S사의 사내 운동회에서 홍보부서와 기획부서가 결승에 진출하였다. 결승에서는 7번의 경기 중에서 4번을 먼저 이기는 팀이 우승팀이 된다. 홍보부서와 기획부서의 승률이 각각 $\frac{1}{2}$ 이고 무승부는 없다고 할 때, 홍보부서가 결승의 네 번째 또는 다섯 번째 시합에서 우승할 확률은?

① $\frac{1}{8}$
② $\frac{5}{6}$
③ $\frac{1}{4}$
④ $\frac{3}{16}$
⑤ $\frac{7}{8}$

03 다음은 연도별 주요 국가의 커피 수입량을 나타낸 자료이다. 이에 대한 내용으로 옳은 것을 〈보기〉에서 모두 고르면?(단, 소수점 둘째 자리에서 반올림한다)

〈연도별 주요 국가의 커피 수입량〉

(단위 : 1,000kg)

순위	국가	2020년	2015년	2010년	합계
1	유럽	48,510	44,221	40,392	133,123
2	미국	25,482	26,423	26,228	78,133
3	일본	13,288	14,382	13,882	41,552
4	러시아	11,382	10,922	10,541	32,845
5	캐나다	8,842	7,481	7,992	24,315
6	한국	4,982	4,881	4,922	14,785
7	호주	1,350	1,288	1,384	4,022
합계		113,836	109,598	105,341	328,775

보기

㉠ 2010년 대비 2020년에 커피 수입량이 증가한 국가 수가 감소한 국가 수보다 많다.

㉡ 커피 수입량이 가장 많은 상위 2개 국가의 커피 수입량의 합계는 항상 전체 수입량의 65% 이하이다.

㉢ 한국의 커피 수입량은 항상 호주의 3.5배 이상이다.

㉣ 2010년 대비 2020년의 커피 수입량의 증가율과 증가량은 모두 캐나다가 러시아보다 높다.

① ㉠, ㉢

② ㉡, ㉣

③ ㉠, ㉡, ㉣

④ ㉡, ㉢, ㉣

⑤ ㉠, ㉡, ㉢, ㉣

04 다음은 업종별 매출액 대비 수출액 비중을 나타낸 자료이다. 〈보기〉 중 자료에 대해 옳은 설명을 한 사람을 모두 고르면?

〈업종별 매출액 대비 수출액 비중〉

(단위 : %)

구분	사례 수(개)	5% 미만	5% 이상 10% 미만	10% 이상 20% 미만	20% 이상 50% 미만	50% 이상 80% 미만	80% 이상
전체	2,537	17.2	14.1	15.0	28.7	11.1	13.9
주조	127	25.4	26.5	8.3	16.9	14.9	8.0
금형	830	10.2	9.9	15.5	35.1	7.9	21.4
소성가공	625	25.7	11.5	14.5	25.7	13.6	9.0
용접	597	18.5	18.6	13.4	23.7	11.0	14.8
표면처리	298	16.1	15.5	19.0	32.3	12.2	4.9
열처리	60	2.6	20.3	24.6	28.8	15.8	7.9

보기

은하 : 주조 업체의 경우, 매출액 대비 수출액 비중이 5% 미만인 업체가 가장 많아.

장원 : 매출액 대비 수출액 비중이 50% 이상 80% 미만인 열처리 업체의 수가 매출액 대비 수출액 비중이 10% 이상 20% 미만인 용접 업체의 수보다 적어.

인석 : 매출액 대비 수출액 비중이 20% 이상 50% 미만인 업체 중 주조 업체가 차지하는 비중이 가장 커.

도원 : 금형 업체 중 매출액 대비 수출액 비중이 5% 이상 10% 미만인 업체 수가 주조 업체 중 매출액 대비 수출액 비중이 5% 미만인 업체의 수 보다 많아.

① 은하, 장원
② 은하, 인석
③ 장원, 인석
④ 장원, 도원
⑤ 인석, 도원

05 다음은 S사의 부채 현황에 대한 자료이다. 이에 대한 내용으로 적절하지 않은 것은?

〈S사 부채 현황〉

구분		2011년	2012년	2013년	2014년	2015년	2016년	2017년	2018년	2019년	2020년
자산		65.6	66.9	70.0	92.3	94.8	96.2	98.2	99.7	106.3	105.3
부채	금융부채	14.6	19.0	22.0	26.4	30.0	34.2	35.4	32.8	26.5	22.4
	비금융부채	7.0	6.9	6.9	17.8	20.3	20.7	21.2	23.5	26.6	27.5
	합계	21.6	25.9	28.9	44.2	50.3	54.9	56.6	56.3	53.1	49.9
자본		44	41	41.1	48.1	44.5	41.3	41.6	43.4	53.2	55.4

※ [부채비율(%)]=(부채합계)÷(자본)×100

① 2017년의 부채비율은 약 136%로 제시된 기간 중 부채비율이 가장 높다.
② 2012년부터 2019년까지 자산은 전년 대비 꾸준히 증가해왔다.
③ 2011년부터 2018년까지 금융부채는 비금융부채의 1.5배 이상이다.
④ 부채는 2017년 이후 줄어들고 있다.
⑤ 매년 자본은 비금융부채의 1.5배이다.

06 다음은 항목별 상위 7개 동의 자산규모를 나타낸 것이다. 자료에 대한 설명으로 옳은 것은?

〈항목별 상위 7개 동의 자산규모〉

구분 순위	총자산(조 원)		부동산자산(조 원)		예금자산(조 원)		가구당 총자산(억 원)	
	동명	규모	동명	규모	동명	규모	동명	규모
1	여의도동	24.9	대치동	17.7	여의도동	9.6	을지로동	51.2
2	대치동	23.0	서초동	16.8	태평로동	7.0	여의도동	26.7
3	서초동	22.6	압구정동	14.3	을지로동	4.5	압구정동	12.8
4	반포동	15.6	목동	13.7	서초동	4.3	도곡동	9.2
5	목동	15.5	신정동	13.6	역삼동	3.9	잠원동	8.7
6	도곡동	15.0	반포동	12.5	대치동	3.1	이촌동	7.4
7	압구정동	14.4	도곡동	12.3	반포동	2.5	서초동	6.4

※ (총자산)=(부동산자산)+(예금자산)+(증권자산)

※ (가구 수)= $\dfrac{(총자산)}{(가구당 총자산)}$

① 압구정동의 가구 수는 여의도동의 가구 수보다 적다.
② 이촌동의 가구 수는 2만 가구 이상이다.
③ 대치동의 증권자산은 서초동의 증권자산보다 많다.
④ 여의도동의 증권자산은 최소 4조 원 이상이다.
⑤ 총자산 대비 부동산자산의 비율은 도곡동이 목동보다 높다.

07 다음은 대형마트 이용자를 대상으로 소비자 만족도를 조사한 결과이다. 이를 이해한 내용으로 옳은 것은?

〈대형마트 업체별 소비자 만족도〉

(단위 : 점 / 5점 만점)

구분	종합 만족도	서비스 품질					서비스 쇼핑 체험
		쇼핑 체험 편리성	상품 경쟁력	매장환경 / 시설	고객접점 직원	고객관리	
A마트	3.72	3.97	3.83	3.94	3.70	3.64	3.48
B마트	3.53	3.84	3.54	3.72	3.57	3.58	3.37
C마트	3.64	3.96	3.73	3.87	3.63	3.66	3.45
D마트	3.56	3.77	3.75	3.44	3.61	3.42	3.33

〈대형마트 인터넷 / 모바일쇼핑 소비자 만족도〉

(단위 : 점 / 5점 만점)

구분	이용률	A마트	B마트	C마트	D마트
인터넷쇼핑	65.4%	3.88	3.80	3.88	3.64
모바일쇼핑	34.6%	3.95	3.83	3.91	3.69

① 종합만족도는 5점 만점에 평균 약 3.61점이며, 업체별로는 A마트가 가장 높고, C마트, B마트 순서로 나타났다.

② 인터넷쇼핑과 모바일쇼핑의 소비자 만족도가 가장 큰 차이를 보이는 곳은 D마트이다.

③ 서비스 품질 부문에 있어 대형마트는 평균적으로 쇼핑 체험 편리성에 대한 만족도가 상대적으로 가장 높게 평가되었으며, 반대로 고객접점직원 서비스가 가장 낮게 평가되었다.

④ 대형마트를 이용하면서 느낀 감정이나 기분을 반영한 서비스 쇼핑 체험 부문의 만족도는 평균 약 3.41점으로 서비스 품질 부문들보다 낮았다.

⑤ 대형마트 인터넷쇼핑 이용률이 65.4%로 모바일쇼핑에 비해 높으나, 만족도에서는 모바일쇼핑이 평균 약 0.1점 높게 평가되었다.

08 다음은 2019년부터 2020년까지의 시도별 화재발생현황 총괄자료이다. 자료에 대한 설명으로 옳지 않은 것은?

〈시도별 화재발생건수 및 피해자 수 현황〉

(단위 : 건, 명)

구분	2019년			2020년		
	화재건수	사망자	부상자	화재건수	사망자	부상자
전국	43,413	306	1,718	44,178	345	1,852
서울특별시	6,443	40	236	5,978	37	246
부산광역시	2,199	17	128	2,609	19	102
대구광역시	1,739	11	83	1,612	8	61
인천광역시	1,790	10	94	1,608	7	90
광주광역시	956	7	23	923	9	27
대전광역시	974	7	40	1,059	9	46
울산광역시	928	16	53	959	2	39
세종특별자치시	300	2	12	316	2	8
경기도	10,147	70	510	9,799	78	573
강원도	2,315	20	99	2,364	24	123
충청북도	1,379	12	38	1,554	41	107
충청남도	2,825	12	46	2,775	19	30
전라북도	1,983	17	39	1,974	15	69
전라남도	2,454	21	89	2,963	19	99
경상북도	2,651	14	113	2,817	27	127
경상남도	3,756	29	101	4,117	24	86
제주도	574	1	14	751	5	19

① 2019년 화재건수 대비 사망자 수는 경기도가 강원도보다 크다.

② 2020년 화재로 인한 부상자 수는 충청남도가 충청북도의 30% 미만이다.

③ 2020년 화재건수는 대구광역시가 경상북도의 50% 이상이다.

④ 부산광역시의 경우, 화재로 인한 부상자 수가 2020년에 전년 대비 10% 이상 감소하였다.

⑤ 화재발생건수가 가장 많은 시·도는 2019년과 2020년이 동일하다.

09 다음은 S기업의 2023년 하반기 신입사원 채용 현황이다. 이에 대한 설명으로 옳지 않은 것은?

〈신입사원 채용 현황〉

(단위 : 명)

구분	입사지원자 수	합격자 수
남성	680	120
여성	320	80

① 남성 합격자 수는 여성 합격자 수의 1.5배이다.
② 전체 입사지원자 중 합격률은 20%이다.
③ 여성 입사지원자의 합격률은 25%이다.
④ 합격자 중 남성의 비율은 70% 이상이다.
⑤ 전체 입사지원자 중 여성 입사지원자의 비율은 30% 이상이다.

10 다음은 2000년, 2010년 및 2020년의 범죄별 범죄 건수 현황과 범죄 건수 중 친인척과 지인 관련 범죄 건수를 정리한 자료이다. 자료에 대한 〈보기〉의 설명 중 옳은 것을 모두 고르면?(단, 증감률은 소수점 아래 둘째 자리에서 반올림한다)

〈연도별 범죄 건수〉

(단위 : 건)

구분	2000년			2010년			2020년		
	범죄 건수	친인척 관련	지인 관련	범죄 건수	친인척 관련	지인 관련	범죄 건수	친인척 관련	지인 관련
방화	332	28	41	298	32	30	226	12	22
강도	1,390	108	198	1,280	112	242	1,552	183	228
사기	1,580	482	724	2,324	683	1,222	3,292	920	1,488
협박	848	212	228	736	188	242	669	146	215
폭행	2,840	876	472	2,920	902	582	3,210	888	880
성폭행	882	395	428	922	402	468	904	448	418
살인	188	39	21	172	33	28	158	28	29
합계	8,060	2,140	2,112	8,652	2,352	2,814	10,011	2,625	3,280

※ 친인척 범위 : 8촌 이내의 혈족, 4촌 이내의 인척, 배우자 포함
※ 지인 : 친구 및 선후배와 직장 동료 등 이와 유사한 자 포함

보기

㉠ 2000년부터 2020년까지 10년마다 범죄 건수가 지속적으로 감소하고 있는 범죄 종류는 2가지이다.
㉡ 2010년 대비 2020년 사기의 범죄 건수 증가량은 2000년 대비 2010년 사기의 범죄 건수 증가량보다 높지만 증가율은 낮다.
㉢ 2020년 성폭행 범죄의 친인척 및 지인 관련 범죄율은 95% 이상 차지한다.
㉣ 2010년 대비 2020년 전체 범죄 건수 증가율은 2000년 대비 2010년 전체 범죄 건수 증가율의 2배 미만이다.

① ㉡
② ㉣
③ ㉠, ㉡
④ ㉡, ㉢
⑤ ㉡, ㉢, ㉣

11 다음은 2020년 3월부터 7월까지 주요 국가별 코로나19 현황에 관한 자료이다. 이에 대한 설명으로 가장 적절한 것은?(단, 소수점 이하 첫째 자리에서 반올림한다)

〈주요 국가별 코로나19 현황〉

(단위 : 명)

구분		3월	4월	5월	6월	7월
한국	확진자	1,120	2,485	5,482	4,622	1,840
	완치자	54	882	1,850	3,552	6,842
	사망자	3	44	128	180	41
중국	확진자	12,490	48,302	125,448	100,231	55,482
	완치자	1,203	22,484	59,212	88,820	120,322
	사망자	88	594	1,884	2,210	942
일본	확진자	884	2,920	11,239	56,492	33,581
	완치자	88	211	1,952	33,952	52,392
	사망자	28	119	1,818	682	214
미국	확진자	5,582	28,684	122,428	88,482	42,651
	완치자	1,002	12,294	46,482	68,885	55,483
	사망자	55	284	1,029	1,850	881
인도	확진자	4,482	28,883	111,283	77,593	42,182
	완치자	21	112	789	1,885	46,482
	사망자	112	488	1,320	1,120	1,008

① 한국의 4월 대비 5월 확진자 수 증가율은 121%이고, 6월 대비 7월 확진자 수 감소율은 50%이다.

② 각 국가의 4월부터 7월까지 매월 완치자 수는 전월 대비 증가하고 있다.

③ 각 국가의 확진자 수는 5월까지 증가하다가 그 이후 감소하며, 사망자 수는 6월까지 증가하다가 그 이후 감소하고 있다.

④ 중국의 확진자 수가 가장 많은 달의 완치자 수 대비 사망자 수의 비율은 인도의 7월 완치자 수 대비 사망자 수의 비율보다 높다.

⑤ 3월부터 7월까지 각 국가의 매월 완치자 수는 사망자 수보다 많다.

※ 다음은 2016 ~ 2020년의 교통수단별 사고건수를 나타낸 자료이다. 이를 보고 이어지는 질문에 답하시오.
[12~13]

〈2016 ~ 2020년 교통수단별 사고건수〉

(단위 : 건)

구분	2016년	2017년	2018년	2019년	2020년
전동킥보드	8	12	54	81	162
원동기장치자전거	5,450	6,580	7,480	7,110	8,250
이륜자동차	12,400	12,900	12,000	11,500	11,200
택시	158,800	175,200	168,100	173,000	177,856
버스	222,800	210,200	235,580	229,800	227,256
합계	399,458	404,892	423,214	421,491	424,724

※ 2017년에 이륜자동차 면허에 대한 법률이 개정되었고, 2018년부터 시행되었다.

12 다음 중 자료에 대한 설명으로 옳은 것은?

① 2017년부터 2020년까지 전동킥보드 사고건수 증가율이 전년 대비 가장 높은 해는 2020년이다.
② 2017년부터 2020년까지 원동기장치자전거의 사고건수는 항상 전년 대비 증가하고 있다.
③ 이륜자동차의 2017년과 2018년의 사고건수의 합은 2016 ~ 2020년 이륜자동차 총 사고건수의 40% 이상이다.
④ 2016년 대비 2020년 택시의 사고건수 증가율은 2016년 대비 2020년 버스의 사고건수 증가율보다 낮다.
⑤ 이륜자동차를 제외하고 2016년부터 2020년까지 교통수단별 사고건수가 가장 많은 해는 2020년이다.

13 다음 중 자료에 대한 판단으로 옳은 것을 모두 고르면?

ⓐ 전동킥보드만 매년 사고건수가 증가하는 것으로 보아 이에 대한 대책이 필요하다.
ⓑ 원동기장치자전거의 사고건수가 가장 적은 해에 이륜자동차의 사고건수는 가장 많았다.
ⓒ 2018년부터 2020년까지 이륜자동차의 사고건수가 전년 대비 감소한 것에는 법률개정도 영향이 있었을 것이다.
ⓓ 2017년부터 2020년까지 전년 대비 택시와 버스의 사고건수 증감 추이는 해마다 서로 반대이다.

① ㉠
② ㉠, ㉢
③ ㉡, ㉣
④ ㉠, ㉡, ㉢
⑤ ㉠, ㉢, ㉣

※ S회사는 이번 달부터 직원들에게 자기개발 프로그램 신청 시 보조금을 지원해준다고 한다. 다음은 이번 달 부서별 프로그램 신청 현황과 프로그램별 세부사항에 대한 그래프이다. 이를 보고 이어지는 질문에 답하시오. [14~15]

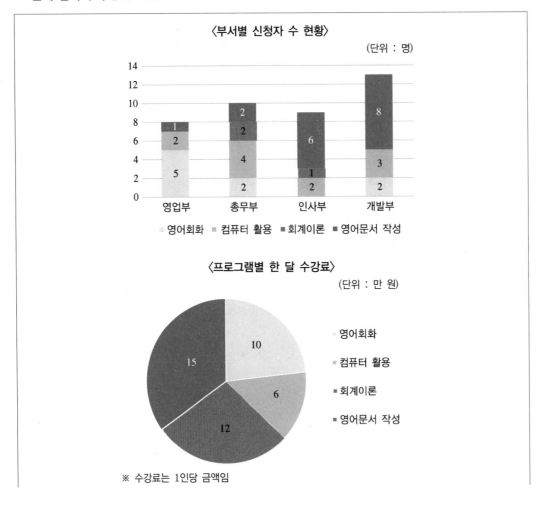

〈부서별 신청자 수 현황〉

(단위 : 명)

□ 영어회화   ■ 컴퓨터 활용   ■ 회계이론   ■ 영어문서 작성

〈프로그램별 한 달 수강료〉

(단위 : 만 원)

■ 영어회화
■ 컴퓨터 활용
■ 회계이론
■ 영어문서 작성

※ 수강료는 1인당 금액임

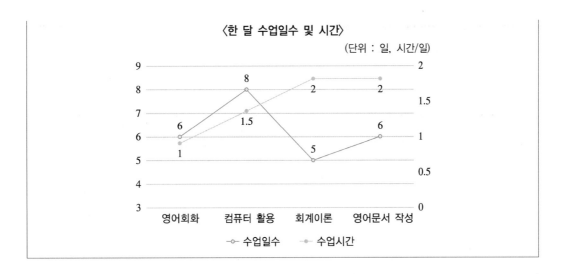

〈한 달 수업일수 및 시간〉

(단위 : 일, 시간/일)

14 S회사에서 '컴퓨터 활용'을 신청한 직원은 전체 부서 직원 수에서 몇 %를 차지하는가?

① 25%   ② 27.5%

③ 30%   ④ 32.5%

⑤ 35%

15 사내개발 프로그램 중 한 달에 가장 적은 시간을 수입하는 프로그램과 그 프로그램의 한 달 수강료를 바르게 나열한 것은?

① 영어문서 작성, 15만 원   ② 컴퓨터 활용, 6만 원

③ 영어회화, 10만 원   ④ 영어회화, 15만 원

⑤ 회계이론, 12만 원

※ 다음은 2020년 1월부터 2021년 6월까지 반기별 각 연령대의 코로나19 감염자 수에 대한 자료이다. 이를 보고 이어지는 물음에 답하시오. **[16~17]**

〈2020년 1월 ~ 2021년 6월 반기별 각 연령대의 코로나19 감염자 수〉

(단위 : 명)

구분		2020년 상반기 (1월 ~ 6월)	2020년 하반기 (7월 ~ 12월)	2021년 상반기 (1월 ~ 6월)
10세 미만	남	300	1,100	1,300
	여	200	900	1,200
10 ~ 19세	남	1,100	2,400	4,500
	여	900	2,600	4,000
20 ~ 29세	남	2,200	6,200	9,200
	여	2,300	6,800	8,800
30 ~ 39세	남	2,600	7,200	10,500
	여	2,400	6,800	9,500
40 ~ 49세	남	1,500	7,500	12,700
	여	2,000	5,500	7,300
50 ~ 59세	남	1,200	4,800	11,200
	여	800	2,200	7,800
60세 이상	남	900	1,800	3,400
	여	600	1,200	3,600
합계	남	9,800	31,000	52,800
	여	9,200	26,000	42,200
누적 합계		19,000	76,000	171,000

※ 코로나 첫 감염자 발생일은 2020년 1월 1일이다.

16 다음 〈보기〉에서 자료에 대한 설명으로 옳은 것을 모두 고르면?

> **보기**
> ㄱ. 2020년 하반기 감염자 수는 2020년 상반기 감염자 수 대비 300% 증가하였다.
> ㄴ. 2020년 상반기와 하반기의 20대 여성 감염자 수는 동시기의 20대 남성 감염자 수보다 많다.
> ㄷ. 2020년 상반기부터 2021년 상반기까지 모든 연도의 상·하반기에서 남성 감염자 수는 40대가 가장 높고, 여성 감염자 수는 30대가 가장 높다.
> ㄹ. 2021년 상반기의 10대 미만 감염자 수와 60세 이상 감염자 수는 동시기의 전체 감염자 수의 10%이다.

① ㄱ, ㄴ   ② ㄱ, ㄹ
③ ㄴ, ㄷ   ④ ㄴ, ㄹ
⑤ ㄷ, ㄹ

17 다음 중 위 자료에 대한 그래프로 옳지 않은 것은?

① 2020년, 2021년 상반기 코로나19 감염자 수(명)

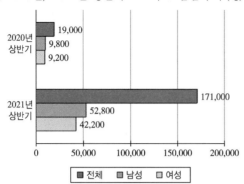

② 2020년 상반기부터 2021년 상반기까지의 코로나19 감염자 수 남녀 비율(%)

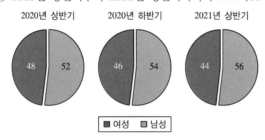

③ 2020년 전체 및 20 · 30 · 40대 감염자 수(명)

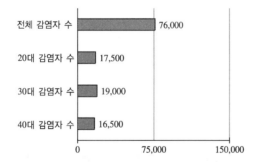

④ 2021년 상반기 연령대별 감염자 수(명)

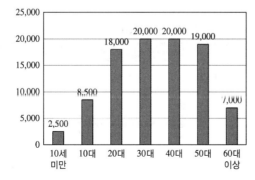

⑤ 2020년 상반기 대비 2021년 상반기의 연령대별 감염자 수 증가량(명)

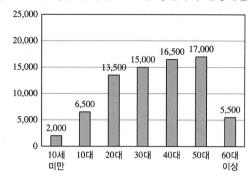

18 S전자회사는 LED를 생산할 수 있는 A ~ C기계 3대를 가지고 있다. 기계에 따른 불량률이 다음과 같을 때, 3대를 모두 하루 동안 가동할 경우 전체 불량률은?

〈기계별 하루 생산량 및 불량률〉

구분	하루 생산량	불량률
A기계	500개	5%
B기계	A기계보다 10% 더 생산	2%
C기계	B기계보다 50개 더 생산	5%

① 1% ② 2%

③ 3% ④ 4%

⑤ 5%

19 다음은 제30회 공인중개사 시험 응시자와 합격자를 나타낸 자료이다. 다음 자료에 따를 때, 제1차 시험 대비 제2차 시험 합격률의 증가율은 얼마인가?

〈제30회 공인중개사 시험 현황〉

(단위 : 명)

구분	접수자	응시자	응시율	합격자
제1차 시험	250,000	155,000	62%	32,550
제2차 시험	120,000	75,000	62.5%	17,325

※ 응시율은 접수자 중 응시자의 비율을 의미하고, 합격률은 응시자 중 합격자의 비율을 의미한다.

① 0.1% ② 1%
③ 2% ④ 5%
⑤ 10%

20 다음은 A기업과 B기업의 연도별 부채 현황이다. 다음과 같이 일정한 변화가 지속된다고 할 때, 각 기업이 부채를 전체 상환하는 것은 언제인가?

〈A, B기업 연도별 부채 현황〉

(단위 : 억 원)

구분	2010년	2011년	2012년	2013년	2014년
A기업	100	96	88	76	60
B기업	147	134	120	105	89

	A기업	B기업
①	2016년	2019년
②	2016년	2020년
③	2017년	2019년
④	2017년	2018년
⑤	2015년	2021년

※ 제시된 명제가 모두 참일 때, 빈칸에 들어갈 명제로 가장 적절한 것을 고르시오. **[1~3]**

01

> 전제1. 스마트폰을 구매한 사람은 모두 태블릿PC를 구매했다.
> 전제2. _____
> 결론. 스마트폰을 구매한 사람은 모두 키보드를 구매했다.

① 스마트폰을 구매한 사람은 태블릿PC를 구매하지 않았다.
② 키보드를 구매하지 않은 사람은 태블릿PC도 구매하지 않았다.
③ 키보드를 구매하지 않은 사람은 태블릿PC는 구매했다.
④ 키보드를 구매한 사람은 태블릿PC도 구매했다.
⑤ 스마트폰을 구매한 사람은 마우스도 구매했다.

02

> 전제1. 선생님에게 혼나지 않은 사람은 모두 떠들지 않은 것이다.
> 전제2. _____
> 결론. 벌을 서지 않은 사람은 모두 떠들지 않은 것이다.

① 떠든 사람은 모두 벌을 서지 않는다.
② 벌을 선 사람은 모두 떠든 것이다.
③ 떠든 사람은 모두 선생님에게 혼이 난다.
④ 선생님에게 혼이 난 사람은 모두 벌을 선다.
⑤ 선생님은 떠들지 않는다.

03

> 전제1. A프로젝트에 참여하는 모든 사람은 B프로젝트에 참여한다.
> 전제2. _____
> 결론. B프로젝트에 참여하는 어떤 사람은 C프로젝트에 참여한다.

① B프로젝트에 참여하지 않는 모든 사람은 C프로젝트에 참여하지 않는다.
② A프로젝트에 참여하지 않는 어떤 사람은 C프로젝트에 참여한다.
③ B프로젝트에 참여하는 어떤 사람은 A프로젝트에 참여한다.
④ A프로젝트에 참여하는 어떤 사람은 C프로젝트에 참여한다.
⑤ A프로젝트에 참여하는 모든 사람은 C프로젝트에 참여하지 않는다.

04 다음은 자동차 외판원인 A, B, C, D, E, F 여섯 명의 판매실적 비교에 대한 설명이다. 다음 중 옳은 것은?

> • A는 B보다 실적이 높다.
> • C는 D보다 실적이 낮다.
> • E는 F보다 실적이 낮지만, A보다는 높다.
> • B는 D보다 실적이 높지만, E보다는 낮다.

① 실적이 가장 높은 외판원은 F이다.
② C의 실적은 꼴찌가 아니다.
③ B의 실적보다 낮은 외판원은 3명이다.
④ D보다 실적이 낮은 외판원은 2명이다.
⑤ A의 실적이 C의 실적보다 낮다.

05 12명의 사람이 모자, 상의, 하의를 착용하는데 모자, 상의, 하의는 빨간색 또는 파란색 중 하나이다. 12명이 모두 모자, 상의, 하의를 착용했을 때, 다음과 같은 모습이었다. 이때, 하의만 빨간색인 사람은 몇 명인가?

> • 어떤 사람을 보아도 모자와 하의는 서로 다른 색이다.
> • 같은 색의 상의와 하의를 입은 사람의 수는 6명이다.
> • 빨간색 모자를 쓴 사람의 수는 5명이다.
> • 모자, 상의, 하의 중 1가지만 빨간색인 사람은 7명이다.

① 1명   ② 2명
③ 3명   ④ 4명
⑤ 5명

06 S사의 마케팅 부서 직원 8명 A ~ H가 원탁에 앉아서 회의를 하려고 한다. 다음 중 항상 참인 것은?(단, 서로 이웃해 있는 직원 간의 사이는 모두 동일하다)

- A와 C는 가장 멀리 떨어져 있다.
- A 옆에는 G가 앉는다.
- B와 F는 서로 마주보고 있다.
- D는 E 옆에 앉는다.
- H는 B 옆에 앉지 않는다.

① 경우의 수는 총 네 가지이다.
② A와 B 사이에는 항상 누군가 앉아 있다.
③ C 옆에는 항상 E가 있다.
④ E와 G는 항상 마주 본다.
⑤ G의 오른쪽 옆에는 항상 H가 있다.

07 A, B, C, D, E, F 여섯 명이 6층짜리 빌딩에 입주하려고 한다. 다음 〈조건〉을 만족할 때, 여섯 명이 빌딩에 입주하는 방법은 몇 가지인가?

> **조건**
> - A와 C는 고소공포증이 있어서 3층 위에서는 살 수 없다.
> - B는 높은 경치를 좋아하기 때문에 6층에 살려고 한다.
> - F는 D보다, D는 E보다 높은 곳에 살려고 한다.
> - A, B, C, D, E, F는 같은 층에 거주하지 않는다.

① 2가지   ② 4가지
③ 6가지   ④ 8가지
⑤ 10가지

08 영업팀의 A, B, C, D, E사원은 출장으로 인해 ○○호텔에 투숙하게 되었다. ○○호텔은 5층 건물이며 5명의 사원은 서로 다른 층에 묵는다고 할 때, 다음에 근거하여 바르게 추론한 것은?

- A사원은 2층에 묵는다.
- B사원은 A사원보다 높은 층에 묵지만, C사원보다는 낮은 층에 묵는다.
- D사원은 C사원 바로 아래층에 묵는다.

① E사원은 1층에 묵는다.
② B사원은 4층에 묵는다.
③ E사원은 가장 높은 층에 묵는다.
④ C사원은 D사원보다 높은 층에 묵지만, E사원보다는 낮은 층에 묵는다.
⑤ 가장 높은 층에 묵는 사람은 알 수 없다.

09 S사에 근무 중인 A~E는 다음 사내 교육프로그램 일정에 따라 하나의 프로그램에 참가한다. 제시된 〈조건〉이 모두 참일 때, 다음 중 항상 참이 되는 것은?(단, 5명은 서로 다른 프로그램에 참가한다)

〈교육프로그램 일정〉

월	화	수	목	금
필수1	필수2	선택1	선택2	선택3

조건
- A는 선택 프로그램에 참가한다.
- C는 필수 프로그램에 참가한다.
- D는 C보다 나중에 프로그램에 참가한다.
- E는 A보다 나중에 프로그램에 참가한다.

① D는 반드시 필수 프로그램에 참가한다.
② B가 필수 프로그램에 참가하면 C는 화요일 프로그램에 참가한다.
③ C가 화요일 프로그램에 참가하면 E는 선택2 프로그램에 참가한다.
④ A가 목요일 프로그램에 참가하면 E는 선택3 프로그램에 참가한다.
⑤ E는 반드시 목요일 프로그램에 참가한다.

10 S사의 A ~ F팀은 월요일부터 토요일까지 하루에 2팀씩 함께 회의를 진행한다. 다음 〈조건〉을 참고할 때, 반드시 참인 것은?(단, 월요일부터 토요일까지 각 팀의 회의 진행 횟수는 서로 같다)

> **조건**
> - 오늘은 목요일이고 A팀과 F팀이 함께 회의를 진행했다.
> - B팀은 A팀과 연이은 요일에 회의를 진행하지 않는다.
> - B팀은 오늘을 포함하여 이번 주에는 더 이상 회의를 진행하지 않는다.
> - C팀은 월요일에 회의를 진행했다.
> - D팀과 C팀은 이번 주에 B팀과 한 번씩 회의를 진행한다.
> - A팀과 F팀은 이번 주에 이틀을 연이어 함께 회의를 진행한다.

① E팀은 수요일과 토요일 중 하루만 회의를 진행한다.

② 화요일에 회의를 진행한 팀은 B팀과 E팀이다.

③ C팀과 E팀은 함께 회의를 진행하지 않는다.

④ C팀은 월요일과 수요일에 회의를 진행했다.

⑤ F팀은 목요일과 금요일에 회의를 진행한다.

11 S사의 기획부서에는 사원 A, B, C, D와 대리 E, F, G가 소속되어 있으며, 이들 중 4명이 해외 진출 사업을 진행하기 위해 베트남으로 출장을 갈 예정이다. 다음 〈조건〉을 따를 때, 항상 참이 되는 것은?

> **조건**
> - 사원 중 적어도 한 사람은 출장을 간다.
> - 대리 중 적어도 한 사람은 출장을 가지 않는다.
> - A사원과 B사원 중 적어도 한 사람이 출장을 가면, D사원은 출장을 간다.
> - C사원이 출장을 가면, E대리와 F대리는 출장을 가지 않는다.
> - D사원이 출장을 가면, G대리도 출장을 간다.
> - G대리가 출장을 가면, E대리도 출장을 간다.

① A사원은 출장을 간다.

② B사원은 출장을 간다.

③ C사원은 출장을 가지 않는다.

④ D사원은 출장을 가지 않는다.

⑤ G사원은 출장을 가지 않는다.

12 콩쥐, 팥쥐, 향단, 춘향 네 사람은 함께 마을 잔치에 참석하기로 했다. 족두리, 치마, 고무신을 빨간색, 파란색, 노란색, 검은색 색깔별로 총 12개의 물품을 공동으로 구입하여, 다음 〈조건〉에 따라 각자 다른 색의 족두리, 치마, 고무신을 하나씩 빠짐없이 착용하기로 했다. 예를 들어, 어떤 사람이 빨간색 족두리, 파란색 치마를 착용한다면, 고무신은 노란색 또는 검은색으로 착용해야 한다. 다음 중 항상 참인 것은?

> **조건**
> • 선호하는 것을 배정받고, 싫어하는 것은 배정받지 않는다.
> • 콩쥐는 빨간색 치마를 선호하고, 파란색 고무신을 싫어한다.
> • 팥쥐는 노란색을 싫어하고, 검은색 고무신을 선호한다.
> • 향단이는 검은색 치마를 싫어한다.
> • 춘향이는 빨간색을 싫어한다.

① 콩쥐는 검은색 족두리를 착용한다.

② 팥쥐는 노란색 족두리를 착용한다.

③ 향단이는 파란색 고무신을 착용한다.

④ 춘향이는 검은색 치마를 착용한다.

⑤ 빨간색 고무신을 착용하는 사람은 파란색 족두리를 착용한다.

13 다음 내용에 따라 문항출제위원을 위촉하고자 한다. 다음 중 반드시 참인 것은?

> 위촉하고자 하는 문항출제위원은 총 6명이다. 후보자는 논리학자 4명, 수학자 6명, 과학자 5명으로 추려졌다. 논리학자 2명은 형식논리를 전공했고 다른 2명은 비형식논리를 전공했다. 수학자 2명은 통계학을 전공했고 3명은 기하학을 전공했으며 나머지 1명은 대수학을 전공했다. 과학자들은 각각 물리학, 생명과학, 화학, 천문학, 기계공학을 전공했다.

> **〈문항출제위원의 선정조건〉**
> • 형식논리 전공자가 선정되면 비형식논리 전공자도 같은 인원만큼 선정된다.
> • 수학자 중에서 통계학자만 선정되는 경우는 없다.
> • 과학자는 최소 2명 이상 선정되어야 한다.
> • 논리학자, 수학자는 각각 최소 1명 이상 선정되어야 한다.
> • 기하학자는 천문학자와 함께 선정되고, 기계공학자는 통계학자와 함께 선정된다.

① 형식논리 전공자와 비형식논리 전공자가 1명씩 선정된다.

② 서로 다른 전공을 가진 수학자가 2명 선정된다.

③ 과학자는 최대 4명까지 선정될 수 있다.

④ 통계학 전공자를 포함하면 수학자는 3명이 선정될 수 없다.

⑤ 논리학자가 3명이 선정되는 경우는 없다.

14 S사는 R사업을 시행함에 따라 A ~ F업체 중 3곳을 시공업체로 선정하고자 한다. 다음 〈조건〉을 바탕으로 B업체가 선정되지 않는다고 할 때, 다음 중 시공업체로 선정될 수 있는 업체를 모두 고르면?

> **조건**
> • A업체가 선정되면, B업체도 선정된다.
> • A업체가 선정되지 않으면, D업체가 선정된다.
> • B업체가 선정되지 않으면, C업체가 선정된다.
> • E업체가 선정되면, D업체는 선정되지 않는다.
> • D업체나 E업체가 선정되면, F업체도 선정된다.

① A, C, D   ② A, C, F
③ C, D, F   ④ C, E, F
⑤ D, E, F

15 A, B, C, D, E 중 1명이 테이블 위에 놓여있던 사탕을 먹었다. 이들 중 1명의 진술만 거짓일 때, 거짓을 말하는 사람은?

> • A : D의 말은 거짓이다.
> • B : A가 사탕을 먹었다.
> • C : D의 말은 사실이다.
> • D : B는 사탕을 먹지 않았다.
> • E : D는 사탕을 먹지 않았다.

① A   ② B
③ C   ④ D
⑤ E

16 다음 제시된 단어의 대응관계가 동일하도록 빈칸에 들어가기에 가장 적절한 단어는?

가공 : 사실 = ( ) : 은폐

① 진리   ② 허위

③ 토로   ④ 은닉

⑤ 피력

4일 차

17 다음 단어의 대응관계가 나머지와 다른 하나는?

① 감염 – 전염   ② 간병 – 간호

③ 고의 – 과실   ④ 우호 – 친교

⑤ 성패 – 득실

18

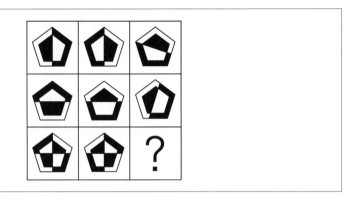

①

②

③

④

⑤

19

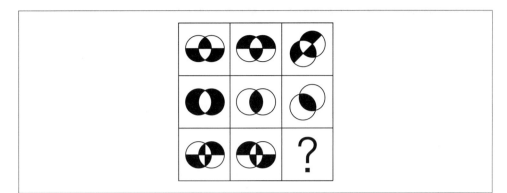

①

②

③

④

⑤

20

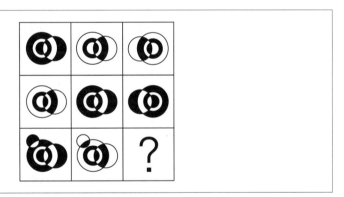

①

②

③

④

⑤

※ 다음 도식에서 기호들은 일정한 규칙에 따라 문자를 변화시킨다. ?에 들어갈 알맞은 문자를 고르시오. [21~24]

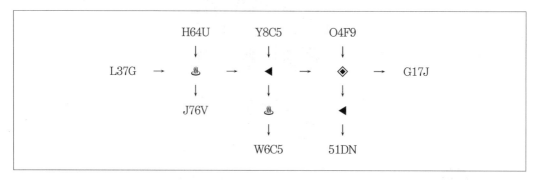

21

$$S4X8 \rightarrow ♨ \rightarrow ◈ \rightarrow ?$$

① 37YT
② YT37
③ 95ZU
④ 5Z9U
⑤ Y73T

22

$$W53M \rightarrow ◀ \rightarrow ◈ \rightarrow ?$$

① L12S
② M32P
③ L21S
④ MP32
⑤ 3M2P

23

$$? \rightarrow ♨ \rightarrow ◀ \rightarrow R63I$$

① H52Q
② Q52H
③ T83I
④ 63SI
⑤ 6S3I

24

$$? \rightarrow ◀ \rightarrow ◈ \rightarrow ♨ \rightarrow 3QD3$$

① 34RE
② 4R3E
③ D43R
④ R4D3
⑤ 6SD2

25 다음 글의 내용이 참일 때 항상 거짓인 것은?

스마트시티란 크게는 첨단 정보통신기술을 이용해 도시 생활 속에서 유발되는 교통 문제, 환경 문제, 주거 문제, 시설 비효율 등을 해결하여 시민들이 편리하고 쾌적한 삶을 누릴 수 있도록 한 '똑똑한 도시'를 뜻한다. 하지만, 각국 경제 및 발전 수준, 도시 상황과 여건에 따라 매우 다양하게 정의 및 활용되고, 접근 전략에도 차이가 있다.

스페인의 경우, 2013년 초부터 노후된 바르셀로나 도시 중심지 본 지구를 재개발하면서 곳곳에 사물 인터넷 기술을 기반으로 한 '스마트시티' 솔루션을 시범 운영했다. 이 경험을 바탕으로 바르셀로나 곳곳이 스마트 환경으로 변화하고 있다. 가장 성공적인 프로젝트 중 하나는 센서가 움직임을 감지하여 에너지를 절약하는 스마트 LED 조명을 광범위하게 설치한 것이다. 이 스마트 가로등은 무선 인터넷의 공유기 역할을 하는 동시에 소음 수준과 공기 오염도를 분석하여 인구 밀집도까지 파악할 수 있다. 아울러 바르셀로나는 원격 관개 제어를 설치해 분수를 원격으로 제어하고, 빌딩을 스마트화해 에너지 모니터링을 시행하고 있다. 또 주차 공간에 차가 있는지 여부를 감지하는 센서를 설치한 '스마트 주차'를 도입하기도 했다.

또 항저우를 비롯한 중국의 여러 도시들은 블록체인 기술을 사물인터넷과 디지털 월렛 등에 적용하여 페이퍼리스 사회를 구현하고 있다. 알리바바의 알리페이를 통해 항저우 택시의 98%, 편의점의 95% 정도에서 모바일 결제가 가능하며, 정부 업무, 차량, 의료 등 60여 종에 달하는 서비스를 이용할 수 있다.

우리나라도 세종과 부산에 스마트시티 국가 시범도시를 조성하고 있다. 세종에서는 인공지능, 블록체인 기술을 기반으로 한 도시를 조성해 모빌리티, 헬스케어, 교육, 에너지환경, 거버넌스, 문화쇼핑, 일자리 등 7대 서비스를 구현한다. 이곳에서는 자율주행 셔틀버스, 전기공유차 등을 이용할 수 있고 개인 맞춤형 의료 서비스 등을 받을 수 있다. 또 부산에서는 고령화, 일자리 감소 등의 도시문제에 대응하기 위해 로봇, 물 관리 관련 신사업을 육성한다. 로봇이 주차를 하거나 물류를 나르는 등 일상생활에서 로봇 서비스를 이용할 수 있고 첨단 스마트 물 관리 기술을 적용해 한국형 물 특화 도시모델을 구축한다.

① 각 국가에 따라 스마트시티에서 활용되는 기능은 다를 수 있다.
② 스페인의 스마트시티에서는 직접 인구조사를 하지 않더라도 인구 밀집도를 파악할 수 있다.
③ 스페인의 스마트시티에서는 '스마트 주차' 기능을 통해 대리주차가 가능하다.
④ 중국의 스마트시티에서는 지갑을 가지고 다니지 않더라도 일부 서비스를 이용할 수 있다.
⑤ 맞춤형 의료 서비스가 필요한 환자의 경우 부산보다는 세종 스마트시티가 더 적절하다.

26 다음 글의 내용이 참일 때 항상 참인 것은?

개인의 소득을 결정하는 데에는 다양한 요인들이 작용한다. 가장 중요한 변수는 직업일 것이다. 일반적으로 전문직의 경우 고소득이 보장되며 단순노무직의 경우 저소득층의 분포가 많다. 직업의 선택에 영향을 미치는 요인 가운데 가장 중요한 것이 개인의 학력과 능력이다. 그러나 개인의 학력과 능력을 결정하는 배경 변수에는 무수히 많은 요인들이 작용한다. 그중에는 개인의 노력이나 선택과 관련된 요인들이 있고 그것과 무관한 환경적 요인들이 있다. 상급학교에 진학하기 위해 얼마나 공부를 열심히 했는가, 어떤 전공을 선택했는가, 직장에서 요구하는 숙련과 지식을 습득하기 위해 얼마나 노력을 했는가 하는 것들이 전자에 해당된다. 반면 부모가 얼마나 자식의 교육을 위해 투자했는가, 어떤 환경에서 성장했는가, 개인의 성이나 연령은 무엇인가 등은 개인의 선택과 무관한 대표적인 환경적 요인일 것이다. 심지어 운(불운)도 개인의 직업과 소득을 결정하는 데 직·간접적으로 작용한다.

환경적 요인에 대한 국가의 개입이 정당화될 수 있는 근거는 그러한 요인들이 개인의 통제를 벗어난(Beyond One's Control) 요인이라는 것이다. 따라서 개인이 어찌할 수 없는 이유로 발생한 불리함(저소득)에 대해 전적으로 개인에게 책임을 묻는 것은 분배정의론의 관점에서 정당하다고 보기 힘들다. 부모의 학력은 전적으로 개인(자녀)이 선택할 수 없는 변수이다. 그런데 부모의 학력은 부모의 소득과 직결되기 쉽고 이는 자녀에 대한 교육비 지출 등 교육투자의 격차를 발생시키기 쉽다. 가난한 부모에게서 태어나고 성장한 사람은 동일한 능력을 가지고 부유한 부모에게서 태어나서 성장한 사람에 비해 본인의 학력과 직업적 능력을 취득할 기회를 상대적으로 박탈당했다고 볼 수 있다. 그 결과 저소득층 자녀들은 고소득층 자녀에 비해 상대적으로 낮은 소득을 얻을 확률이 높다. 이러한 현상이 극단적으로 심화된다면 이른바 빈부격차의 대물림 현상이 나타날 것이다. 이와 같이 부모의 학력이 자녀 세대의 소득에 영향을 미친다면, 자녀세대의 입장에서는 본인의 노력과 무관한 요인에 의해 경제적 불이익을 당하는 것이다. 기회균등의 원칙은 이러한 분배적 부정의를 해소하기 위한 정책적 개입을 정당화한다.

외국의 경우와 비교하여 볼 때, 사회민주주의 국가의 경우에는 이미 현재의 조세 정책으로도 충분히 기회균등화 효과를 거두고 있음을 확인하였다. 반면 미국, 이태리, 스페인 등 영미권이나 남유럽 국가의 경우 우리나라와 유사하거나 더 심한 기회의 불평등 양상을 보여주었다.

따라서 부모의 학력이 자녀의 소득에 영향을 미치는 효과를 차단하기 위해서는 더욱 적극적인 재정 정책이 필요하다. 세율을 보다 높이는 대신 이전지출의 크기를 늘리는 것이 세율을 낮추고 이전지출을 줄이는 것에 비해 더 큰 재분배효과가 있으리라는 것은 자명한 사실이다. 기회균등화라는 관점에서 볼 때 우리나라의 재분배 정책은 훨씬 강화되어야 한다는 시사점을 얻을 수 있다.

① 개인의 학력과 능력은 개인의 노력이나 선택에 의해서 결정된다.

② 분배정의론의 관점에서 개인의 선택에 의한 불리함에 대해 개인에게 책임을 묻는 것은 정당하지 않다.

③ 부모의 학력이 자녀의 소득에 영향을 미치는 현상이 심화된다면 빈부격차의 대물림 현상이 나타날 것이다.

④ 사회민주주의 국가의 경우 더 심한 기회의 불평등 양상이 나타나는 것으로 확인된다.

⑤ 이전지출을 줄이는 것은 세율을 낮추는 것보다 재분배효과가 더욱 클 것으로 전망된다.

27 다음 주장에 대한 반박으로 가장 적절하지 않은 것은?

> 텔레비전은 어른이나 아이 모두 함께 보는 매체이다. 더구나 텔레비전을 보고 이해하는 데는 인쇄 문화처럼 어려운 문제 해득력이나 추상력이 필요 없다. 그래서 아이들은 어른에게서보다 텔레비전이나 컴퓨터에서 더 많은 것을 배운다. 이 때문에 오늘날의 어린이나 젊은이들에게서 어른에 대한 두려움이나 존경을 찾는 것은 쉽지 않은 일이다. 전통적인 역할과 행동을 기대하는 어른들이 어린이나 젊은이의 불손, 거만, 경망, 무분별한 '반사회적' 행동에 대해 불평하게 되는 것도 이런 이유 때문일 것이다.

① 가족과 텔레비전을 함께 시청하며 나누는 대화를 통해 아이들은 사회적 행동을 기를 수 있다.
② 텔레비전의 교육적 프로그램은 아이들의 예절 교육에 도움이 된다.
③ 정보 사회를 선도하는 텔레비전은 인간의 다양한 필요성을 충족시켜준다.
④ 아이들은 텔레비전보다 학교의 선생님이나 친구들과 더 많은 시간을 보낸다.
⑤ 어린이나 젊은이의 반사회적 행동은 개방적인 사회 분위기에 더 많은 영향을 받았다.

28 다음 주장에 대한 반박으로 가장 적절한 것은?

> 우리는 우리가 생각한 것을 말로 나타낸다. 또 다른 사람의 말을 듣고, 그 사람이 무슨 생각을 가지고 있는가를 짐작한다. 그러므로 생각과 말은 서로 떨어질 수 없는 깊은 관계를 가지고 있다.
>
> 그러면 말과 생각이 얼마만큼 깊은 관계를 가지고 있을까? 이 문제를 놓고 사람들은 오랫동안 여러 가지 생각을 하였다. 그 가운데 가장 두드러진 것이 두 가지 있다. 하나는 말과 생각이 서로 꼭 달라붙은 쌍둥이인데 한 놈은 생각이 되어 속에 감추어져 있고 다른 한 놈은 말이 되어 사람 귀에 들리는 것이라는 생각이다. 다른 하나는 생각이 큰 그릇이고 말은 생각 속에 들어가는 작은 그릇이어서 생각에는 말 이외에도 다른 것이 더 있다는 생각이다.
>
> 이 두 가지 생각 가운데서 앞의 것은 조금만 깊이 생각해 보면 틀렸다는 것을 즉시 깨달을 수 있다. 우리가 생각한 것은 거의 대부분 말로 나타낼 수 있지만, 누구든지 가슴 속에 응어리진 어떤 생각이 분명히 있기는 한데 그것을 어떻게 말로 표현해야 할지 애태운 경험을 가지고 있을 것이다. 이것 한 가지만 보더라도 말과 생각이 서로 안팎을 이루는 쌍둥이가 아님은 쉽게 판명된다.
>
> 인간의 생각이라는 것은 매우 넓고 큰 것이며, 말이란 결국 생각의 일부분을 주워 담는 작은 그릇에 지나지 않는다. 그러나 아무리 인간의 생각이 말보다 범위가 넓고 큰 것이라고 하여도 그것을 가능한 한 말로 바꾸어 놓지 않으면 그 생각의 위대함이나 오묘함이 다른 사람에게 전달되지 않기 때문에 생각이 형님이요, 말이 동생이라고 할지라도 생각은 동생의 신세를 지지 않을 수가 없게 되어 있다.

① 말이 통하지 않아도 생각은 얼마든지 전달될 수 있다.
② 생각을 드러내는 가장 직접적인 수단은 말이다.
③ 말은 생각이 바탕이 되어야 생산될 수 있다.
④ 말과 생각은 서로 영향을 주고받는 긴밀한 관계를 유지한다.
⑤ 사회적 · 문화적 배경이 우리의 생각에 영향을 끼친다.

29

통화정책은 정부가 화폐 공급량이나 기준금리 등을 조절하여 경제의 안정성을 유지하려는 정책이다. 예를 들어 경기가 불황에 빠져 있을 때, 정부가 화폐 공급량을 늘리면 이자율이 낮아져 시중에 풍부한 자금이 공급된다. 이에 따라 늘어나는 소비자들의 소비지출과 기업들의 투자지출이 총수요*에 영향을 주어 경제가 활성화된다. 재정정책은 정부가 지출이나 조세징수액을 변화시킴으로써 총수요에 영향을 주려는 정책이다. 재정정책에는 경기의 변동에 따라 자동적으로 작동되는 자동안정화장치와 정부의 의사결정과 국회의 동의 절차에 따라 이루어지는 재량적 재정정책이 있다.

이러한 안정화 정책의 효과는 다소간의 시차를 두고 나타나는데 이를 정책시차라고 한다. 정책시차는 내부시차와 외부시차로 구분된다. 내부시차는 정부가 경제에 발생한 문제를 인식하고 실제로 정책을 수립·집행하는 시점까지의 시간을, 외부시차는 시행된 정책이 경제에 영향을 끼쳐 그에 따른 효과가 나타나는 데까지 걸리는 시간을 의미한다.

재량적 재정정책의 경우 추경예산*을 편성하거나 조세제도를 변경해야 할 때 입법과정과 국회의 동의 절차를 거쳐야 하기 때문에 내부시차가 길다. 이에 비해 통화정책은 별도의 입법 절차를 거칠 필요 없이 정부의 의지만으로 수립·집행될 수 있기 때문에 내부시차가 짧다. 또한 재량적 재정정책은 외부시차가 짧다. 예를 들어 경기 불황에 의해 실업률이 급격하게 증가할 때 정부는 공공근로사업 등에 대한 지출을 늘려 일자리를 창출하는데, 이는 비교적 짧은 시간 안에 소비지출의 변화에 의해 총수요를 변화시킬 수 있다. 반면 통화정책은 정부가 이자율을 변화시켰다 하더라도 소비지출 및 투자지출의 변화가 즉각적으로 나타나지 않기 때문에 외부시차가 길다. 한편 자동안정화장치는 경기의 상황에 따라 재정지출이나 조세 징수액이 자동적으로 조절될 수 있도록 미리 재정제도 안에 마련된 재정정책이다. 따라서 재량적 재정정책과 마찬가지로 외부시차가 짧을 뿐만 아니라, 재량적 재정정책과는 달리 내부시차가 없어 경제 상황의 변화에 신속하게 대응할 수 있다는 장점이 있다. 이러한 자동안정화장치의 대표적인 예로는 누진적소득세와 실업보험제도가 있다.

* 총수요 : 한 나라의 경제 주체들이 일정 기간 동안 소비와 투자를 위해 사려고 하는 재화와 서비스의 총합
* 추경예산 : 예산을 집행하다 수입(세입)이 줄거나 예기치 못한 지출요인이 생길 때 고치는 예산

보기

누진적소득세는 납세자의 소득 금액에 따른 과세의 비율을 미리 정하여 소득이 커질수록 높은 세율을 적용하도록 정한 제도이다. 경기가 활성화되어 국민소득이 늘어날 경우 경기가 지나치게 과열될 우려가 있는데, 이때 소득 수준이 높을수록 더 높은 세율을 적용받게 되므로 전반적 소득 증가와 더불어 세금이 자동적으로 늘어나게 된다. 이는 소비지출의 억제로 이어져 경기가 심하게 과열되지 않도록 진정하는 효과를 얻게 된다.

① 누진적소득세를 통해 화폐 공급량을 조절할 수 있다.
② 누진적소득세 시행을 위해서는 국회의 동의 절차가 필요하다.
③ 누진적소득세는 변화하는 경제 상황에 신속하게 대응할 수 있다.
④ 누진적소득세는 입법 절차로 인해 내부시차가 길다.
⑤ 누진적소득세가 실시되어도 즉각적인 소비지출의 변화가 나타나지 않기 때문에 외부시차가 길다.

30

1930년대 대공황 상황에서 케인스는 당시 영국과 미국에 만연한 실업의 원인을 총수요의 부족이라고 보았다. 그는 총수요가 증가하면 기업의 생산과 고용이 촉진되고 가계의 소득이 늘어 경기를 부양할 수 있다고 주장했다. 따라서 정부의 재정정책을 통해 총수요를 증가시킬 필요성을 제기하였다. 케인스는 총수요를 늘리기 위해서 총수요 중 많은 부분을 차지하는 가계의 소비에 주목하였고, 소비는 소득과 밀접한 관련이 있다고 생각하였다. 케인스는 절대소득가설을 내세워, 소비를 결정하는 요인들 중에서 가장 중요한 것은 현재의 소득이라고 하였다. 그리고 소득이 없더라도 생존을 위해 꼭 필요한 소비인 기초소비가 존재하며, 소득이 증가함에 따라 일정 비율로 소비도 증가한다고 주장하였다. 이러한 절대소득가설은 1950년대까지 대표적인 소비결정이론으로 사용되었다.

그러나 쿠즈네츠는 절대소득가설로는 설명하기 어려운 소비 행위가 이루어지고 있음에 주목하였다. 쿠즈네츠는 미국에서 장기간에 걸쳐 일어난 각 가계의 실제 소비 행위를 분석한 결과, 소득 중 소비가 차지하는 비율은 고소득층보다 저소득층에서 높다는 것을 발견하였다. 이러한 실증 분석 결과는 절대소득가설로는 명확히 설명하기 어려운 것이었다.

이러한 현상을 설명하기 위해 프리드먼은 소비는 장기적인 기대소득으로서의 항상소득에 의존한다는 항상소득가설을 내세웠다. 프리드먼은 실제로 측정되는 소득을 실제소득이라 하고, 실제소득은 항상소득과 임시소득으로 구성된다고 보았다. 항상소득이란 평생 동안 벌어들일 것으로 기대되는 소득의 매기 평균 또는 장기적 평균 소득이다. 임시소득은 장기적으로 예견되지 않은 일시적인 소득으로서 양(+)일 수도, 음(−)일 수도 있다. 프리드먼은 소비가 임시소득과는 아무런 상관관계가 없고 오직 항상소득에만 의존한다고 보았으며, 임시소득의 대부분은 저축된다고 설명했다. 사람들은 월급과 같이 자신이 평균적으로 벌어들이는 돈을 고려하여 소비를 하지, 예상치 못한 복권 당첨이나 주가 하락에 의한 손실을 고려하여 소비하지는 않는다는 것이다.

항상소득가설을 바탕으로 프리드먼은 쿠즈네츠가 발견한 현상을, 단기적인 소득의 증가는 임시소득이 증가한 것에 해당하므로 소비가 늘어나지 않은 것이라고 설명하였다. 항상소득가설에 따른다면 소비를 늘리기 위해서는 단기적인 재정 정책보다 장기적인 재정 정책을 펴는 것이 바람직하다. 가령 정부가 일시적으로 세금을 줄여 가계의 소득을 증가시키고 그에 따른 소비 진작을 기대한다 해도 가계는 일시적인 소득의 증가를 항상소득의 증가로 받아들이지 않아 소비를 늘리지 않기 때문이다.

보기

코로나로 인해 위축된 경제 상황을 극복하기 위해, 정부는 소득 하위 80% 국민에게 1인당 25만 원의 재난지원금을 지급하기로 하였다.

---

① 케인스에 따르면, 재난지원금은 일시적 소득으로 대부분 저축될 것이다.

② 케인스에 따르면, 재난지원금과 같은 단기적 재정정책보다는 장기적인 재정정책을 펴야 한다고 주장할 것이다.

③ 프리드먼에 따르면, 재난지원금을 받은 국민들은 늘어난 소득만큼 소비를 늘릴 것이다.

④ 프리드먼에 따르면, 재난지원금은 생존에 꼭 필요한 기초소비 비중을 늘릴 것이다.

⑤ 프리드먼에 따르면, 재난지원금은 항상소득이 아니기 때문에 소비에 영향을 주지 않을 것이다.

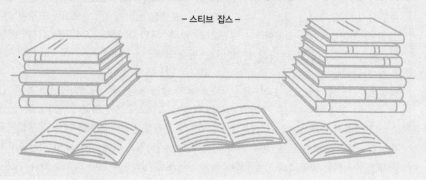

계속 갈망하라. 언제나 우직하게.

- 스티브 잡스 -

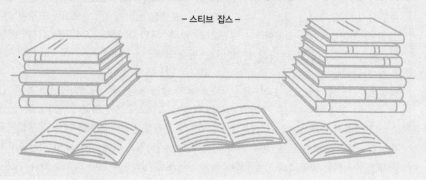

5일 차

인성검사 / 면접

01 인성검사

01 인성검사의 개요

1. 인성검사의 의의

인성검사는 1943년 미국 미네소타 대학교의 임상심리학자 Hathaway 박사와 정신과 의사 Mckinley 박사가 제작한 MMPI(Minnesota Multiphasic Personality Inventory)를 원형으로 한 다면적 인성검사를 말한다. 다면적이라 불리는 것은 여러 가지 정신적인 증상들을 동시에 측정할 수 있도록 고안되어 있기 때문이다. 풀이하자면, 개인이 가지고 있는 다면적인 성격을 많은 문항수의 질문을 통해 수치로 나타내는 것이다. 그렇다면 성격이란 무엇인가?

성격은 일반적으로 개인 내부에 있는 특징적인 행동과 생각을 결정해 주는 정신적·신체적 체제의 역동적 조직이라고 말할 수 있으며, 환경에 적응하게 하는 개인적인 여러 가지 특징과 행동양식의 잣대라고 정의할 수 있다.

다시 말하면, 성격이란 한 개인이 환경적 변화에 적응하는 특징적인 행동 및 사고유형이라고 할 수 있으며, 인성검사란 그 개인의 행동 및 사고유형을 서면을 통해 수치적·언어적으로 기술하거나 예언해 주는 도구라 할 수 있다.

신규채용 또는 평가에 활용하는 인성검사로 MMPI 원형을 그대로 사용하는 기업도 있지만, 대부분의 기업에서는 MMPI 원형을 기준으로 연구, 조사, 정보수집, 개정 등의 과정을 통해서 자체 개발한 유형을 사용하고 있다.

인성검사의 구성은 여러 가지 하위 척도로 구성되어 있는데, MMPI 다면적 인성검사의 척도를 살펴보면 기본 척도가 8개 문항으로 구성되어 있고, 2개의 임상 척도와 4개의 타당성 척도를 포함, 총 14개 척도로 구성되어 있다.

캘리포니아 심리검사(CPI; California Psychological Inventory)의 경우는 48개 문항, 18개의 척도로 구성되어 있다.

2. 인성검사의 해석단계

해석단계는 첫 번째, 각 타당성 및 임상 척도에 대한 피검사자의 점수를 검토하는 방법으로 각 척도마다 피검사자의 점수가 정해진 범위에 속하는지 여부를 검토하게 된다.

두 번째, 척도별 연관성에 대한 분석으로 각 척도에서의 점수범위가 의미하는 것과 그것들이 나타낼 가설들을 종합하고, 어느 특정 척도의 점수를 근거로 하여 다른 척도들에 대한 예측을 시도하게 된다.

세 번째, 척도 간의 응집 또는 분산을 찾아보고 그에 따른 해석적 가설을 형성하는 과정으로 두 개 척도 간의 관계만을 가지고 해석하게 된다.

네 번째, 매우 낮은 임상 척도에 대한 검토로서, 일부 척도에서 낮은 점수가 특별히 의미 있는 경우가 있기 때문에 신중히 다뤄지게 된다.

다섯 번째, 타당성 및 임상 척도에 대한 형태적 분석으로서, 타당성 척도들과 임상 척도들 전체의 형태적 분석이다. 주로 척도들의 상승도와 기울기 및 굴곡을 해석해서 피검사자에 대한 종합적이고 총체적인 추론적 해석을 하게 된다.

---

1. MMPI 척도구성

(1) 타당성 척도

타당성 척도는 피검사자가 검사에 올바른 태도를 보였는지, 또 피검사자가 응답한 검사문항들의 결론이 신뢰할 수 있는 결론인가를 알아보는 라이스케일(허위척도)이라 할 수 있다. 타당성 4개 척도는 잘못된 검사태도를 탐지하게 할 뿐만 아니라, 임상 척도와 더불어 검사 이외의 행동에 대하여 유추할 수 있는 자료를 제공해 줌으로써, 의미있는 인성요인을 밝혀주기도 한다.

〈타당성 4개 척도구성〉

무응답 척도 (?)	무응답 척도는 피검사자가 응답하지 않은 문항과 '그렇다'와 '아니다'에 모두 답한 문항들의 총합이다. 척도점수의 크기는 다른 척도점수에 영향을 미치게 되므로, 빠뜨린 문항의 수를 최소로 줄이는 것이 중요하다.
허구 척도 (L)	L 척도는 피검사자가 자신을 좋은 인상으로 나타내 보이기 위해 하는 고의적이고 부정직하며 세련되지 못한 시도를 측정하는 허구 척도이다. L 척도의 문항들은 정직하지 못하거나 결점들을 고의적으로 감춰 자신을 좋게 보이려는 사람들의 장점마저도 부인하게 된다.
신뢰성 척도 (F)	F 척도는 검사문항에 빗나간 방식의 답변을 응답하는 경향을 평가하기 위한 척도로 정상적인 집단의 10% 이하가 응답한 내용을 기준으로 일반 대중의 생각이나 경험과 다른 정도를 측정한다.
교정 척도 (K)	K 척도는 분명한 정신적인 장애를 지니면서도 정상적인 프로파일을 보이는 사람들을 식별하기 위한 것이다. K 척도는 L 척도와 유사하게 거짓답안을 확인하지만 L 척도보다 더 미세하고 효과적으로 측정한다.

(2) 임상 척도

임상 척도는 검사의 주된 내용으로써 비정상 행동의 종류를 측정하는 10가지 척도로 되어 있다. 임상 척도의 수치는 높은 것이 좋다고 해석하는 경우도 있지만, 개별 척도별로 해석을 참고하는 경우가 대부분이다.

건강염려증(Hs) Hypochondriasis	개인이 말하는 신체적 증상과 이러한 증상들이 다른 사람을 조정하는 데 사용되고 있지는 않은지 여부를 측정하는 척도로서, 측정내용은 신체의 기능에 대한 과도한 집착 및 이와 관련된 질환이나 비정상적인 상태에 대한 불안감 등이다.
우울증(D) Depression	개인의 비관 및 슬픔의 정도를 나타내는 기분상태의 척도로서, 자신에 대한 태도와 타인과의 관계에 대한 태도, 절망감, 희망의 상실, 무력감 등을 원인으로 나타나는 활동에 대한 흥미의 결여, 불면증과 같은 신체적 증상 및 과도한 민감성 등을 표현한다.
히스테리(Hy) Hysteria	현실에 직면한 어려움이나 갈등을 회피하는 방법인 부인기제를 사용하는 경향 정도를 진단하려는 것으로서 특정한 신체적 증상을 나타내는 문항들과 아무런 심리적 · 정서적 장애도 가지고 있지 않다고 주장하는 것을 나타내는 문항들의 두 가지 다른 유형으로 구성되어 있다.
반사회성(Pd) Psychopathic Deviate	가정이나 일반사회에 대한 불만, 자신 및 사회와의 격리, 권태 등을 주로 측정하는 것으로서 반사회적 성격, 비도덕적인 성격 경향 정도를 알아보기 위한 척도이다.
남성-여성특성(Mf) Masculinity-Femininity	직업에 관한 관심, 취미, 종교적 취향, 능동·수동성, 대인감수성 등의 내용을 담고 있으며, 흥미형태의 남성특성과 여성특성을 측정하고 진단하는 검사이다.
편집증(Pa) Paranoia	편집증을 평가하기 위한 것으로서 정신병적인 행동과 과대의심, 관계망상, 피해망상, 과대망상, 과민함, 비사교적 행동, 타인에 대한 불만감 같은 내용의 문항들로 구성되어 있다.
강박증(Pt) Psychasthenia	병적인 공포, 불안감, 과대근심, 강박관념, 자기 비판적 행동, 집중력 곤란, 죄책감 등을 검사하는 내용으로 구성되어 있으며, 주로 오랫동안 지속된 만성적인 불안을 측정한다.
정신분열증(Sc) Schizophrenia	정신적 혼란을 측정하는 척도로서 가장 많은 문항에 내포하고 있다. 이 척도는 별난 사고방식이나 행동양식을 지닌 사람을 판별하는 것으로서 사회적 고립, 가족관계의 문제, 성적 관심, 충동억제불능, 두려움, 불만족 등의 내용으로 구성되어 있다.
경조증(Ma) Hypomania	정신적 에너지를 측정하는 것으로서, 사고의 다양성과 과장성, 행동영역의 불안정성, 흥분성, 민감성 등을 나타낸다. 이 척도가 높으면 무엇인가를 하지 않고는 못 견디는 정력적인 사람이다.
내향성(Si) Social Introversion	피검사자의 내향성과 외향성을 측정하기 위한 척도로서, 개인의 사회적 접촉 회피, 대인관계의 기피, 비사회성 등의 인성요인을 측정한다. 이 척도의 내향성과 외향성은 어느 하나가 좋고 나쁨을 나타내는 것이 아니라, 피검사자가 어떤 성향의 사람인가를 알아내는 것이다.

2. CPI 척도구성

〈18 척도〉

지배성 척도 (Do)	강력하고 지배적이며, 리더십이 강하고 대인관계에서 주도권을 잡는 지배적인 사람을 변별하고자 하는 척도이다.
지위능력 척도 (Cs)	현재의 개인 자신의 지위를 측정하는 것이 아니라, 개인의 내부에 잠재되어 있어 어떤 지위에 도달하게끔 하는 자기 확신, 야심, 자신감 등을 평가하기 위한 척도이다.
사교성 척도 (Sy)	사교적이고 활달하며 참여기질이 좋은 사람과, 사회적으로 자신을 나타내기 싫어하고 참여기질이 좋지 않은 사람을 변별하고자 하는 척도이다.
사회적 태도 척도 (Sp)	사회생활에서의 안정감, 활력, 자발성, 자신감 등을 평가하기 위한 척도로서, 사교성과 밀접한 관계가 있다. 고득점자는 타인 앞에 나서기를 좋아하고, 타인의 방어기제를 공격하여 즐거움을 얻고자 하는 성격을 가지고 있다.
자기수용 척도 (Sa)	자신에 대한 믿음, 자신의 생각을 수용하는 자기확신감을 가지고 있는 사람을 변별하기 위한 척도이다.
행복감 척도 (Wb)	근본 목적은 행복감을 느끼는 사람과 그렇지 않은 사람을 변별해 내는 척도 검사이지만, 긍정적인 성격으로 가장하기 위해서 반응한 사람을 변별해 내는 타당성 척도로서의 목적도 가지고 있다.
책임감 척도 (Re)	법과 질서에 대해서 철저하고 양심적이며 책임감이 강해 신뢰할 수 있는 사람과 인생은 이성에 의해서 지배되어야 한다고 믿는 사람을 변별하기 위한 척도이다.
사회성 척도 (So)	사회생활에서 이탈된 행동이나 범죄의 가능성이 있는 사람을 변별하기 위한 척도로서 범죄자 유형의 사람은 정상인보다 매우 낮은 점수를 나타낸다.
자기통제 척도 (Sc)	자기통제의 유무, 충동, 자기중심에서 벗어날 수 있는 통제의 적절성, 규율과 규칙에 동의하는 정도를 측정하는 척도로서, 점수가 높은 사람은 지나치게 자신을 통제하려 하며, 낮은 사람은 자기통제가 잘 안되므로 충동적이 된다.
관용성 척도 (To)	침묵을 지키고 어떤 사실에 대하여 성급하게 판단하기를 삼가고 다양한 관점을 수용하려는 사회적 신념과 태도를 재려는 척도이다.
좋은 인상 척도 (Gi)	타인이 자신에 대해 어떻게 반응하는가, 타인에게 좋은 인상을 주었는가에 흥미를 느끼는 사람을 변별하고, 자신을 긍정적으로 보이기 위해 솔직하지 못한 반응을 하는 사람을 찾아내기 위한 타당성 척도이다.
추종성 척도 (Cm)	사회에 대한 보수적인 태도와 생각을 측정하는 척도검사이다. 아무렇게나 적당히 반응한 피검사자를 찾아내는 타당성 척도로서의 목적도 있다.
순응을 위한 성취 척도 (Ac)	강한 성취욕구를 측정하기 위한 척도로서 학업성취에 관련된 동기요인과 성격요인을 측정하기 위해서 만들어졌다.
독립성을 통한 성취 척도 (Ai)	독립적인 사고, 창조력, 자기실현을 위한 성취능력의 정도를 측정하는 척도이다.
지적 능률 척도 (Ie)	지적 능률성을 측정하기 위한 척도이며, 지능과 의미 있는 상관관계를 가지고 있는 성격특성을 나타내는 항목을 제공한다.
심리적 예민성 척도 (Py)	동기, 내적 욕구, 타인의 경험에 공명하고 흥미를 느끼는 정도를 재는 척도이다.
유연성 척도 (Fx)	개인의 사고와 사회적 행동에 대한 유연성, 순응성 정도를 나타내는 척도이다.
여향성 척도 (Fe)	흥미의 남향성과 여향성을 측정하기 위한 척도이다.

(1) 충분한 휴식으로 불안을 없애고 정서적인 안정을 취한다. 심신이 안정되어야 자신의 마음을 표현할 수 있다.

(2) 생각나는 대로 솔직하게 응답한다. 자신을 너무 과대포장하지도, 너무 비하하지 않도록 한다. 답변을 꾸며서 하면 앞뒤가 맞지 않게끔 구성돼 있어 불리한 평가를 받게 되므로 솔직하게 답하도록 한다.

(3) 검사문항에 대해 지나치게 골똘히 생각해서는 안 된다. 지나치게 몰두하면 엉뚱한 답변이 나올 수 있으므로 불필요한 생각은 삼간다.

(4) 인성검사는 대개 문항수가 많기에 자칫 건너뛰는 경우가 있는데, 가능한 모든 문항에 답해야 한다. 응답하지 않은 문항이 많을 경우 평가자가 정확한 평가를 내리지 못해 불리한 평가를 받을 수 있기 때문이다.

04 인성검사 모의연습

※ 인성검사는 정답이 따로 없는 유형의 검사이므로 결과지를 제공하지 않습니다.

1. 1단계 검사

※ 다음 질문내용을 읽고 본인에 해당하는 응답의 '예', '아니요'에 ○표 하시오. [1~140]

번호	질문	응답	
1	조심스러운 성격이라고 생각한다.	예	아니요
2	사물을 신중하게 생각하는 편이라고 생각한다.	예	아니요
3	동작이 기민한 편이다.	예	아니요
4	포기하지 않고 노력하는 것이 중요하다.	예	아니요
5	일주일의 예정을 만드는 것을 좋아한다.	예	아니요
6	노력의 여하보다 결과가 중요하다.	예	아니요
7	자기주장이 강하다.	예	아니요
8	장래의 일을 생각하면 불안해질 때가 있다.	예	아니요
9	소외감을 느낄 때가 있다.	예	아니요
10	훌쩍 여행을 떠나고 싶을 때가 자주 있다.	예	아니요
11	대인관계가 귀찮다고 느낄 때가 있다.	예	아니요
12	자신의 권리를 주장하는 편이다.	예	아니요
13	낙천가라고 생각한다.	예	아니요
14	싸움을 한 적이 없다.	예	아니요
15	자신의 의견을 상대에게 잘 주장하지 못한다.	예	아니요
16	좀처럼 결단하지 못하는 경우가 있다.	예	아니요
17	하나의 취미를 오래 지속하는 편이다.	예	아니요
18	한 번 시작한 일은 끝을 맺는다.	예	아니요
19	행동으로 옮기기까지 시간이 걸린다.	예	아니요
20	다른 사람들이 하지 못하는 일을 하고 싶다.	예	아니요

번호	질문	응답	
21	해야 할 일은 신속하게 처리한다.	예	아니요
22	병이 아닌지 걱정이 들 때가 있다.	예	아니요
23	다른 사람의 충고를 기분 좋게 듣는 편이다.	예	아니요
24	다른 사람에게 의존적이 될 때가 많다.	예	아니요
25	타인에게 간섭받는 것은 싫다.	예	아니요
26	의식 과잉이라는 생각이 들 때가 있다.	예	아니요
27	수다를 좋아한다.	예	아니요
28	잘못된 일을 한 적이 한 번도 없다.	예	아니요
29	모르는 사람과 이야기하는 것은 용기가 필요하다.	예	아니요
30	끙끙거리며 생각할 때가 있다.	예	아니요
31	다른 사람에게 항상 움직이고 있다는 말을 듣는다.	예	아니요
32	매사에 얽매인다.	예	아니요
33	잘하지 못하는 게임은 하지 않으려고 한다.	예	아니요
34	어떠한 일이 있어도 출세하고 싶다.	예	아니요
35	막무가내라는 말을 들을 때가 많다.	예	아니요
36	신경이 예민한 편이라고 생각한다.	예	아니요
37	쉽게 침울해한다.	예	아니요
38	쉽게 싫증을 내는 편이다.	예	아니요
39	옆에 사람이 있으면 싫다.	예	아니요
40	토론에서 이길 자신이 있다.	예	아니요
41	친구들과 남의 이야기를 하는 것을 좋아한다.	예	아니요
42	푸념을 한 적이 없다.	예	아니요
43	남과 친해지려면 용기가 필요하다.	예	아니요
44	통찰력이 있다고 생각한다.	예	아니요
45	집에서 가만히 있으면 기분이 우울해진다.	예	아니요
46	매사에 느긋하고 차분하게 매달린다.	예	아니요
47	좋은 생각이 떠올라도 실행하기 전에 여러모로 검토한다.	예	아니요
48	누구나 권력자를 동경하고 있다고 생각한다.	예	아니요
49	몸으로 부딪혀 도전하는 편이다.	예	아니요
50	당황하면 갑자기 땀이 나서 신경 쓰일 때가 있다.	예	아니요
51	친구들이 진지한 사람으로 생각하고 있다.	예	아니요
52	감정적으로 될 때가 많다.	예	아니요
53	다른 사람의 일에 관심이 없다.	예	아니요
54	다른 사람으로부터 지적받는 것은 싫다.	예	아니요
55	지루하면 마구 떠들고 싶어진다.	예	아니요
56	부모에게 불평을 한 적이 한 번도 없다.	예	아니요
57	내성적이라고 생각한다.	예	아니요
58	돌다리도 두들기고 건너는 타입이라고 생각한다.	예	아니요
59	굳이 말하자면 시원시원하다.	예	아니요
60	나는 끈기가 강하다.	예	아니요

번호	질문	응답	
61	전망을 세우고 행동할 때가 많다.	예	아니요
62	일에는 결과가 중요하다고 생각한다.	예	아니요
63	활력이 있다.	예	아니요
64	항상 천재지변을 당하지는 않을까 걱정하고 있다.	예	아니요
65	때로는 후회할 때도 있다.	예	아니요
66	다른 사람에게 위해를 가할 것 같은 기분이 든 때가 있다.	예	아니요
67	진정으로 마음을 허락할 수 있는 사람은 없다.	예	아니요
68	기다리는 것에 짜증내는 편이다.	예	아니요
69	친구들로부터 줏대 없는 사람이라는 말을 듣는다.	예	아니요
70	사물을 과장해서 말한 적은 없다.	예	아니요
71	인간관계가 폐쇄적이라는 말을 듣는다.	예	아니요
72	매사에 신중한 편이라고 생각한다.	예	아니요
73	눈을 뜨면 바로 일어난다.	예	아니요
74	난관에 봉착해도 포기하지 않고 열심히 해본다.	예	아니요
75	실행하기 전에 재확인할 때가 많다.	예	아니요
76	리더로서 인정을 받고 싶다.	예	아니요
77	어떤 일이 있어도 의욕을 가지고 열심히 하는 편이다.	예	아니요
78	다른 사람의 감정에 민감하다.	예	아니요
79	다른 사람들이 남을 배려하는 마음씨가 있다는 말을 한다.	예	아니요
80	사소한 일로 우는 일이 많다.	예	아니요
81	반대에 부딪혀도 자신의 의견을 바꾸는 일은 없다.	예	아니요
82	누구와도 편하게 이야기할 수 있다.	예	아니요
83	가만히 있지 못할 정도로 침착하지 못할 때가 있다.	예	아니요
84	다른 사람을 싫어한 적은 한 번도 없다.	예	아니요
85	그룹 내에서는 누군가의 주도하에 따라가는 경우가 많다.	예	아니요
86	차분하다는 말을 듣는다.	예	아니요
87	스포츠 선수가 되고 싶다고 생각한 적이 있다.	예	아니요
88	모두가 싫증을 내는 일에도 혼자서 열심히 한다.	예	아니요
89	휴일은 세부적인 예정을 세우고 보낸다.	예	아니요
90	완성된 것보다 미완성인 것에 흥미가 있다.	예	아니요
91	잘하지 못하는 것이라도 자진해서 한다.	예	아니요
92	가만히 있지 못할 정도로 불안해질 때가 많다.	예	아니요
93	자주 깊은 생각에 잠긴다.	예	아니요
94	이유도 없이 다른 사람과 부딪힐 때가 있다.	예	아니요
95	타인의 일에는 별로 관여하고 싶지 않다고 생각한다.	예	아니요
96	무슨 일이든 자신을 가지고 행동한다.	예	아니요
97	유명인과 서로 아는 사람이 되고 싶다.	예	아니요
98	지금까지 후회를 한 적이 없다.	예	아니요
99	의견이 다른 사람과는 어울리지 않는다.	예	아니요
100	무슨 일이든 생각해 보지 않으면 만족하지 못한다.	예	아니요

번호	질문	응답	
101	다소 무리를 하더라도 피로해지지 않는다.	예	아니요
102	굳이 말하자면 장거리 주자에 어울린다고 생각한다.	예	아니요
103	여행을 가기 전에는 세세한 계획을 세운다.	예	아니요
104	능력을 살릴 수 있는 일을 하고 싶다.	예	아니요
105	성격이 시원시원하다고 생각한다.	예	아니요
106	굳이 말하자면 자의식 과잉이다.	예	아니요
107	자신을 쓸모없는 인간이라고 생각할 때가 있다.	예	아니요
108	주위의 영향을 받기 쉽다.	예	아니요
109	지인을 발견해도 만나고 싶지 않을 때가 많다.	예	아니요
110	다수의 반대가 있더라도 자신의 생각대로 행동한다.	예	아니요
111	번화한 곳에 외출하는 것을 좋아한다.	예	아니요
112	지금까지 다른 사람의 마음에 상처준 일이 없다.	예	아니요
113	다른 사람에게 자신이 소개되는 것을 좋아한다.	예	아니요
114	실행하기 전에 재고하는 경우가 많다.	예	아니요
115	몸을 움직이는 것을 좋아한다.	예	아니요
116	나는 완고한 편이라고 생각한다.	예	아니요
117	신중하게 생각하는 편이다.	예	아니요
118	커다란 일을 해보고 싶다.	예	아니요
119	계획을 생각하기보다 빨리 실행하고 싶어한다.	예	아니요
120	작은 소리도 신경 쓰인다.	예	아니요
121	나는 자질구레한 걱정이 많다.	예	아니요
122	이유도 없이 화가 치밀 때가 있다.	예	아니요
123	융통성이 없는 편이다.	예	아니요
124	나는 다른 사람보다 기가 세다.	예	아니요
125	다른 사람보다 쉽게 우쭐해진다.	예	아니요
126	다른 사람을 의심한 적이 한 번도 없다.	예	아니요
127	어색해지면 입을 다무는 경우가 많다.	예	아니요
128	하루의 행동을 반성하는 경우가 많다.	예	아니요
129	격렬한 운동도 그다지 힘들어하지 않는다.	예	아니요
130	새로운 일에 처음 한 발을 좀처럼 떼지 못한다.	예	아니요
131	앞으로의 일을 생각하지 않으면 진정이 되지 않는다.	예	아니요
132	인생에서 중요한 것은 높은 목표를 갖는 것이다.	예	아니요
133	무슨 일이든 선수를 쳐야 이긴다고 생각한다.	예	아니요
134	다른 사람이 나를 어떻게 생각하는지 궁금할 때가 많다.	예	아니요
135	침울해지면서 아무 것도 손에 잡히지 않을 때가 있다.	예	아니요
136	어린 시절로 돌아가고 싶을 때가 있다.	예	아니요
137	아는 사람을 발견해도 피해버릴 때가 있다.	예	아니요
138	굳이 말하자면 기가 센 편이다.	예	아니요
139	성격이 밝다는 말을 듣는다.	예	아니요
140	다른 사람이 부럽다고 생각한 적이 한 번도 없다.	예	아니요

2. 2단계 검사

※ 다음 질문내용을 읽고 A, B 중 해당되는 곳에 ○표 하시오. [1~36]

번호	질문	응답	
1	A 사람들 앞에서 잘 이야기하지 못한다. B 사람들 앞에서 이야기하는 것을 좋아한다.	A	B
2	A 엉뚱한 생각을 잘한다. B 비현실적인 것을 싫어한다.	A	B
3	A 친절한 사람이라는 말을 듣고 싶다. B 냉정한 사람이라는 말을 듣고 싶다.	A	B
4	A 예정에 얽매이는 것을 싫어한다. B 예정이 없는 상태를 싫어한다.	A	B
5	A 혼자 생각하는 것을 좋아한다. B 다른 사람과 이야기하는 것을 좋아한다.	A	B
6	A 정해진 절차에 따르는 것을 싫어한다. B 정해진 절차가 바뀌는 것을 싫어한다.	A	B
7	A 친절한 사람 밑에서 일하고 싶다. B 이성적인 사람 밑에서 일하고 싶다.	A	B
8	A 그때그때의 기분으로 행동하는 경우가 많다. B 미리 행동을 정해두는 경우가 많다.	A	B
9	A 다른 사람과 만났을 때 화제로 고생한다. B 다른 사람과 만났을 때 화제에 부족함이 없다.	A	B
10	A 학구적이라는 인상을 주고 싶다. B 실무적이라는 인상을 주고 싶다.	A	B
11	A 친구가 돈을 빌려달라고 하면 거절하지 못한다. B 본인에게 도움이 되지 않는 차금은 거절한다.	A	B
12	A 조직 안에서는 독자적으로 움직이는 타입이라고 생각한다. B 조직 안에서는 우등생 타입이라고 생각한다.	A	B
13	A 문장을 쓰는 것을 좋아한다. B 이야기하는 것을 좋아한다.	A	B
14	A 직감으로 판단한다. B 경험으로 판단한다.	A	B
15	A 다른 사람이 어떻게 생각하는지 신경 쓰인다. B 다른 사람이 어떻게 생각하든 신경 쓰지 않는다.	A	B
16	A 틀에 박힌 일은 싫다. B 절차가 정해진 일을 좋아한다.	A	B
17	A 처음 사람을 만날 때는 노력이 필요하다. B 처음 사람을 만나는 것이 아무렇지도 않다.	A	B
18	A 꿈을 가진 사람에게 끌린다. B 현실적인 사람에게 끌린다.	A	B

번호	질문	응답	
19	A 어려움에 처한 사람을 보면 동정한다.	A	B
	B 어려움에 처한 사람을 보면 원인을 생각한다.		
20	A 느긋한 편이다.	A	B
	B 시간을 정확히 지키는 편이다.		
21	A 회합에서는 소개를 받는 편이다.	A	B
	B 회합에서는 소개를 하는 편이다.		
22	A 굳이 말하자면 혁신적이라고 생각한다.	A	B
	B 굳이 말하자면 보수적이라고 생각한다.		
23	A 지나치게 합리적으로 결론짓는 것은 좋지 않다.	A	B
	B 지나치게 온정을 표시하는 것은 좋지 않다.		
24	A 융통성이 있다.	A	B
	B 자신의 페이스를 잃지 않는다.		
25	A 사람들 앞에 잘 나서지 못한다.	A	B
	B 사람들 앞에 나서는 데 어려움이 없다.		
26	A 상상력이 있다는 말을 듣는다.	A	B
	B 현실적이라는 이야기를 듣는다.		
27	A 다른 사람의 의견에 귀를 기울인다.	A	B
	B 자신의 의견을 밀어붙인다.		
28	A 틀에 박힌 일은 너무 딱딱해서 싫다.	A	B
	B 방법이 정해진 일은 안심할 수 있다.		
29	A 튀는 것을 싫어한다.	A	B
	B 튀는 것을 좋아한다.		
30	A 굳이 말하자면 이상주의자이다.	A	B
	B 굳이 말하자면 현실주의자이다.		
31	A 일을 선택할 때에는 인간관계를 중시하고 싶다.	A	B
	B 일을 선택할 때에는 일의 보람을 중시하고 싶다.		
32	A 임기응변에 능하다.	A	B
	B 계획적인 행동을 중요하게 여긴다.		
33	A 혼자 꾸준히 하는 것을 좋아한다.	A	B
	B 변화가 있는 것을 좋아한다.		
34	A 가능성에 눈을 돌린다.	A	B
	B 현실성에 눈을 돌린다.		
35	A 매사에 감정적으로 생각한다.	A	B
	B 매사에 이론적으로 생각한다.		
36	A 스케줄을 짜지 않고 행동하는 편이다.	A	B
	B 스케줄을 짜고 행동하는 편이다.		

3. 답안지

(1) 1단계 검사

1	15	29	43	57	71	85	99	113	127
예 아니요	예 아니요	예 아니요	예 아니요	예 아니요	예 아니요	예 아니요	예 아니요	예 아니요	예 아니요
2	16	30	44	58	72	86	100	114	128
예 아니요	예 아니요	예 아니요	예 아니요	예 아니요	예 아니요	예 아니요	예 아니요	예 아니요	예 아니요
3	17	31	45	59	73	87	101	115	129
예 아니요	예 아니요	예 아니요	예 아니요	예 아니요	예 아니요	예 아니요	예 아니요	예 아니요	예 아니요
4	18	32	46	60	74	88	102	116	130
예 아니요	예 아니요	예 아니요	예 아니요	예 아니요	예 아니요	예 아니요	예 아니요	예 아니요	예 아니요
5	19	33	47	61	75	89	103	117	131
예 아니요	예 아니요	예 아니요	예 아니요	예 아니요	예 아니요	예 아니요	예 아니요	예 아니요	예 아니요
6	20	34	48	62	76	90	104	118	132
예 아니요	예 아니요	예 아니요	예 아니요	예 아니요	예 아니요	예 아니요	예 아니요	예 아니요	예 아니요
7	21	35	49	63	77	91	105	119	133
예 아니요	예 아니요	예 아니요	예 아니요	예 아니요	예 아니요	예 아니요	예 아니요	예 아니요	예 아니요
8	22	36	50	64	78	92	106	120	134
예 아니요	예 아니요	예 아니요	예 아니요	예 아니요	예 아니요	예 아니요	예 아니요	예 아니요	예 아니요
9	23	37	51	65	79	93	107	121	135
예 아니요	예 아니요	예 아니요	예 아니요	예 아니요	예 아니요	예 아니요	예 아니요	예 아니요	예 아니요
10	24	38	52	66	80	94	108	122	136
예 아니요	예 아니요	예 아니요	예 아니요	예 아니요	예 아니요	예 아니요	예 아니요	예 아니요	예 아니요
11	25	39	53	67	81	95	109	123	137
예 아니요	예 아니요	예 아니요	예 아니요	예 아니요	예 아니요	예 아니요	예 아니요	예 아니요	예 아니요
12	26	40	54	68	82	96	110	124	138
예 아니요	예 아니요	예 아니요	예 아니요	예 아니요	예 아니요	예 아니요	예 아니요	예 아니요	예 아니요
13	27	41	55	69	83	97	111	125	139
예 아니요	예 아니요	예 아니요	예 아니요	예 아니요	예 아니요	예 아니요	예 아니요	예 아니요	예 아니요
14	28	42	56	70	84	98	112	126	140
예 아니요	예 아니요	예 아니요	예 아니요	예 아니요	예 아니요	예 아니요	예 아니요	예 아니요	예 아니요

(2) 2단계 검사

1	5	9	13	17	21	25	29	33
A B	A B	A B	A B	A B	A B	A B	A B	A B
2	6	10	14	18	22	26	30	34
A B	A B	A B	A B	A B	A B	A B	A B	A B
3	7	11	15	19	23	27	31	35
A B	A B	A B	A B	A B	A B	A B	A B	A B
4	8	12	16	20	24	28	32	36
A B	A B	A B	A B	A B	A B	A B	A B	A B

4. 분석표

(1) 1단계 검사

	척도	0	1	2	3	4	5	6	7	8	9	10
행동적 측면	사회적 내향성 (합계 1)											
	내성성 (합계 2)											
	신체활동성 (합계 3)											
	지속성 (합계 4)											
	신중성 (합계 5)											
의욕적 측면	달성의욕 (합계 6)											
	활동의욕 (합계 7)											
정서적 측면	민감성 (합계 8)											
	자책성 (합계 9)											
	기분성 (합계 10)											
	독자성 (합계 11)											
	자신감 (합계 12)											
	고양성 (합계 13)											
타당성	신뢰도 (합계 14)											

합계 1
합계 2
합계 3
합계 4
합계 5
합계 6
합계 7
합계 8
합계 9
합계 10
합계 11
합계 12
합계 13
합계 14

(2) 2단계 검사

	척도	0	1	2	3	4	5	6	7	8	9	
성격 유형	흥미관심 방향 (합계 15)											외향
	사물에 대한 견해 (합계 16)											감각
	판단의 방법 (합계 17)											사고
	사회에 대한 접근 방법 (합계 18)											판단

합계 15
합계 16
합계 17
합계 18

5. 채점방식

(1) 1단계 검사

① 답안지에 '예', '아니요'를 체크한다.

② 답안지의 문제번호 줄 1, 15, 29, 43, 57, 71, 85, 99, 113, 127 중 '예'에 체크한 개수의 합계를 '합계 1'란에 숫자로 기입한다.

③ 위와 같이 문제번호 줄 2, 16, 30, 44, 58, 72, 86, 100, 114, 128 중 '예'에 체크한 개수의 합계를 '합계 2'란에 기입한다.

④ 마찬가지로 문제번호 줄 14까지 이렇게 '예'에 체크한 개수의 합계를 차례대로 '합계 14'란까지 숫자로 기입한다.

⑤ 집계는 각각 10문제씩 한다.

⑥ 집계가 끝나면 집계결과를 분석표에 옮겨 적는다.

(2) 2단계 검사

① 답안지의 문제번호 줄 1, 5, 9, 13, 17, 21, 25, 29, 33의 'B'에 ○표 체크한 개수의 합계를 '합계 15'란에 숫자로 기입한다.

② 마찬가지로 문제번호 줄 4까지 이렇게 'B'에 ○표 체크한 개수의 합계를 차례대로 '합계 18'란까지 숫자로 기입한다.

③ 집계는 각각 옆으로 9문제씩 한다.

④ 집계가 끝나면 집계결과를 분석표에 옮겨 적는다.

6. 결과 분석

(1) 1단계 검사

① '합계 1'에서부터 '합계 5'까지는 성격 특성을 나타내는 어떠한 행동적 특징이 있는지 나타낸다. 즉, 행동적 측면은 행동으로 나타내기 쉬운 경향을 나타내는 것이다. 행동적인 경향은 겉모습으로도 금방 알 수 있기 때문에 면접에서 다루어지기 쉬운 부분이다.

② '합계 6'과 '합계 7'은 의욕적인 측면을 나타낸다. 의욕적 측면은 의욕이나 활력을 나타내는 것이다. 인재를 채용하는 조직에 있어 의욕적인 사람은 열심히 일할 가능성이 높기 때문에 중요한 측면이라고 할 수 있다.

③ '합계 8'에서부터 '합계 13'까지는 정서적인 측면을 나타내는데, 이는 사회에서의 적응력이나 감정의 안정도를 나타내고 있다. 조직 내에서의 업무나 인간관계에 원활하게 적응할 수 있는지 등을 측정하는 것이다.

④ '합계 14'는 라이스케일, 즉 타당성 척도로서 허위성을 나타낸다. 업무상의 과실을 얼버무리거나 자신을 잘 보이게 하기 위해 거짓말을 하는 정도를 측정하는 것이다.

⑤ '합계 1'에서 '합계 13'까지는 평가치가 높을수록 측정된 특성 경향이 강하다는 것을 나타낸다. '합계 14'는 평가치가 높을수록 응답에 대한 신뢰성이 낮고, 평가치가 낮을수록 응답에 대한 신뢰성이 높다는 의미이다.

(2) 2단계 검사

① 2단계 검사는 성격유형에 관한 부분으로, 개인의 성향을 분류하기 위한 요소이다. 성격유형이 채용 여부에 직접 영향을 주는 일은 다소 적지만, 장래에 이동이나 승진 시 자료로 이용될 가능성이 있는 항목이다.

② 평가치는 높고 낮음을 나타내는 것이 아니라, 피검사자의 성향이 어느 방면에 치우쳐 있는가를 판단 하는 것이다. 예를 들어, '흥미관심'의 평가치가 9인 경우 외향적인 경향이 강하고, 2인 경우에는 내향적인 경향이 강하다고 할 수 있다. 평가치가 4 또는 5일 경우에는 어느 한 성향으로 치우쳐 있지 않고 중립적인 성향을 가지고 있다고 볼 수 있다.

---

05 인성검사 결과로 알아보는 예상 면접 질문

인성검사는 특히 면접 질문과 관련성이 높은 부분이다. 면접관은 지원자의 인성검사 결과를 토대로 질문을 하게 된다. 그렇다고 해서 자신의 성격을 꾸미는 것은 바람직하지 않다. 실제 시험은 매우 복잡하여 전문가라 해도 일정 성격을 유지하면서 답변을 하는 것이 불가능하기 때문이다. 따라서 인성검사는 솔직하게 임하되 인성검사 모의연습으로 자신의 성향을 정확히 파악하고 아래 예상 면접질문을 참고하여, 자신의 단점은 보완 하면서 강점은 어필할 수 있는 답변을 준비하도록 하자.

1. 사회적 내향성 척도

(1) 득점이 낮은 사람

• 자기가 선택한 직업에 대해 어떤 인상을 가지고 있습니까?
• 부모님을 객관적으로 봤을 때 어떻게 생각합니까?
• 당사의 사장님 성함을 알고 있습니까?

> 수다스럽기 때문에 내용이 없다는 인상을 주기 쉽다. 질문의 요지를 파악하여 논리적인 발언을 하도록 유의하자. 한 번에 많은 것을 이야기하려 하면 요점이 흐려지게 되므로 내용을 정리하여 간결하게 발언한다.

(2) 득점이 높은 사람

• 친구들에게 있어 당신은 어떤 사람입니까?
• 특별히 무언가 묻고 싶은 것이 있습니까?
• 친구들의 상담을 받는 쪽입니까?

> 높은 득점은 마이너스 요인이다. 면접에서 보완해야 하므로 자신감을 가지고 끝까지 또박또박 주위에도 들릴 정도의 큰 소리로 말하도록 하자. 절대 얼버무리거나 기어들어가는 목소리는 안 된다.

2. 내성성 척도

(1) 득점이 낮은 사람

- 학생시절에 후회되는 일은 없습니까?
- 학생과 사회인의 차이는 무엇이라고 생각합니까?
- 당신이 가장 흥미를 가지고 있는 것에 대해 이야기해 주십시오.

> 답변 내용을 떠나 일단 평소보다 천천히 말하자. 생각나는 대로 말해버리면 이야기가 두서없이 이곳저곳으로 빠져 부주의하고 경솔하다는 인식을 줄 수 있으므로 머릿속에서 내용을 정리하고 이야기하도록 유의하자. 응답은 가능한 간결하게 한다.

(2) 득점이 높은 사람

- 인생에는 무엇이 중요하다고 생각합니까?
- 좀 더 큰소리로 이야기해 주십시오.

> 과도하게 긴장할 경우 불필요한 생각을 하게 되어 반응이 늦어버리면 곤란하다. 특히 새로운 질문을 받았는데도 했던 대답을 재차 하거나 하면 전체 흐름을 저해하게 되므로 평소부터 이러한 습관을 의식하면서 적절한 타이밍의 대화를 하도록 하자.

3. 신체활동성 척도

(1) 득점이 낮은 사람

- 휴일은 어떻게 보냅니까?
- 학창시절에 무엇에 열중했습니까?

> 졸업논문이나 영어회화, 컴퓨터 등 학생다움이나 사회인으로서 도움이 되는 것에 관심을 가지고 있는 것을 적극 어필한다. 이미 면접담당자는 소극적이라고 생각하고 있기 때문에 말로 적극적이라고 말해도 성격프로필의 결과와 모순되므로 일부러 꾸며 말하지 않는다.

(2) 득점이 높은 사람

- 제대로 질문을 듣고 있습니까?
- 희망하는 직종으로 배속되지 않으면 어떻게 하겠습니까?

> 일부러 긴장시키고 반응을 살피는 경우가 있다. 활동적이지만 침착함이 없다는 인상을 줄 수 있으므로 머릿속에 생각을 정리하는 습관을 들이자. 행동할 때도 마찬가지로, 편하게 행동하는 것은 플러스 요인이지만, 반사적인 언동이 많으면 마이너스가 되므로 주의한다.

4. 지속성 척도

(1) 득점이 낮은 사람

- 일에 활용할 수 있을 만한 자격이나 특기, 취미가 있습니까?
- 오랫동안 배운 것에 대해 들려주십시오.

> 금방 싫증내서 오래 지속하지 못하는 것은 마이너스다. 쉽게 포기하고 내팽개치는 사람은 어느 곳에서도 필요로 하지 않는다는 것을 상기한다. 면접을 보는 동안과 마찬가지로, 대기 시간에도 주의하여 차분하지 못한 동작을 하지 않도록 한다.

(2) 득점이 높은 사람

- 이런 것도 모릅니까?
- 이 직업에 맞지 않는 것은 아닙니까?

> 짓궂은 질문을 받으면 감정적이 되거나 옹고집을 부릴 가능성이 있다. 냉정하고 침착하게 받아넘겨야 한다. 비슷한 경험을 쌓으면 차분하게 응답할 수 있게 되므로 모의면접 등의 기회를 활용한다.

5. 신중성 척도

(1) 득점이 낮은 사람

- 당신에게 부족한 것은 어떤 점입니까?
- 결점을 극복하기 위해 어떻게 노력하고 있습니까?

> 질문의 요지를 잘못 받아들이거나, 불필요한 이야기까지 하는 등 대답에 일관성이 없으면 마이너스다. 직감적인 언동을 하지 않도록 평소부터 논리적으로 생각하는 습관을 키우자.

(2) 득점이 높은 사람

- 주위 사람에게 욕을 들으면 어떻게 하겠습니까?
- 출세하고 싶습니까?
- 제 질문에 대한 답이 아닙니다.

> 예상외의 질문에 답이 궁해지거나 깊이 생각하게 되면 역시나 신중이 지나쳐 결단이 늦다는 인상을 주게 된다. 주위의 상황을 파악하고 발언하려는 나머지 반응이 늦어지고, 집단면접 등에서 시간이 걸리게 되면 행동이 느리다는 인식을 주게 되므로 주의한다.

6. 달성의욕 척도

(1) 득점이 낮은 사람

- 인생의 목표를 들려주십시오.
- 입사하면 무엇을 하고 싶습니까?
- 지금까지 목표를 향해 노력하여 달성한 적이 있습니까?

> 결과에 대한 책임감이 낮다, 지시에 따르기만 할 뿐 주체성이 없다는 인상을 준다면 매우 곤란하다. 목표의식이나 의욕의 유무, 주위 상황에 휩쓸리는 경향 등에 대해 물어오면 의욕이 낮다는 인식을 주지 않도록 목표를 향해 견실하게 노력하려는 자세를 강조하자.

(2) 득점이 높은 사람

- 도박을 좋아합니까?
- 다른 사람에게 지지 않는다고 말할 수 있는 것이 있습니까?

> 행동이 따르지 않고 말만 앞선다면 평가가 나빠진다. 목표나 이상을 바라보고 노력하지 않는 것은 한 번의 도박으로 일확천금을 노리는 것과 같다는 것을 명심하고 자신이 어떤 목표를 이루기 위해 노력한 경험이 있는지 미리 생각해서 행동적인 부분을 어필하는 답변을 하도록 하자.

7. 활동의욕 척도

(1) 득점이 낮은 사람

- 어떤 일을 할 때 주도적으로 이끄는 편입니까?
- 신념이나 신조에 대해 말해 주십시오.
- 질문의 답이 다른 사람과 똑같습니다.

> 의표를 찌르는 질문을 받더라도 당황하지 말고 수비에 강한 면을 어필하면서 무모한 공격을 하기보다는 신중하게 매진하는 성격이라는 점을 강조할 수 있는 답을 준비해 두자.

(2) 득점이 높은 사람

- 친구들로부터 어떤 성격이라는 이야기를 듣습니까?
- 협동성이 있다고 생각합니까?

> 사고과정을 전달하지 않으면 너무 막무가내이거나, 경박하고 생각 없이 발언한다는 인식을 줄 수 있으므로 갑자기 결론을 내리거나 단숨에 본인이 하고 싶은 말만 하는 것은 피하자.

8. 민감성 척도

(1) 득점이 낮은 사람

- 좌절한 경험에 대해 이야기해 주십시오.
- 당신이 약하다고 느낄 때는 어떤 때입니까?

> 구체적으로 대답하기 어려운 질문이나 의도를 알기 어려운 질문을 통해 감수성을 시험하게 된다. 냉정하게 자기분석을 하여 독선적이지 않은 응답을 하자.

(2) 득점이 높은 사람

- 지금까지 신경이 예민하다는 이야기를 들은 적이 있습니까?
- 채용되지 못하면 어떻게 하시겠습니까?
- 당신의 성격에서 고치고 싶은 부분이 있습니까?

> 예민한 성격이라는 부분을 마음에 두고 있으면 직접적인 질문을 받았을 때 당황하게 된다. 신경이 예민하다기보다 세세한 부분도 눈에 잘 들어오는 성격이라고 어필하자.

9. 자책성 척도

(1) 득점이 낮은 사람

- 학생시절을 통해 얻은 것은 무엇이라고 생각합니까?
- 자기 자신을 분석했을 때 좋아하는 면은 무엇입니까?

> 낙관적인 것은 면접관이 이미 알고 있으므로 솔직한 부분이나 신념을 가지고 의의가 있는 삶을 살고 있다는 점을 어필하자.

(2) 득점이 높은 사람

- 곤란한 상황에 어떻게 대처하겠습니까?
- 실수한 경험과 그 실수에서 얻은 교훈을 들려주십시오.

> 좋지 않은 쪽으로 생각해서 불필요하게 긴장하면 더욱 사태가 악화된다. 쉽게 비관하는 성격이므로, 면접을 받는 동안은 면접담당자의 눈을 보며 밝게 응답하고, 말끝을 흐리지 않고 또박또박 말하도록 유의하자. 또한 '할 수 없다.', '자신이 없다.' 등의 발언이 많으면 평가가 떨어지므로 평소부터 부정적인 말을 사용하지 않도록 긍정적으로 사고하는 습관을 들여야 한다.

02 면접

삼성그룹은 '창의·열정·소통의 가치창조인(열정과 몰입으로 미래에 도전하는 인재, 학습과 창의로 세상을 변화시키는 인재, 열린 마음으로 소통하고 협업하는 인재)'을 인재상으로 내세우며, 이에 적합한 인재를 채용하기 위하여 면접전형을 시행하고 있다.

2019년 이전에는 '인성검사 – 직무면접 – 창의성 면접 – 임원면접' 순서로 시행되었지만, 2020년부터 코로나19로 인해 화상으로 진행되었으며 직무역량 면접은 프레젠테이션(PT) 방식에서 질의응답 형식으로 대체되었다.

현재 삼성그룹 면접은 전 계열사 공통으로 '약식 GSAT – 인성검사 – 직무 / 임원 면접' 순서로 시행되고 있다. 기존의 창의성 면접을 진행하지 않는 대신 수리와 추리 2영역을 평가하는 약식 GSAT를 30분간 실시한다.

1. 약식 GSAT

구분	문항 수	제한시간
수리	10문항	30분
추리	15문항	

2. 직무 면접

구분	인원수	면접 시간
면접관	3명	30분 내외
지원자	1명	

기출 질문
- 1분 자기소개
- 해당 직무 지원동기
- 직무와 관련한 자신의 역량
- 전공 관련 용어
- 마지막으로 하고 싶은 말

3. 임원 면접

구분	인원수	면접 시간
면접관	3명	30분 내외
지원자	1명	

기출 질문

- 팀으로 프로젝트를 진행하는데 한 사람의 퍼포먼스가 낮아 진행에 어려움을 있을 경우 어떻게 하겠는가?
- 퇴근시간 후에도 상사가 퇴근하지 않으면서 그대로 자리를 지키는 경우에 대해서 어떻게 생각하는가?
- 친구를 사귈 때 가장 우선시 하는 것은 무엇인지 말해 보시오.
- 가장 도전적으로 임했던 경험이 무엇인지 말해 보시오.
- 가족과 직장 중 무엇을 우선시 할 것인지 말해 보시오.
- 졸업은 언제 하였는가?
- 졸업하고 취업 준비는 어떻게 하고 있는지 말해 보시오.
- 경쟁력을 쌓기 위해 어떤 것들을 준비했는지 말해 보시오.
- 학점이 낮은데 이유가 무엇인가?
- 면접 준비는 어떻게 했는지 말해 보시오.
- 다른 지원자와 차별되는 자신만의 강점이 무엇인가?
- 살면서 가장 치열하게, 미친 듯이 몰두하거나 노력했던 경험을 말해 보시오.
- 자신이 리더이고, 모든 것을 책임지는 자리에 있다. 본인은 A프로젝트가 맞다고 생각하고 다른 모든 팀원은 B프로젝트가 맞다고 생각할 때 어떻게 할 것인가?
- 마지막으로 하고 싶은 말은 무엇인가?
- 자신의 약점은 무엇이며, 그것을 극복하기 위해 어떤 노력을 했는가?
- 무노조 경영에 대한 자신의 생각을 말해 보시오.
- 삼성을 제외하고 좋은 회사와 나쁜 회사의 예를 들어 말해 보시오.
- 우리 사회가 정의롭다고 생각하는가?
- 존경하는 인물은 누구인가?
- 삼성전자의 사회공헌활동에 대해 알고 있는가?
- 삼성전자의 경제적 이슈에 대해 말해 보시오.
- 삼성화재 지점 관리자에게 가장 필요한 역량은 무엇이라 생각하는가?
- 가장 열심히 했던 학교 활동은 무엇인가?
- 다른 직무로 배정된다면 어떻게 하겠는가?
- 기업의 사회적 역할에 대해 말해 보시오.
- 대외활동 경험이 있다면 말해 보시오.
- 직무 수행에 있어서 자신의 강점은 무엇인가?
- 출신 학교 및 학과를 지원한 이유는 무엇인가?
- (대학 재학 중 이수한 비전공 과목을 보고) 해당 과목을 이수한 이유는 무엇인가?
- (인턴경험이 있는 지원자에게) 인턴 기간 동안 무엇을 배웠는가?
- 회사에 어떤 식으로 기여할 수 있는가?
- 목 놓아 울어본 적이 있는가?
- 선의의 거짓말을 해본 적이 있는가?
- 학점이 낮은 이유가 무엇인가?
- 자신의 성격에 대해 말해 보시오.

- 지원한 부서와 다른 부서로 배치될 경우 어떻게 하겠는가?
- 상사가 본인이 싫어하는 업무를 지속적으로 지시한다면 어떻게 하겠는가?
- (해병대 출신 지원자에게) 해병대에 지원한 이유는 무엇인가?
- 친구들은 본인에 대해 어떻게 이야기하는가?
- 좌우명이 있는가? 있다면 그것이 좌우명인 이유는 무엇인가?
- 대학생활을 열심히 한 것 같은데 그 이유가 무엇인가?
- 회사에 대한 가치관
- 과외 경험이 없는데 잘할 수 있는가?
- 전역을 아직 못 했는데 이후 일정에 다 참여할 수 있겠는가?
- 자동차 회사를 가도 될 것 같은데 왜 삼성SDI 면접에 오게 되었나?
- Backlash를 줄이는 방법에 대해 설명해 보시오.
- 전공에 대해서 말해 보시오.
- 취미가 노래 부르기인데 정말 노래를 잘하는가?
- 가족 구성원이 어떻게 되는가?
- 동생과 싸우지는 않는가?
- 학점이 낮은데 왜 그런가?
- 학교를 8년 다녔는데 왜 이렇게 오래 다녔는가?
- 영어 점수가 토익은 괜찮은데 오픽이 낮다. 우리 회사는 영어를 많이 쓰는데 어떻게 할 것인가?
- 우리 회사에 대해 아는 것을 말해 보시오.
- 우리 회사에서 하고 싶은 일은 무엇인가?
- 프로젝트를 진행 중 의견충돌 시 어떻게 대처할 것인가?
- 지원한 직무와 관련해서 준비해온 것을 말해 보시오.
- 지원자가 현재 부족한 점은 무엇이고 어떻게 채워나갈 것인가?
- 회사와 관련하여 관심 있는 기술이 있으면 설명해 보시오.
- 우리 회사가 지원자를 뽑아야 하는 이유를 말해 보시오.
- 간단히 1분간 자기소개를 해 보시오.
- 성격의 장단점을 말해 보시오.
- 자격증 등 취업을 위해 준비한 사항이 있다면 말해 보시오.
- 입사하게 되면 일하고 싶은 분야는 어디인지 말해 보시오.
- 여행하면서 가장 인상 깊었던 곳은?
- 입사 희망 동기를 말해 보시오.
- 교환학생으로 다른 학교를 가서 어떤 수업을 들었는지 말해 보시오.
- 본인이 최근에 이룬 버킷리스트는 무엇이고 가장 하고 싶은 버킷리스트는 무엇인가?
- 좋아하는 삼성 브랜드는 무엇인가?
- 스트레스는 어떻게 푸는가?
- 회사에서 나이 많은 어른들과 함께 일해야 하는데 잘할 수 있겠는가?
- 다른 회사에 지원 하였다면 어떤 직무로 지원하였는가?
- 일탈을 해본 적이 있는가?
- 인생에서 실패한 경험이 있는가?
- 회사에서는 실패의 연속일텐데 잘할 수 있겠는가?
- 이름이 유명한 사람과 동일해서 좋은 점과 나쁜 점이 있었을 것 같은데 무엇이 있었는지 말해 보시오.
- 봉사활동은 어떻게 시작하게 된 건지 말해 보시오.
- 스마트폰에 관심이 많은데 어떻게 관심을 가지게 된 건지 말해 보시오.

4. PT 면접

기출 질문
- 실리콘
- 포토고정
- 집적도
- 자율주행차의 경쟁력에 대해 말하시오.
- 공진주파수와 임피던스의 개념에 대해 설명하시오.
- 보의 처짐을 고려했을 때 유리한 단면형상을 설계하시오.
- Object Orientation Programming에 대해 설명하시오.
- DRAM과 NAND의 구조원리와 미세공정한계에 대해 설명하시오.
- 공정(8대공정 및 관심 있는 공정)에 대해 설명하시오.
- LCD, 광학소재, 광학필름의 활용 방법을 다양하게 제시하시오.
- 특정 제품의 마케팅 방안에 대해 설명하시오.
- 갤럭시 S8과 관련한 이슈
- 반도체의 개념과 원리
- 다이오드
- MOSFET
- 알고리즘
- NAND FLASH 메모리와 관련된 이슈
- 공정에 대한 기본적인 지식, 공정과 연관된 factor, 현재 공정 수준으로 문제점을 해결할 수 있는 방안
- 현재 반도체 기술의 방향, 문제점 및 해결방안
- TV 두께를 얇게 하는 방안

5. 창의성 면접

기출 질문
- 창의적인 생각을 평소에 하고 사는가?
- 창의성을 발휘해 본 작품이 있는가?
- 감성마케팅
- 폐수 재이용에 대한 자신의 견해를 말하시오.
- 기업의 사회적 책임
- 본인이 작성한 글과 주제에 대한 질문 및 응용 그리고 발전 방향에 대한 질문
- 본인의 경험 중 가장 창의적이었던 것에 대해 말해 보시오.
- 존경하는 인물이 있는가?
- 트렌드 기술에 대해 설명
- 공유 경제 서비스에 대한 문제와 솔루션 제시(제시어 : 책임, 공유, 스마트폰 등)

앞선 정보 제공! 도서 업데이트

언제, 왜 업데이트될까?

도서의 학습 효율을 높이기 위해 자료를 추가로 제공할 때!
공기업 · 대기업 필기시험에 변동사항 발생 시 정보 공유를 위해!
공기업 · 대기업 채용 및 시험 관련 중요 이슈가 생겼을 때!

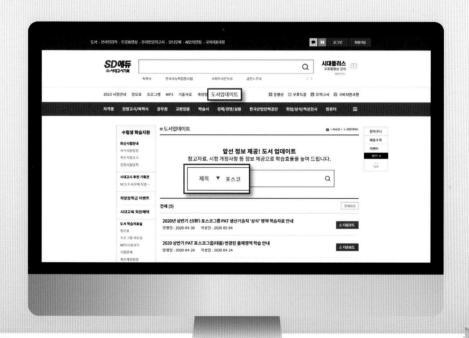

01 SD에듀 도서
www.sdedu.co.kr/book
홈페이지 접속

02 상단 카테고리
「도서업데이트」
클릭

03 해당
기업명으로
검색

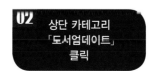

참고자료, 시험 개정사항 등 정보 제공으로 학습효율을 높여 드립니다.

2024 최신판

YouTube

유튜브로 쉽게 배우는

5일 특강
GSAT

삼성 온라인
직무적성검사

편저 | SDC(Sidae Data Center)

정답 및 해설

SD에듀
(주)시대고시기획

1일 차

최신 출제 경향 파악하기

끝까지 책임진다! SD에듀!

QR코드를 통해 도서 출간 이후 발견된 오류나 개정법령, 변경된 시험 정보, 최신기출문제, 도서 업데이트 자료 등이 있는지 확인해 보세요! **시대에듀 합격 스마트 앱**을 통해서도 알려 드리고 있으니 구글 플레이나 앱 스토어에서 다운받아 사용하세요. 또한, 파본 도서인 경우에는 구입하신 곳에서 교환해 드립니다.

2023년 하반기 기출복원문제

01 수리

01	02	03	04	05	06	07	08	09	10
③	①	④	③	④	②	③	①	⑤	⑤

01

정답 ③

- 전년 대비 2022년 데스크탑 PC의 판매량 증감률 : $\dfrac{4,700-5,000}{5,000}\times100=\dfrac{-300}{5,000}\times100=-6\%$

- 전년 대비 2022년 노트북의 판매량 증감률 : $\dfrac{2,400-2,000}{2,000}\times100=\dfrac{400}{2,000}\times100=20\%$

02

정답 ①

8명의 선수 중 4명을 뽑는 경우의 수는 $_8\mathrm{C}_4=\dfrac{8\times7\times6\times5}{4\times3\times2\times1}=70$가지이고, A, B, C를 포함하여 4명을 뽑는 경우의 수는 A, B, C를 제외한 5명 중 1명을 뽑으면 되므로 $_5\mathrm{C}_1=5$가지이다.

따라서 구하고자 하는 확률은 $\dfrac{5}{70}=\dfrac{1}{14}$ 이다.

03

정답 ④

2018년의 부품 수가 2017년보다 $170-120=50$개 늘었을 때, 불량품 수는 $30-10=20$개 늘었고, 2019년의 부품 수가 2018년보다 $270-170=100$개 늘었을 때, 불량품 수는 $70-30=40$개 늘었다. 그러므로 전년 대비 부품 수의 차이와 불량품 수의 차이 사이에는 5 : 2의 비례관계가 성립한다.

2022년 부품 수(A)를 x개, 2020년 불량품 수(B)를 y개라고 하면 2022년의 부품 수가 2021년보다 $(x-620)$개 늘었을 때, 불량품 수는 $310-210=100$개 늘었다.

즉, $(x-620):100=5:2 \rightarrow x-620=250$

$\therefore x=870$

2020년의 부품 수가 2019년보다 $420-270=150$개 늘었을 때, 불량품 수는 $(y-70)$개 늘었다.

즉, $150:(y-70)=5:2 \rightarrow y-70=60$

$\therefore y=130$

따라서 2022년 부품 수는 870개, 2020년 불량품 수는 130개이다.

04

남자가 소설을 대여한 횟수는 60회이고, 여자가 소설을 대여한 횟수는 80회이므로 $\frac{60}{80} \times 100 = 75\%$이다.

오답분석

① 소설 전체 대여 횟수는 140회, 비소설 전체 대여 횟수는 80회이므로 옳다.

② 40세 미만의 전체 대여 횟수는 120회, 40세 이상의 전체 대여 횟수는 100회이므로 옳다.

④ 40세 미만의 전체 대여 횟수는 120회이고, 그중 비소설 대여는 30회이므로 $\frac{30}{120} \times 100 = 25\%$이다.

⑤ 40세 이상의 전체 대여 횟수는 100회이고, 그중 소설 대여는 50회이므로 $\frac{50}{100} \times 100 = 50\%$이다.

05

ㄱ. 자료를 통해 대도시 간 예상 최대 소요시간은 모든 구간에서 주중이 주말보다 적게 걸림을 알 수 있다.

ㄴ. 주중 전국 교통량 중 수도권에서 지방으로 가는 교통량의 비율은 $\frac{4}{40} \times 100 = 10\%$이다.

ㄹ. 서울 – 광주 구간 주중 소요시간과 서울 – 강릉 구간 주말 소요시간은 3시간으로 같다.

오답분석

ㄷ. 지방에서 수도권으로 가는 주말 예상 교통량은 주중 교통량의 $\frac{3}{2} = 1.5$배이다.

06

ㄴ. 전년 대비 2021년 대형 자동차 판매량의 감소율은 $\frac{150 - 200}{200} \times 100 = -25\%$로 판매량은 전년 대비 30% 미만으로 감소하였다.

ㄷ. 2020 ~ 2022년 동안 SUV 자동차의 총판매량은 300+400+200=900천 대이고, 대형 자동차의 총판매량은 200+150+100=450천 대이다.

따라서 2020 ~ 2022년 동안 SUV 자동차의 총판매량은 대형 자동차 총판매량의 $\frac{900}{450} = 2$배이다.

오답분석

ㄱ. 2020 ~ 2022년 동안 판매량이 지속적으로 감소하는 차종은 '대형' 1종류이다.

ㄹ. 2021년 대비 2022년에 판매량이 증가한 차종은 '준중형'과 '중형'이다. 두 차종의 증가율을 비교하면 준중형은 $\frac{180 - 150}{150} \times 100 = 20\%$, 중형은 $\frac{250 - 200}{200} \times 100 = 25\%$로 중형 자동차가 더 높은 증가율을 나타낸다.

07

• 2018년 대비 2019년 사고 척수의 증가율 : $\frac{2,400 - 1,500}{1,500} \times 100 = 60\%$

• 2018년 대비 2019년 사고 건수의 증가율 : $\frac{2,100 - 1,400}{1,400} \times 100 = 50\%$

08

정답 ①

연도별 사고 건수당 인명피해의 인원수를 구하면 다음과 같다.

- 2018년 : $\dfrac{700}{1,400}=0.5$명/건

- 2019년 : $\dfrac{420}{2,100}=0.2$명/건

- 2020년 : $\dfrac{460}{2,300}=0.2$명/건

- 2021년 : $\dfrac{750}{2,500}=0.3$명/건

- 2022년 : $\dfrac{260}{2,600}=0.1$명/건

따라서 사고 건수당 인명피해의 인원수가 가장 많은 연도는 2018년이다.

09

정답 ⑤

A제품을 n개 이어 붙일 때 필요한 시간이 a_n분일 때, 제품 $(n+1)$개를 이어 붙이는 데 필요한 시간은 $(2a_n+n)$분이다.

제품 n개를 이어 붙이는 데 필요한 시간은 다음과 같다.

- 6개 : $2\times42+5=89$분
- 7개 : $2\times89+6=184$분
- 8개 : $2\times184+7=375$분

따라서 제품 8개를 이어 붙이는 데 필요한 시간은 375분이다.

10

정답 ⑤

A규칙은 계차수열로 앞의 항에 +5를 하여 항과 항 사이에 +20, +25, +30, +35, +40, +45 …을 적용하는 수열이고 B규칙은 앞의 항에 +30을 적용하는 수열이다.

따라서 빈칸에 들어갈 a와 b의 총합이 처음으로 800억 원을 넘는 수는 a=410, b=420이므로 b의 값은 ⑤이다.

02　추리

01	02	03	04	05	06	07	08	09	10	11	12	13	14	15	16	17	18	19	20
④	②	④	③	③	⑤	②	④	③	⑤	④	②	①	⑤	③	②	⑤	④	②	④

01

정답 ④

'눈을 자주 깜빡인다.'를 A, '눈이 건조해진다.'를 B, '스마트폰을 이용할 때'를 C라 하면, 전제1과 전제2는 각각 ~A → B, C → ~A이므로 C → ~A → B가 성립한다. 따라서 C → B인 '스마트폰을 이용할 때는 눈이 건조해진다.'가 적절하다.

02

정답 ②

'밤에 잠을 잘 자다.'를 A, '낮에 피곤하다.'를 B, '업무효율이 좋다.'를 C, '성과급을 받는다.'를 D라고 하면, 전제1은 ~A → B, 전제3은 ~C → ~D, 결론은 ~A → ~D이다.

따라서 ~A → B → ~C → ~D가 성립하기 위해서 필요한 전제2는 B → ~C이므로 '낮에 피곤하면 업무효율이 떨어진다.'가 적절하다.

03

정답 ④

'전기가 통하는 물질'을 A, '금속'을 B, '광택이 있는 물질'을 C라고 하면, 전제1에 따라 모든 금속은 전기가 통하므로 B는 A에 포함되며, 전제2에 따라 C는 B의 일부에 포함된다. 이를 벤다이어그램으로 표현하면 다음과 같다.

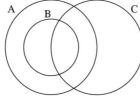

따라서 C에서 A를 제외한 부분이 존재하므로 '전기가 통하지 않으면서 광택이 있는 물질이 있다.'가 적절하다.

04

정답 ③

A와 D의 진술이 모순되므로, A의 진술이 참인 경우와 거짓인 경우를 정리하면 각각 다음과 같다.
ⅰ) A의 진술이 참인 경우
    A의 진술에 따라 D가 부정행위를 하였으며, 거짓을 말하고 있다. B는 A의 진술이 참이므로 B의 진술도 참이며, B의 진술이
    참이므로 C의 진술은 거짓이 되고, E의 진술은 참이 된다. 따라서 부정행위를 한 사람은 C, D이다.
ⅱ) A의 진술이 거짓인 경우
    A의 진술에 따라 D는 참을 말하고 있고, B는 A의 진술이 거짓이므로 B의 진술도 거짓이 된다. B의 진술이 거짓이므로 C의
    진술은 참이 되고, E의 진술은 거짓이 된다. 그러면 거짓을 말한 사람은 A, B, E이지만 조건에서 부정행위를 한 사람은 2명이라
    고 하였으므로 모순이 되어 옳지 않다.

05

정답 ③

조건을 정리하면 다음과 같다.
• 첫 번째 조건 : 삼선짬뽕
• 마지막 조건의 대우 : 삼선짬뽕 → 팔보채
• 다섯 번째 조건의 대우 : 팔보채 → 양장피
세 번째, 네 번째 조건의 경우 자장면에 대한 단서가 없으므로 전건 및 후건의 참과 거짓을 판단할 수 없다. 그러므로 탕수육과
만두도 주문 여부를 알 수 없다.
따라서 반드시 주문할 메뉴는 삼선짬뽕, 팔보채, 양장피이다.

06

정답 ⑤

두 번째 조건에 의해, B는 항상 1과 5 사이에 앉는다.
E가 4와 5 사이에 앉으면 2와 3 사이에는 A, C, D 중 누구나 앉을 수 있다.

오답분석
① A가 1과 2 사이에 앉으면 네 번째 조건에 의해, E는 4와 5 사이에 앉는다. 그러면 C와 D는 3 옆에 앉게 되는데 이는 세 번째
   조건과 모순이 된다.
② D가 4와 5 사이에 앉으면 네 번째 조건에 의해, E는 1과 2 사이에 앉는다. 그러면 C와 D는 3 옆에 앉게 되는데 이는 세 번째
   조건과 모순이 된다.
③ C가 2와 3 사이에 앉으면 세 번째 조건에 의해, D는 1과 2 사이에 앉는다. 또한 네 번째 조건에 의해, E는 3과 4 사이에
   앉을 수 없다. 따라서 A는 반드시 3과 4 사이에 앉는다.
④ E가 1과 2 사이에 앉으면 세 번째 조건의 대우에 의해, C는 반드시 4와 5 사이에 앉는다.

07

정답 ②

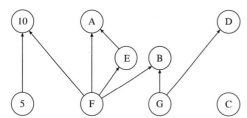

A, B, C를 제외한 빈칸에 적힌 수를 각각 D, E, F, G라고 하자.
F는 10의 약수이고 원 안에는 2에서 10까지의 자연수가 적혀있으므로 F는 2이다.
10을 제외한 2의 배수는 4, 6, 8이고, A는 E와 F의 공배수이다. 즉, A는 8, E는 4이고, B는 6이다.
6의 약수는 1, 2, 3, 6이므로 G는 3이고 D는 3의 배수이므로 9이며, 남은 7은 C이다.
따라서 A, B, C에 해당하는 수의 합은 8+6+7=21이다.

08

정답 ④

규칙은 가로로 적용된다.
첫 번째 도형을 180° 회전시킨 도형이 두 번째 도형이고, 두 번째 도형을 색 반전시킨 도형이 세 번째 도형이다.

09

정답 ③

규칙은 가로로 적용된다.
첫 번째 도형을 반으로 나눴을 때 왼쪽이 두 번째 도형이고, 첫 번째 도형의 오른쪽을 y축 대칭하고 시계 방향으로 90° 회전한 것이 세 번째 도형이다.

10

정답 ⑤

규칙은 가로로 적용된다.
16칸 안에 있는 도형들이 오른쪽으로 한 칸씩 움직인다.

11

정답 ④

• 문자표

1	2	3	4	5	6	7	8	9
A	B	C	D	E	F	G	H	I
10	11	12	13	14	15	16	17	18
J	K	L	M	N	O	P	Q	R
19	20	21	22	23	24	25	26	
S	T	U	V	W	X	Y	Z	

• 규칙
  – ☆ : 각 자릿수 +4, +3, +2, +1
  – ♡ : 1234 → 4321
  – □ : 1234 → 4231
  – △ : 각 자릿수 +1, −1, +1, −1

US24 → 4S2U → 8V4V
     □   ☆

12

정답 ②

KB52 → OE73 → 37EO
　　　☆　　　　♡

13

정답 ①

1839 → 2748 → 8472 → 9381
　　　△　　　♡　　　△

14

정답 ⑤

J7H8 → 87HJ → 96II
　　　□　　　△

15

정답 ③

제시문은 2,500년 전 인간과 현대 인간의 공통점을 언급하며 2,500년 전에 쓰인 『논어』가 현대에서 지니는 가치에 대하여 설명하고 있다. 따라서 (가) 『논어』가 쓰인 2,500년 전 과거와 현대의 차이점 – (마) 2,500년 전의 책인 『논어』가 폐기되지 않고 현대에서도 읽히는 이유에 대한 의문 – (나) 인간이라는 공통점을 지닌 2,500년 전 공자와 우리들 – (다) 2,500년의 시간이 흐르는 동안 인간의 달라진 부분과 달라지지 않은 부분에 대한 설명 – (라) 시대가 흐름에 따라 폐기될 부분을 제외하더라도 여전히 오래된 미래로서의 가치를 지니는 『논어』 순서대로 나열하는 것이 적절하다.

16

정답 ②

다문화정책의 두 가지 핵심을 밝히고 있는 (다)가 가장 처음에 온 뒤 (다)의 내용을 뒷받침하기 위해 프랑스를 사례로 든 (가)를 그 뒤에 배치하는 것이 자연스럽다. 다음으로는 이민자에 대한 지원 촉구 및 다문화정책의 개선 등에 대한 내용이 이어지는 것이 글의 흐름상 적절하므로, 이민자에 대한 배려의 필요성을 주장하는 (라), 다문화정책의 패러다임 전환을 주장하는 (나) 순서로 연결되어야 한다. 따라서 (다) – (가) – (라) – (나)의 순서대로 나열하는 것이 적절하다.

17

정답 ⑤

면허를 발급하는 것은 면허 발급 방식이며, 보조금을 지급받는 것은 보조금 지급 방식으로 둘 사이의 연관성은 없다. 따라서 ⑤가 거짓이다.

[오답분석]

① 과거에는 공공 서비스가 경합성과 배제성이 모두 약한 사회 기반 시설 공급을 중심으로 제공되었다. 이런 경우 서비스 제공에 드는 비용은 주로 세금을 비롯한 공적 재원으로 충당을 하였다.
② 공공 서비스의 다양화와 양적 확대가 이루어지면서 행정 업무의 전문성 및 효율성이 떨어지는 문제점이 나타나기도 하였다.
③ 정부는 위탁 제도를 도입함으로써 정부 조직의 규모를 확대하지 않으면서 서비스의 전문성을 강화할 수 있었다.
④ 경쟁 입찰 방식의 경우 정부가 직접 공공 서비스를 제공할 때보다 서비스의 생산 비용이 절감될 수 있고, 정부의 재정 부담도 경감될 수 있었다.

18

정답 ④

㉠의 '고속도로'는 그래핀이 사용된 선로를 의미하며, ㉢의 '코팅'은 비정질 탄소로 그래핀을 둘러싼 것을 의미한다. ㉠의 그래핀은 전자의 이동속도가 빠른 대신 저항이 높고 전하 농도가 낮다. 연구팀은 이러한 그래핀의 단점을 해결하기 위해, 그래핀에 비정질 탄소를 얇게 덮어 저항을 감소시키고 전하 농도를 증가시키는 방법을 생각해냈다.

오답분석

① ㉢의 '도로'는 기존 금속 재질의 선로를 의미한다. 연구팀은 기존의 금속 재질(㉢) 대신 그래핀(㉠)을 반도체 회로에 사용하였다.
② 반도체 내에 많은 소자가 집적되면서 금속 재질의 선로(㉢)에 저항이 기하급수적으로 증가하였다.
③ 그래핀(㉠)은 구리보다 전기 전달 능력이 뛰어나고 전자 이동속도가 100배 이상 빠르다.
⑤ ㉠의 '고속도로'는 그래핀, ㉢의 '도로'는 금속 재질, ㉢의 '코팅'은 비정질 탄소를 의미한다.

19

정답 ②

제시문에서 필자는 3R 원칙을 강조하며 가장 필수적이고 최저한의 동물실험이 필요악임을 주장하고 있다. 특히 '보다 안전한 결과를 도출해내기 위한 동물실험은 필요악이며, 이러한 필수적인 의약실험조차 금지하려 한다는 것은 기술 발전 속도를 늦춰 약이 필요한 누군가의 고통을 감수하자는 이기적인 주장'이라는 대목을 통해 약이 필요한 이들을 위한 의약실험에 초점을 맞추고 있음을 확인할 수 있다. 따라서 ②의 주장처럼 생명과 큰 관련이 없는 동물실험을 비판의 근거로 삼는 것은 적절하지 않다.

20

정답 ④

포지티브 방식은 PR 코팅, 즉 감광액이 빛에 노출되었을 때 현상액에 녹기 쉽게 화학구조가 변하며, 네거티브 방식은 반대로 감광액이 빛에 노출되면 현상액에 녹기 어렵게 변한다.

오답분석

① 포토리소그래피는 PR층이 덮이지 않은 증착 물질을 제거하는 식각 과정 이후 PR층을 마저 제거한다. 이후 일련의 과정을 다시 반복하여 증착 물질을 원하는 형태로 패터닝하는 것이다.
② PR 코팅은 노광 과정 이후 현상액에 접촉했을 때 반응하여 사라지거나 남게 된다. 따라서 식각 과정 이전에 자신의 실수를 알아차렸을 것이다.
③ 포지티브방식의 PR 코팅을 사용한 창우의 디스플레이 회로의 PR층과 증착 물질이 모두 사라졌다면, 증착 및 코팅 불량이나 PR 제거 실수와 같은 근본적인 오류를 제외할 경우 노광 과정에서 마스크가 빛을 가리지 못해 PR층 전부가 빛에 노출되었을 가능성이 높다.
⑤ 광수가 원래 의도대로 디스플레이 회로를 완성시키기 위해서는 최소 PR 코팅 이전까지 공정을 되돌릴 필요가 있다.

2023년 상반기 기출복원문제

01 수리

01	02	03	04	05	06	07	08	09	10
⑤	①	④	②	②	③	③	④	③	③

01

정답 ⑤

작년 사원 수에서 줄어든 인원은 올해 진급한 사원(12%)과 퇴사한 사원(20%)이므로 이를 합하면 $400 \times (0.12 + 0.2) = 128$명이며, 작년 사원에서 올해도 사원인 사람은 $400 - 128 = 272$명이다. 올해 사원 수는 작년 사원 수에서 6% 증가했으므로 $400 \times 1.06 = 424$명이 된다.

따라서 올해 채용한 신입사원은 $424 - 272 = 152$명임을 알 수 있다.

02

정답 ①

ⅰ) 7명의 학생이 원탁에 앉는 경우의 수 : $(7-1)! = 6!$가지

ⅱ) 7명의 학생 중 여학생 3명이 원탁에 이웃해서 앉는 경우의 수 : $[(5-1)! \times 3!]$가지

따라서 7명의 학생 중 여학생 3명이 원탁에 이웃해서 앉을 확률은 $\dfrac{4! \times 3!}{6!} = \dfrac{1}{5}$이다.

03

정답 ④

ㄷ. 2020 ~ 2022년에 사망자 수는 1,850명 → 1,817명 → 1,558명으로 감소하고 있고, 부상자 수는 11,840명 → 12,956명 → 13,940명으로 증가하고 있다.

ㄹ. 각 연도의 검거율을 구하면 다음과 같다.

- 2019년 : $\dfrac{12,606}{15,280} \times 100 = 82.5\%$
- 2020년 : $\dfrac{12,728}{14,800} \times 100 = 86\%$
- 2021년 : $\dfrac{13,667}{15,800} \times 100 = 86.5\%$
- 2022년 : $\dfrac{14,350}{16,400} \times 100 = 87.5\%$

따라서 검거율은 매년 높아지고 있다.

오답분석

ㄱ. 사고건수는 2020년까지 감소하다가 2021년부터 증가하고 있고, 검거 수는 매년 증가하고 있다.

ㄴ. 2020년과 2021년의 사망률 및 부상률은 다음과 같다.

- 2020년 사망률 : $\dfrac{1,850}{14,800} \times 100 = 12.5\%$
- 2020년 부상률 : $\dfrac{11,840}{14,800} \times 100 = 80\%$
- 2021년 사망률 : $\dfrac{1,817}{15,800} \times 100 = 11.5\%$
- 2021년 부상률 : $\dfrac{12,956}{15,800} \times 100 = 82\%$

따라서 사망률은 2020년이 더 높지만 부상률은 2021년이 더 높다.

04

정답 ②

26~30세 응답자는 총 51명이다. 그중 4회 이상 방문한 응답자는 5+2=7명이고, 비율은 $\frac{7}{51} \times 100 \doteqdot 13.72\%$이므로 10% 이상이다.

오답분석

① 전체 응답자 수는 113명이다. 그중 20~25세 응답자는 53명이므로, 비율은 $\frac{53}{113} \times 100 \doteqdot 46.9\%$가 된다.

③ 주어진 자료만으로는 31~35세 응답자의 1인당 평균 방문횟수를 정확히 구할 수 없다. 그 이유는 방문횟수를 '1회', '2~3회', '4~5회', '6회 이상' 등 구간으로 구분했기 때문이다. 다만 구간별 최솟값으로 평균을 냈을 때, 평균 방문횟수가 2회 이상이라는 점을 통해 2회 미만이라는 것은 틀렸다는 것을 알 수 있다.

1, 1, 1, 2, 2, 2, 2, 4, 4 → (평균)$=\frac{19}{9} \doteqdot 2.11$회

④ 응답자의 직업에서 학생과 공무원 응답자의 수는 51명이다. 즉, 전체 113명의 절반에 미치지 못하므로 비율은 50% 미만이다.

⑤ 주어진 자료만으로 판단할 때, 전문직 응답자 7명 모두 20~25세일 수 있으므로 비율은 $\frac{7}{113} \doteqdot 6.19\%$이므로 5% 이상이 될 수 있다.

05

정답 ②

제시된 자료에 의하여 2020년부터 세계 전문 서비스용 로봇시장의 규모가 증가함을 알 수 있지만, 2022년에 세계 전문 서비스용 로봇 시장 규모가 전체 세계 로봇 시장 규모에서 차지하는 비중을 구하면 $\frac{4,600}{17,949} \times 100 \doteqdot 25.63\%$이다. 따라서 2022년 전체 세계 로봇 시장 규모에서 세계 전문 서비스용 로봇 시장 규모가 차지하는 비중은 27% 미만이므로 옳지 않은 설명이다.

오답분석

① 2022년 세계 개인 서비스용 로봇 시장 규모의 전년 대비 증가율은 $\frac{2,216-2,134}{2,134} \times 100 \doteqdot 3.8\%$이다.

③ 2022년 세계 제조용 로봇 시장 규모의 전년 대비 증가율은 $\frac{11,133-10,193}{10,193} \times 100 \doteqdot 9.2\%$이고, 제시된 자료에 의하여 2022년의 세계 제조용 로봇 시장의 규모가 세계 로봇 시장에서 가장 큰 규모를 차지하고 있음을 확인할 수 있다.

④ • 전년 대비 2022년의 국내 전문 서비스용 로봇 시장 생산 규모 증가율 : $\frac{2,629-1,377}{1,377} \times 100 \doteqdot 91\%$
  • 2021년의 전체 서비스용 로봇 시장 생산 규모 : 3,247+1,377=4,624억 원
  • 2022년의 전체 서비스용 로봇 시장 생산 규모 : 3,256+2,629=5,885억 원
  • 전년 대비 2022년의 전체 서비스용 로봇 시장 생산 규모 증가율 : $\frac{5,885-4,624}{4,624} \times 100 \doteqdot 27.3\%$

⑤ • 전년 대비 2022년의 개인 서비스용 로봇 시장 수출 규모 감소율 : $\frac{944-726}{944} \times 100 \doteqdot 23.1\%$
  • 2021년의 전체 서비스용 로봇 시장 수출 규모 : 944+154=1,098억 원
  • 2022년의 전체 서비스용 로봇 시장 수출 규모 : 726+320=1,046억 원
  • 전년 대비 2022년의 전체 서비스용 로봇 시장 수출 규모 감소율 : $\frac{1,098-1,046}{1,098} \times 100 \doteqdot 4.7\%$

06

정답 ③

ㄱ. 한국, 독일, 영국, 미국이 전년 대비 감소했다.

ㄷ. 전년 대비 2019년 한국, 중국, 독일의 연구개발비 증가율을 각각 구하면 다음과 같다.
  • 한국 : $\frac{33,684-28,641}{28,641} \times 100 \doteqdot 17.6\%$ • 중국 : $\frac{48,771-37,664}{37,664} \times 100 \doteqdot 29.5\%$

  • 독일 : $\frac{84,148-73,737}{73,737} \times 100 \doteqdot 14.1\%$

따라서 중국, 한국, 독일 순서로 증가율이 높다.

ㄴ. 증가율을 계산해보는 방법도 있지만 연구개발비가 2배 이상 증가한 국가는 중국뿐이므로 중국의 증가율이 가장 높은 것을 알 수 있다.

따라서 증가율이 가장 높은 국가는 중국이고, 영국이 $\frac{40,291-39,421}{39,421}\times100 ≒ 2.2\%$로 가장 낮다.

07
정답 ③

• 한국의 응용연구비 : $29,703\times0.2=5,940.6$백만 달러
• 미국의 개발연구비 : $401,576\times0.6=240,945.6$백만 달러

따라서 2021년 미국의 개발연구비는 한국의 응용연구비의 $240,945.6÷5,940.6≒40$배이다.

08
정답 ④

제시된 표를 통해 메모리 개발 용량은 1년마다 2배씩 증가함을 알 수 있다.

• 2004년 : 8,192MB
• 2005년 : 16,384MB
• 2006년 : 32,768MB
• 2007년 : 65,536MB

따라서 2007년에 개발한 반도체 메모리의 용량은 65,536MB이다.

09
정답 ③

제시된 표를 통해 석순의 길이가 10년 단위로 2cm, 1cm씩 반복하여 자라는 것을 알 수 있다.

• 2010년 : 16+2=18cm
• 2020년 : 18+1=19cm
• 2030년 : 19+2=21cm
• 2040년 : 21+1=22cm
• 2050년 : 22+2=24cm

따라서 2050년에 석순의 길이를 측정한다면 24cm일 것이다.

10
정답 ③

1997년부터 차례대로 3을 더하여 만든 수열은 1997, 2000, 2003, 2006, 2009, …이다.

따라서 제10회 세계 물 포럼은 제1회 세계 물 포럼으로부터 9번째 후에 개최되므로 $1997+3\times9=2024$년에 개최된다.

01	02	03	04	05	06	07	08	09	10	11	12	13	14	15	16	17	18	19	20
②	①	④	②	⑤	②	③	③	⑤	④	①	④	③	④	②	②	①	④	③	②

01

정답 ②

'스테이크를 먹는다.'를 A, '지갑이 없다.'를 B, '쿠폰을 받는다.'를 C라 하면, 첫 번째 명제와 마지막 명제는 각각 A → B, ~B → C이다. 이때, 첫 번째 명제의 대우는 ~B → ~A이므로 마지막 명제가 참이 되려면 ~A → C가 필요하다.
따라서 빈칸에 들어갈 명제는 '스테이크를 먹지 않는 사람은 쿠폰을 받는다.'가 적절하다.

02

정답 ①

다이아몬드는 광물이고, 광물은 매우 규칙적인 원자 배열을 가지고 있다. 따라서 다이아몬드는 매우 규칙적인 원자 배열을 가지고 있다.

03

정답 ④

'음악을 좋아하다.'를 A, '상상력이 풍부하다.'를 B, '노란색을 좋아하다.'를 C라고 하면, 첫 번째 명제는 A → B, 두 번째 명제는 ~A → ~C이다. 이때, 두 번째 명제의 대우 C → A에 따라 C → A → B가 성립한다.
따라서 C → B이므로 노란색을 좋아하는 사람은 상상력이 풍부하다.

04

정답 ②

ⅰ) A의 진술이 참인 경우
　　A가 1위, C가 2위이다. 그러면 B의 진술은 참이다. 따라서 B가 3위, D가 4위이다. 그러나 D가 C보다 순위가 낮음에도 C의 진술은 거짓이다. 이는 제시된 조건에 위배된다.
ⅱ) A의 진술이 거짓인 경우
　　제시된 조건에 따라 A의 진술이 거짓이라면 C는 3위 또는 4위일 것인데, 자신보다 높은 순위의 사람에 대한 진술이 거짓이므로 C는 3위, A는 4위이다. 그러면 B의 진술은 거짓이므로, D가 1위, B가 2위이다.

05

정답 ⑤

B와 D는 동시에 참말 혹은 거짓말을 한다. A와 C의 장소에 대한 진술이 모순되기 때문에 B와 D는 참을 말하고 있음이 틀림없다. 따라서 B, D와 진술 내용이 다른 E는 무조건 거짓말을 하고 있는 것이고, 거짓말을 하고 있는 사람은 두 명이므로 A와 C 중 한 명은 거짓말을 하고 있다. A가 거짓말을 하는 경우 A ~ C 모두 부산에 있었고, D는 참말을 하였으므로 범인은 E가 된다. C가 거짓말을 하는 경우 A ~ C는 모두 학교에 있었고, D는 참말을 하였으므로 범인은 역시 E가 된다.

06

정답 ②

조건을 정리하면 다음과 같다.

구분	A	B	C	D
꽃꽂이	×		○	
댄스	×	×	×	
축구			×	
농구		×	×	

A, B, C는 댄스 활동을 하지 않으므로 댄스 활동은 D의 취미임을 알 수 있다. 또한 B, C, D는 농구 활동을 하지 않으므로 A가 농구 활동을 취미로 한다는 것을 알 수 있다. 이를 정리하면 다음과 같다.

구분	A	B	C	D
꽃꽂이	×	×	○	×
댄스	×	×	×	○
축구	×	○	×	×
농구	○	×	×	×

오답분석
① B가 축구 활동을 하는 것은 맞지만, D는 댄스 활동을 한다.
③ A는 농구 활동을, B는 축구 활동을 한다.
④ B는 축구 활동을 하며, D는 댄스 활동을 한다.
⑤ A는 농구 활동을 하며, D는 댄스 활동을 한다.

07

정답 ③

B는 오전 10시에 출근하여 오후 3시에 퇴근하였으므로 업무는 4개이다. D는 B보다 업무가 1개 더 많았으므로 D의 업무는 5개이고, 오후 3시에 퇴근했으므로 출근한 시각은 오전 9시이다. K팀에서 가장 늦게 출근한 사람은 C이고 가장 늦게 출근한 사람을 기준으로 오전 11시에 모두 출근하였으므로 C는 오전 11시에 출근하였다. K팀에서 가장 늦게 퇴근한 사람은 A이고 가장 늦게 퇴근한 사람을 기준으로 오후 4시에 모두 퇴근하였다고 했으므로 A는 오후 4시에 퇴근했다. A는 C보다 업무가 3개 더 많았으므로 C의 업무는 2개이다. 이를 정리하면 다음과 같다.

구분	A	B	C	D
업무	5개	4개	2개	5개
출근 시각	오전 10시	오전 10시	오전 11시	오전 9시
퇴근 시각	오후 4시	오후 3시	오후 2시	오후 3시

따라서 C는 오후 2시에 퇴근했다.

오답분석
① A는 5개의 업무를 하고 퇴근했다.
② B의 업무는 A의 업무보다 적었다.
④ 팀에서 가장 빨리 출근한 사람은 D이다.
⑤ C가 D의 업무 중 1개를 대신 했다면 D가 C보다 빨리 퇴근했을 것이다.

08

정답 ③

B는 두 번째, F는 여섯 번째로 도착하였고, A가 도착하고 바로 뒤에 C가 도착하였으므로 A는 세 번째 또는 네 번째로 도착하였다. 그런데 D는 C보다 먼저 도착하였고 E보다 늦게 도착하였으므로 A는 네 번째로 도착하였음을 알 수 있다.
따라서 도착한 순서는 E − B − D − A − C − F이다. A는 네 번째로 도착하였으므로 토너먼트 배치표에 의해 최대 3번까지 경기를 하게 된다.

09

정답 ⑤

규칙은 가로로 적용된다.
첫 번째 도형의 색칠된 부분과 두 번째 도형의 색칠된 부분을 합치면 세 번째 도형의 색칠된 부분이 된다.

10

규칙은 세로로 적용된다.
첫 번째 도형과 두 번째 도형을 합쳤을 때, 색이 변하지 않고 동일한 부분만을 나타낸 도형이 세 번째 도형이다.

11

정답 ①

• 규칙
  - ○ : 1234 → 2341
  - □ : 각 자릿수 +2, +2, +2, +2
  - ☆ : 1234 → 4321
  - △ : 각 자릿수 −1, +1, −1, +1

JLMP → LMPJ → NORL
　　　○　　　　□

12

정답 ④

DRFT → FTHV → VHTF
　　　□　　　☆

13

정답 ③

8TK1 → 7UJ2 → UJ27
　　　△　　　○

14

정답 ④

F752 → 257F → 479H → 388I
　　☆　　　□　　　△

15

정답 ②

제시문은 가격을 결정하는 요인과 이를 통해 도출할 수 있는 예상을 언급한다. 하지만 현실적인 여러 요인으로 인해 '거품 현상'이 나타나기도 하며 '거품 현상'이란 구체적으로 무엇인지를 설명하는 글이다. 따라서 (가) 수요와 공급에 의해 결정되는 가격 – (마) 상품의 가격에 대한 일반적인 예상 – (다) 현실적인 가격 결정 요인 – (나) 이로 인해 예상치 못하게 나타나는 '거품 현상' – (라) '거품 현상'에 대한 구체적인 설명 순으로 나열하는 것이 적절하다.

16

정답 ②

제시문은 조각보에 대한 설명으로 (나) 조각보의 정의, 클레와 몬드리안의 비교가 잘못된 이유 – (가) 조각보는 클레와 몬드리안보다 100여 년 이상 앞서 제작된 작품이며 독특한 예술성을 지니고 있음 – (다) 조각보가 아름답게 느껴지는 이유 순으로 나열하는 것이 적절하다.

17

정답 ①

제시문은 코젤렉의 개념사에 대한 정의와 특징에 대한 글이다. 따라서 (라) 개념에 대한 논란과 논쟁 속에서 등장한 코젤렉의 개념사 – (가) 코젤렉의 개념사와 개념에 대한 분석 – (나) 개념에 대한 추가적인 분석 – (마) 개념사에 대한 추가적인 분석 – (다) 개념사의 목적과 코젤렉의 주장 순으로 나열하는 것이 적절하다.

18

신경교 세포가 전체 뉴런을 조정하면서 기억력과 사고력을 향상시킨다는 가설하에, 인간의 신경교 세포를 갓 태어난 생쥐의 두뇌에 주입하는 실험을 하였다. 그리고 그 실험결과는 이 같은 가설을 뒷받침해주는 결과를 가져왔으므로 적절한 내용이라고 할 수 있다.

오답분석

① 인간의 신경교 세포를 생쥐의 두뇌에 주입하였더니 쥐가 자라면서 주입된 인간의 신경교 세포도 성장했고, 이 세포들이 주위의 뉴런들과 완벽하게 결합되어 쥐의 두뇌 전체에 걸쳐 퍼지게 되었다고 하였다. 그러나 이 과정에서 쥐의 뉴런에 어떠한 영향을 주는지에 대해서는 언급하고 있지 않다.
②·③ 제시문의 실험은 인간의 신경교 세포를 쥐의 두뇌에 주입했을 때의 변화를 살펴본 것이지 인간의 뉴런 세포를 주입한 것이 아니므로 추론할 수 없는 내용이다.
⑤ 쥐에 주입된 인간의 신경교 세포는 그 기능을 그대로 간직한다고 하였으므로 적절하지 않은 내용이다.

19

레일리 산란의 세기는 보랏빛이 가장 강하지만 우리 눈은 보랏빛보다 파란빛을 더 잘 감지하기 때문에 하늘이 파랗게 보이는 것이다.

오답분석

①·② 첫 번째 문단의 내용을 통해 추론할 수 있다.
④ 빛의 진동수는 파장과 반비례하고, 레일리 산란의 세기는 파장의 네제곱에 반비례한다. 즉, 빛의 진동수가 2배가 되면 파장은 1/2배가 되고, 레일리 산란의 세기는 $2^4 = 16$배가 된다.
⑤ 마지막 문단의 내용을 통해 추론할 수 있다.

20

르네상스의 야만인 담론은 이전과는 달리 현실적 구체성을 띠고 있지만 전통 야만인관에 의해 각색되는 것은 여전하다.

03

2022년 하반기 기출복원문제

01 수리

01	02	03	04	05	06	07	08	09	10
④	②	②	③	④	③	③	②	⑤	②

01

정답 ④

첫 번째 날 또는 일곱 번째 날에 총무부 소속 팀이 봉사활동을 하게 될 확률은 1에서 마케팅부 소속 팀이 첫 번째 날과 일곱 번째 날에 봉사활동을 반드시 하는 확률을 제외한 것과 같다.

마케팅부의 5팀 중 첫 번째 날과 일곱 번째 날에 봉사활동 할 팀을 배치하는 순서의 경우의 수는 $_5P_2 = 5 \times 4 = 20$가지이고, 총무부 2팀을 포함한 5팀을 배치하는 경우의 수는 5!가지이므로 총 $20 \times 5!$가지이다.

첫 번째 날과 일곱 번째 날에 마케팅팀이 봉사활동하는 확률은 $\frac{20 \times 5!}{7!} = \frac{20 \times 5 \times 4 \times 3 \times 2 \times 1}{7 \times 6 \times 5 \times 4 \times 3 \times 2 \times 1} = \frac{10}{21}$ 이므로 첫 번째 날 또는

일곱 번째 날에 총무부 소속 팀이 봉사활동하는 확률은 $1 - \frac{10}{21} = \frac{11}{21}$ 이다.

따라서 $a - b = 21 - 11 = 10$이다.

02

정답 ②

7회 말까지 B팀이 얻은 점수를 X점이라 가정하면, 8・9회에서 A팀이 얻은 점수는 $(12 - X)$점, B팀은 $(9 - X)$점이다.

이에 대한 방정식을 세우면 다음과 같다.

$2(9 - X) = 12 - X$

$\therefore X = 6$

따라서 8・9회에서 B팀은 $9 - 6 = 3$점을 획득하였다.

03

정답 ②

전 직원의 주 평균 야간근무 빈도는 직급별 사원 수를 알아야 구할 수 있는 값이다. 단순히 직급별 주 평균 야간근무 빈도를 모두 더하여 평균을 구하는 것은 적절하지 않다.

[오답분석]

① 자료를 통해 확인할 수 있다.

③ 0.2시간은 60분×0.2=12분이다. 따라서 4.2시간은 4시간 12분이다.

④ 대리는 주 평균 1.8일, 6.3시간의 야간근무를 한다. 야근 1회 시 평균 6.3÷1.8=3.5시간 근무로 가장 긴 시간 동안 일한다.

⑤ 과장은 60분×4.8=288분(4시간 48분) 야간근무를 한다. 60분의 3분의 2(40분) 이상 채울 시 1시간으로 야간근무수당을 계산한다. 즉, 5시간으로 계산하여 50,000원을 받는다.

04

정답 ③

- A기업
  - 화물자동차 : 200,000+(1,000×5×100)+(100×5×100)=750,000원
  - 철도 : 150,000+(900×5×100)+(300×5×100)=750,000원
  - 연안해송 : 100,000+(800×5×100)+(500×5×100)=750,000원
- B기업
  - 화물자동차 : 200,000+(1,000×1×200)+(100×1×200)=420,000원
  - 철도 : 150,000+(900×1×200)+(300×1×200)=390,000원
  - 연안해송 : 100,000+(800×1×200)+(500×1×200)=360,000원

따라서 A는 모든 수단의 운송비용이 같고, B는 연안해송이 가장 저렴하다.

05

정답 ④

미혼모 가구 수는 2019년까지 감소하다가 2020년부터 증가하였고, 미혼부 가구 수는 2018년까지 감소하다가 2019년부터 증가하였으므로 증감 추이가 바뀌는 연도는 같지 않다.

오답분석

① 한부모 가구 중 모자 가구 수의 전년 대비 증가율은 다음과 같다.
- 2018년 : 2,000÷1,600=1.25배
- 2019년 : 2,500÷2,000=1.25배
- 2020년 : 3,600÷2,500=1.44배
- 2021년 : 4,500÷3,600=1.25배

따라서 2020년을 제외하고 1.25배씩 증가하였다.

② 한부모 가구 중 모자 가구 수의 20%를 구하면 다음과 같다.
- 2017년 : 1,600×0.2=320천 명
- 2018년 : 2,000×0.2=400천 명
- 2019년 : 2,500×0.2=500천 명
- 2020년 : 3,600×0.2=720천 명
- 2021년 : 4,500×0.2=900천 명

따라서 부자 가구가 20%를 초과한 해는 2020년(810천 명), 2021년(990천 명)이다.

③ 2020년 미혼모 가구 수는 모자 가구 수의 $\frac{72}{3,600}×100=2\%$이다.

⑤ 2018년 부자 가구 수는 미혼부 가구 수의 340÷17=20배이다.

06

정답 ③

㉠ 2018~2020년까지 전년 대비 세관 물품 신고 수가 증가와 감소를 반복한 것은 '증가 – 감소 – 증가'인 B와 D이다. 따라서 가전류와 주류는 B와 D 중 하나에 해당한다.

㉡ A~D의 전년 대비 2021년 세관 물품 신고 수의 증가량은 다음과 같다.
- A : 5,109−5,026=83만 건
- B : 3,568−3,410=158만 건
- C : 4,875−4,522=353만 건
- D : 2,647−2,135=512만 건

C가 두 번째로 증가량이 많으므로 담배류에 해당한다.

㉢ B, C, D를 제외하면 잡화류는 A임을 바로 알 수 있지만, 표의 수치를 보면 A가 2018~2021년 동안 매년 세관물품 신고 수가 가장 많음을 확인할 수 있다.

ⓔ 2020년 세관 물품 신고 수의 전년 대비 증가율을 구하면 D의 증가율이 세 번째로 높으므로 주류에 해당하고, ㉠에 따라 B가 가전류가 된다.

- A : $\dfrac{5,026-4,388}{4,388}\times100 ≒ 14.5\%$
- B : $\dfrac{3,410-3,216}{3,216}\times100 ≒ 6.0\%$
- C : $\dfrac{4,522-4,037}{4,037}\times100 ≒ 12.0\%$
- D : $\dfrac{2,135-2,002}{2,002}\times100 ≒ 6.6\%$

따라서 A는 잡화류, B는 가전류, C는 담배류, D는 주류이다.

07

정답 ③

월평균 매출액이 35억 원이므로 연매출액은 $35\times12=420$억 원이며, 연매출액은 상반기와 하반기 매출액을 합한 금액이다. 상반기의 월평균 매출액은 26억 원이므로 상반기 총매출액은 $26\times6=156$억 원이고, 하반기 총매출액은 $420-156=264$억 원이다. 따라서 하반기 평균 매출액은 $264\div6=44$억 원이며, 상반기 때보다 $44-26=18$억 원 증가하였다.

08

정답 ②

2021년 4/4분기의 생활물가지수가 95.9라면, 총합은 407포인트이므로 이를 4분기로 나누면 101.75포인트이다. 따라서 2020년 생활물가지수는 100.175포인트이므로 상승지수는 2포인트 미만이다.

[오답분석]
① 2020년 소비자물가지수 분기 총합이 401.4로, 1분기당 평균 100.35이므로 2018년 지수 100과 거의 같다고 할 수 있다.
③ 2018년 이후 분기마다 지수가 약간씩 상승하고 있으므로 매년 상승했다.
④ 2020년에는 소비자물가지수가 생활물가지수보다 약 0.7포인트 높으므로 적절한 판단이다.
⑤ 전년 동기와 비교하여 상승 폭이 가장 클 때는 2018년 4/4분기 소비자물가지수(4.2%)이고, 가장 낮을 때는 2019년 2/4분기 생활물가지수(2.4%)와 2019년 3/4분기 소비자물가지수(2.4%)이다.

09

정답 ⑤

- A물고기 알의 부화 수

첫 번째 항은 30이고 $n\ge2$인 자연수일 때 $a_n=3+\displaystyle\sum_{k=1}^{n-1}2^{k-1}=3+\dfrac{2^{n-1}-1}{2-1}=2^{n-1}+2$인 수열이므로 $a_9=2^8+2=258$개이다.

- B물고기 알의 부화 수

$n\ge2$인 자연수일 때 n번째 항을 a_n이라 하면 $a_n=2^{n-1}$인 수열이므로 $a_9=2^8=256$개이다.

10

정답 ②

최초 투입한 원유의 양을 aL라 하자.
- LPG를 생산하고 남은 원유의 양 : $(1-0.05a)=0.95a$L
- 휘발유를 생산하고 남은 원유의 양 : $0.95a(1-0.2)=0.76a$L
- 등유를 생산하고 남은 원유의 양 : $0.76a(1-0.5)=0.38a$L
- 경유를 생산하고 남은 원유의 양 : $0.38a(1-0.1)=0.342a$L
따라서 아스팔트의 생산량은 $0.342a\times0.04=0.01368a$L이고, 아스팔트는 최초 투입한 원유량의 $0.01368\times100=1.368\%$가 생산된다.

01	02	03	04	05	06	07	08	09	10	11	12	13	14	15	16	17	18	19	20
③	②	①	④	④	④	⑤	①	②	②	④	⑤	④	②	①	③	①	①	④	③

01

정답 ③

'환율이 하락하다.'를 A, '수출이 감소한다.'를 B, 'GDP가 감소한다.'를 C, '국가 경쟁력이 떨어진다.'를 D라고 할 때, 첫 번째 명제는 A → D, 세 번째 명제는 B → C, 네 번째 명제는 B → D이므로 마지막 명제가 참이 되려면 C → A라는 명제가 필요하다. 따라서 C → A의 대우 명제인 ③이 답이 된다.

02

정답 ②

'공부를 열심히 한다.'를 A, '지식을 함양하지 않는다.'를 B, '아는 것이 적다.'를 C, '인생에 나쁜 영향이 생긴다.'를 D라고 할 때, 첫 번째 명제는 C → D, 세 번째 명제는 B → C, 네 번째 명제는 ~A → D이므로 네 번째 명제가 도출되기 위해서는 ~A → B가 필요하다. 따라서 대우 명제인 ②가 답이 된다.

03

정답 ①

주어진 조건에 따라 시험 과목의 순서를 배치해보면 다음 표와 같다.

첫 번째	두 번째	세 번째	네 번째	다섯 번째	여섯 번째
ㅁ	ㄹ	ㄱ	ㄴ	ㅅ	ㅂ

첫 번째	두 번째	세 번째	네 번째	다섯 번째	여섯 번째
ㅁ	ㄹ	ㄱ	ㄴ	ㅂ	ㅅ

따라서 ㄱ 다음에 보게 될 시험 과목은 ㄴ이다.

04

정답 ④

먼저 첫 번째 조건과 두 번째 조건에 따라 6명의 신입 사원을 부서별로 1명, 2명, 3명으로 나누어 배치한다. 이때, 세 번째 조건에 따라 기획부에 3명, 구매부에 1명이 배치되므로 인사부에는 2명의 신입 사원이 배치된다. 또한 1명이 배치되는 구매부에는 마지막 조건에 따라 여자 신입 사원이 배치될 수 없으므로 반드시 1명의 남자 신입 사원이 배치된다. 남은 5명의 신입 사원을 기획부와 인사부에 배치하는 방법은 다음과 같다.

구분	기획부(3명)	인사부(2명)	구매부(1명)
경우 1	남자 1명, 여자 2명	남자 2명	남자 1명
경우 2	남자 2명, 여자 1명	남자 1명, 여자 1명	남자 1명

경우 1에서는 인사부에 남자 신입 사원만 배치되므로 '인사부에는 반드시 여자 신입 사원이 배치된다.'의 ④는 적절하지 않다.

05

정답 ④

B와 C의 말이 모순되므로 B와 C 중 1명은 반드시 진실을 말하고 다른 1명은 거짓을 말한다.
ⅰ) B가 거짓, C기 진실을 말하는 경우
B가 거짓을 말한다면 E의 말 역시 거짓이 되어 롤러코스터를 타지 않은 사람은 E가 된다. 그러나 A는 E와 함께 롤러코스터를 탔다고 했으므로 A의 말 또한 거짓이 된다. 이때, 조건에서 5명 중 2명만 거짓을 말한다고 했으므로 이는 성립하지 않는다.
ⅱ) C가 거짓, B가 진실을 말하는 경우
B가 진실을 말한다면 롤러코스터를 타지 않은 사람은 D가 되며, E의 말은 진실이 된다. 이때, D는 B가 회전목마를 탔다고 했으므로 D가 거짓을 말하는 것을 알 수 있다. 따라서 거짓을 말하는 사람은 C와 D이며, 롤러코스터를 타지 않은 사람은 D이다.

06

정답 ④

두 번째 조건에 따르면 A는 엘리베이터보다 계단이 더 가까운 곳에 살고 있으므로 1001호나 1002호에 살고 있음을 알 수 있다.
세 번째 조건에 따르면 C와 D는 계단보다 엘리베이터에 더 가까운 곳에 살고 있다고 하였으므로 1003호와 1004호에 살고 있음을
알 수 있다.
마지막 조건에 따르면 D는 A 바로 옆에 살고 있으므로 1003호에 살고 있고, A는 1002호에 살고 있음을 알 수 있다.
이를 정리하면 다음과 같다.

계단	1001호	1002호	1003호	1004호	엘리베이터
	B	A	D	C	

따라서 B가 살고 있는 곳에서 엘리베이터 쪽으로는 3명이 살고 있으므로 ④는 항상 거짓이다.

07

정답 ⑤

제시된 단어는 유의 관계이다.
'간섭'은 '다른 사람의 일에 참견함'을 뜻하고, '참견'은 '자기와 별로 관계없는 일이나 말 따위에 끼어들어 쓸데없이 아는 체하거나
이래라저래라 함'을 뜻한다. 따라서 '간절히 바라고 구함'의 뜻인 '갈구'와 유의 관계인 단어는 '열렬하게 바람'의 뜻인 '열망'이다.

오답분석
① 관여 : 어떤 일에 관계하여 참여함
② 개입 : 자신과 직접적인 관계가 없는 일에 끼어 듦
③ 경외 : 공경하면서 두려워함
④ 관조 : 고요한 마음으로 사물이나 현상을 관찰하거나 비추어 봄

08

정답 ①

제시된 단어는 반의 관계이다.
'호평'은 '좋게 평함. 또는 그런 평판이나 평가'를 뜻하고, '악평'은 '나쁘게 평함. 또는 그런 평판이나 평가'를 뜻한다. 따라서 '보통
있는 일'의 뜻인 '예사'와 반의 관계인 단어는 '보통 수준보다 훨씬 뛰어나게'의 뜻인 '비범'이다.

오답분석
② 통상 : 특별하지 아니하고 예사임
③ 보통 : 특별하지 아니하고 흔히 볼 수 있음. 또는 뛰어나지도 열등하지도 아니한 중간 정도
④ 험구 : 남의 흠을 들추어 헐뜯거나 험상궂은 욕을 함
⑤ 인기 : 어떤 대상에 쏠리는 대중의 높은 관심이나 좋아하는 기운

09

정답 ②

아리스토텔레스에게는 물체의 정지 상태가 물체의 운동 상태와는 아무런 상관이 없었으며, 물체에 변화가 있어야만 운동한다고
이해했다.

오답분석
㉠ 이론적인 선입견을 배제한다면 일상적인 경험에 의거해 아리스토텔레스의 논리가 더 그럴듯하게 보일 수는 있다고 했지만,
   뉴턴 역학이 적절하지 않다고 언급하지는 않았다.
㉡ 제시문의 두 번째 문장에서 '아리스토텔레스에 의하면 물체가 똑같은 운동 상태를 유지하기 위해서는 외부에서 끝없이 힘이
   제공되어야만 한다.'고 하고 있다. 따라서 아리스토텔레스의 주장과 반대되는 내용이다.
㉢ 제시문만으로는 당시에 뉴턴이나 갈릴레오가 아리스토텔레스의 논리를 옳다고 판단했는지는 알 수 없다.

10

정답 ②

기계화・정보화의 긍정적인 측면보다는 부정적인 측면을 부각시키고 있는 본문을 통해 기계화・정보화가 인간의 삶의 질 개선에 기여하고 있음을 경시한다고 지적할 수 있다.

11

정답 ④

제시문은 소음의 규제에 대한 이야기를 하고 있다. 따라서 소리가 시공간적 다양성을 담아내는 문화 구성 요소라는 주장을 통해 단순 소음 규제에 반박할 수 있다.

오답분석

① 관현악단 연주 사례를 통해 알 수 있는 사실이다.
②・③・⑤ 제시문의 내용으로 적절하다.

12

정답 ⑤

마지막 문단에 따르면 자기 공명 방식이 상용화되기 위해서는 현재 사용되는 코일 크기로는 일반 가전제품에 적용할 수 없으므로 코일을 소형화해야 할 필요가 있다고 하였다.

오답분석

① 자기 유도 방식은 유도 전력을 이용하지만, 무선 전력 전송을 하기 때문에 철심을 이용하지 않는다.
② 자기 유도 방식은 전력 전송율이 높으나 1차 코일에 해당하는 송신부와 2차 코일에 해당하는 수신부가 수 센티미터 이상 떨어지거나 송신부와 수신부의 중심이 일치하지 않게 되면 전력 전송 효율이 급격히 저하된다.
③ 자기 유도 방식의 2차 코일은 교류 전류 방식이다.
④ 자기 공명 방식에서 2차 코일은 공진 주파수를 전달받고, 1차 코일에서 공진 주파수를 만든다.

13

정답 ④

인간의 후각은 기억과 밀접한 관련이 있다. 따라서 실험이 진행될수록 높은 정답률을 보여준다.

오답분석

① 인간 역시 동물과 마찬가지로 취기재 분자 하나에도 민감하게 반응하나, 동물만큼 예민하지는 않다.
② 인간의 후각 수용기는 1천만 개에 불과하다.
③ 냄새를 탐지할 수 있는 최저 농도를 '탐지 역치'라 한다. 이보다 낮은 농도의 냄새는 탐지가 어렵다.
⑤ 취기재의 정체를 인식하려면 취기재의 농도가 탐지 역치보다 3배가량은 높아야 하므로 이미 취기재의 농도는 탐지 역치보다 3배 높은 상태이다.

14

정답 ②

규칙은 가로로 적용된다.
첫 번째 도형을 데칼코마니처럼 좌우로 펼친 도형이 두 번째 도형이고, 두 번째 도형을 수평으로 반을 잘랐을 때의 아래쪽 도형이 세 번째 도형이다.

15

정답 ①

규칙은 세로로 적용된다.
첫 번째 도형과 두 번째 도형을 겹쳤을 때, 생기는 면에 색을 칠한 도형이 세 번째 도형이다.

16

③

규칙은 가로로 적용된다.
첫 번째 도형을 수직으로 반을 잘랐을 때의 왼쪽 도형이 두 번째 도형이고, 두 번째 도형을 수평으로 반을 자른 후 아래쪽 도형을
시계 방향으로 90° 회전시킨 도형이 세 번째 도형이다.

17

정답 ①

• 규칙
 − Σ : 세 번째 문자를 맨 뒤에 추가
 − Δ : 역순으로 재배열
 − Φ : 자릿수마다 −1
 − Ω : 맨 뒤 문자를 맨 앞으로 보내기

ㅏㅑㅓㅕ → ㅕㅏㅑㅓ → ㅓㅣㅏㅑ
$\quad\quad\quad\Omega\quad\quad\quad\quad\Phi$

18

정답 ①

073g → 962f → 962f2
$\quad\quad\Phi\quad\quad\quad\Sigma$

19

정답 ④

rIN9 → 9NIr → 9NIrI
$\quad\quad\Delta\quad\quad\quad\Sigma$

20

정답 ③

ㅂㅌㅎㅁ → ㅁㅋㅍㄹ → ㄹㅁㅋㅍ
$\quad\quad\quad\Phi\quad\quad\quad\quad\Omega$

04 2022년 상반기 기출복원문제

01 수리

01	02	03	04	05	06	07	08	09	10
④	②	①	⑤	③	④	④	③	⑤	②

01

정답 ④

네 사람이 모두 한 번씩 출장을 가고 그중 한 사람이 출장을 한 번 더 가면 된다. 네 사람을 A, B, C, D라고 하고 두 번 출장 가는 사람을 A라 하면 경우의 수는 $\frac{5!}{2}=60$가지이다.

따라서 네 사람이 적어도 한 번 이상씩 출장 갈 경우의 수는 $60\times4=240$가지이다.

02

정답 ②

작년 B부서의 신입사원 수를 x명이라고 하면 올해 A부서와 B부서의 신입사원은 각각 $55+5=60$명, $(x+4)$명이다.
올해 B부서의 신입사원 수의 1.2배가 A부서의 신입사원 수와 같으므로 다음 식이 성립한다.
$(x+4)\times1.2=60$
$\rightarrow x+4=50$
$\therefore x=46$
따라서 작년 B부서의 신입사원 수는 46명이다.

03

정답 ①

6개의 팀을 배치할 경우의 수는 $6\times5\times4\times3\times2\times1=720$가지이고, A팀과 B팀이 2층에 들어갈 경우의 수는 $4\times3\times2\times1\times2=48$가지이다.

따라서 A팀과 B팀이 2층에 들어갈 확률은 $\frac{48}{720}=\frac{1}{15}$이다.

04

정답 ⑤

두 제품 A와 B의 원가를 각각 a원, b원이라고 하면 다음 식이 성립한다.
$a+b=50,000$
$(a\times0.1)+(b\times0.12)\times5=28,200$
이를 정리하면
$a+b=50,000$
$5a+6b=282,000$
$\therefore b=282,000-50,000\times5=32,000$
따라서 B의 원가는 32,000원이다.

05

정답 ③

인사이동 전 A부서와 B부서의 인원을 각각 a명, b명이라고 하면 $a \times \dfrac{15}{100} = 6$, $b \times \dfrac{12}{100} = 6$이므로 a=40, b=50이다.

따라서 인사이동 전 두 부서의 인원 차이는 10명이다.

06

정답 ④

8명 중 3명을 선택하는 경우의 수는 $_8C_3 = 56$가지이고, 각 조에서 1명씩 선택하는 경우의 수는 $4 \times 2 \times 2 = 16$가지이다.

따라서 이번 주 청소 당번이 각 조에서 1명씩 뽑힐 확률은 $\dfrac{16}{56} = \dfrac{2}{7}$이다.

07

정답 ④

ㄱ. 휴대폰 A~D의 항목별 기본점수를 계산하면 다음과 같다.

(단위 : 점)

구분	A	B	C	D
디자인	5	4	2	3
가격	2	3	4	5
해상도	3	4	5	2
음량	4	2	5	3
화면크기·두께	4	5	2	3
내장·외장메모리	2	3	4	5
합계	20	21	22	21

따라서 기본점수가 가장 높은 휴대폰은 22점인 휴대폰 C이다.

ㄷ. 휴대폰 A~D의 항목별 고객평가 점수를 단순 합산하면 다음과 같다.

(단위 : 점)

구분	A	B	C	D
디자인	8	7	4	6
가격	4	6	7	8
해상도	5	6	8	4
음량	6	4	7	5
화면크기·두께	7	8	3	4
내장·외장메모리	5	6	7	8
합계	35	37	36	35

따라서 각 항목의 점수를 단순 합산한 점수가 가장 높은 휴대폰은 제품 B이다.

ㄹ. 성능점수인 해상도, 음량, 내장·외장메모리 항목의 점수를 제외한 디자인, 가격, 화면크기·두께 항목의 점수만을 단순 합산한 점수를 계산하면 다음과 같다.

(단위 : 점)

구분	A	B	C	D
디자인	8	7	4	6
가격	4	6	7	8
화면크기·두께	7	8	3	4
합계	19	21	14	18

따라서 휴대폰 B의 점수는 휴대폰 C 점수의 $\dfrac{21}{14} = 1.5$배이다.

오답분석

ㄴ. 휴대폰 A ~ D의 성능점수를 계산하면 다음과 같다.

(단위 : 점)

구분	A	B	C	D
해상도	3	4	5	2
음량	4	2	5	3
내장·외장메모리	2	3	4	5
합계	9	9	14	10

따라서 성능점수가 가장 높은 휴대폰은 14점인 휴대폰 C이다.

08
정답 ③

먼저 표의 빈칸을 구하면 다음과 같다.

• A의 서류점수 : $\dfrac{\text{㉠}+66+65+80}{4}=70.75$점

∴ ㉠$=72$

• A의 평균점수 : $\dfrac{72+85+68}{3}=75$점

∴ ㉡$=75$

• C의 필기점수 : $\dfrac{85+71+\text{㉢}+88}{4}=80.75$점

∴ ㉢$=79$

• C의 평균점수 : $\dfrac{65+79+84}{3}=76$점

∴ ㉣$=76$

이에 따라 각 부서에 배치할 인원은 다음과 같다.

• 홍보팀 : 면접점수가 85점으로 가장 높은 B

• 총무팀 : 평균점수가 76점으로 가장 높은 C

• 인사팀 : A와 D의 서류점수와 필기점수의 평균을 구하면 A가 $\dfrac{72+85}{2}=78.5$점, D가 $\dfrac{80+88}{2}=84$점이다.

따라서 인사팀에는 D가 적절하다.

• 기획팀 : 가장 마지막 배치 순서이므로 A가 배치될 것이다.

09
정답 ⑤

2019 ~ 2021년 국가채무는 다음과 같다.

• 2019년 : $334.7+247.2+68.5+24.2+48.6=723.2$조 원

• 2020년 : $437.5+256.4+77.5+27.5+47.7=846.6$조 원

• 2021년 : $538.9+263.5+92.5+27.5+42.9=965.3$조 원

ㄷ. 2020년 공적자금 등으로 인한 국가채무는 47.7조 원으로, 27.5조 원인 지방정부 순채무의 $\dfrac{47.7}{27.5}\times100≒173\%$이므로 60% 이상 많음을 알 수 있다.

ㄹ. 한 해의 GDP는 '(GDP)$\times\left(\dfrac{\text{GDP 대비 국가채무 비율}}{100}\right)$=(국가채무)'이므로 국가채무와 GDP 대비 비율을 이용하여 도출할 수 있다.

2019년 GDP를 x라고 하고, 위 식에 각 항목을 대입하면 $x\times\dfrac{37.6}{100}=723.2$조 원이므로 2019년 GDP는 약 1,923.4조 원이 된다.

그리고 이렇게 도출한 GDP에서 외환시장안정용 국가채무가 차지하는 비율은 $\left(\dfrac{\text{외환시장안정용 국가채무}}{\text{(GDP)}}\right) \times 100 = \dfrac{247.2}{1,923.4}$ $\times 100 \fallingdotseq 12.9\%$이다.

동일한 방식으로 구하면 2020년 GDP를 y라 할 때 $y \times \dfrac{43.8}{100} = 846.6$조 원이므로 2020년 GDP는 약 1,932.9조 원이 된다.

그중 2020년 외환시장안정용 국가채무가 차지하는 비율은 $\dfrac{256.4}{1,932.9} \times 100 \fallingdotseq 13.3\%$로 2019년의 12.9%보다 높으므로 적절한 설명이다.

[오답분석]

ㄱ. 2020년에 서민주거안정용 국가채무가 국가채무에서 차지하는 비중은 $\dfrac{77.5}{846.6} \times 100 \fallingdotseq 9.2\%$이며, 2021년에 서민주거안정용 국가채무가 국가채무에서 차지하는 비중은 $\dfrac{92.5}{965.3} \times 100 \fallingdotseq 9.6\%$이다. 따라서 2021년에 전년 대비 증가하였으므로 적절하지 않은 설명임을 알 수 있다.

ㄴ. GDP 대비 국가채무 비율은 2020년과 2021년 모두 증가하였지만, 지방정부 순채무의 경우 2020년에는 전년 대비 증가하고, 2021년에는 전년 대비 불변이다.

10

정답 ②

환경 A에서 배양하는 세균은 1부터 $+2^1$, $+2^2$, $+2^3$, … 규칙으로 증가하고, 환경 B에서 배양하는 세균은 10부터 $+10$, $+20$, $+30$, … 규칙으로 증가한다.

환경 A의 세균이 더 많아질 때까지 표를 그려보면 다음과 같다.

구분	1시간	2시간	3시간	4시간	5시간	6시간	7시간	8시간	9시간
환경 A	1	3	7	15	31	63	127	255	511
환경 B	10	20	40	70	110	160	220	290	370

따라서 9시간 후에 환경 A의 세균이 환경 B의 세균보다 더 많아진다.

02　추리

01	02	03	04	05	06	07	08	09	10
④	②	②	④	②	⑤	③	①	⑤	③

01

정답 ④

'수학을 좋아한다.'를 '수', '과학을 잘한다.'를 '과', '호기심이 많다.'를 '호'라고 하자.

구분	명제	대우
전제1	수 → 과	과× → 수×
전제2	호× → 과×	과 → 호

전제1과 전제2의 대우에 의해 수 → 과 → 호이다. 따라서 수 → 호 또는 호× → 수×이므로 결론은 '호기심이 적은 사람은 수학을 좋아하지 않는다.'인 ④이다.

02

'물에 잘 번진다.'를 '물', '수성 펜이다.'를 '수', '뚜껑이 있다.'를 '뚜', '잉크 찌꺼기가 생긴다.'를 '잉'이라고 하자.

구분	명제	대우
전제1	물 → 수	수× → 물×
전제2	수 → 뚜	뚜× → 수×
전제3	물× → 잉	잉× → 물

전제1, 전제2의 대우와 전제3에 의해 뚜× → 수× → 물× → 잉이다. 따라서 뚜× → 잉이므로 결론은 '뚜껑이 없는 펜은 잉크 찌꺼기가 생긴다.'인 ②이다.

03

각각의 명제를 벤다이어그램으로 나타내면 다음과 같다.
전제1)

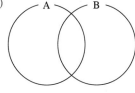

결론)

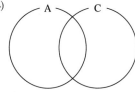

마지막 명제가 참이 되기 위해서는 A와 공통되는 부분의 B와 C가 연결되어야 하므로 B를 C에 모두 포함시켜야 한다.
따라서 전제2에 들어갈 명제는 'B를 구매한 모든 사람은 C를 구매했다.'인 ②이다.

[오답분석]
다음과 같은 경우 성립하지 않는다.
①·③

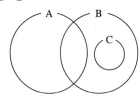

④

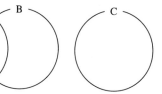

⑤

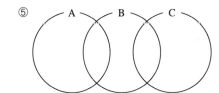

04

정답 ④

단 1명이 거짓말을 하고 있으므로 C와 D 중 1명은 반드시 거짓을 말하고 있다. 즉, C의 말이 거짓일 경우 D의 말은 참이 되며, D의 말이 참일 경우 C의 말은 거짓이 된다.
 ⅰ) D의 말이 거짓일 경우
    C와 B의 말이 참이므로, A와 D가 모두 신발 당첨자가 되어 모순이 된다.
 ⅱ) C의 말이 거짓일 경우
    A는 신발 당첨자가 되지 않으며, 나머지 진술에 따라 D가 신발 당첨자가 된다.
따라서 C가 거짓을 말하고 있으며, 신발 당첨자는 D이다.

05

정답 ②

주어진 조건을 표로 정리하면 다음과 같다.

구분	아메리카노	카페라테	카푸치노	에스프레소
A	○	×	×	×
B				○
C				×

[오답분석]
①·⑤ 주어진 조건만으로는 C가 좋아하는 커피를 알 수 없다.
③ B는 에스프레소를 좋아하지만, C는 에스프레소를 좋아하지 않는다.
④ A와 B는 좋아하는 커피가 다르다고 했으므로, A는 에스프레소를 좋아하지 않는다. 또한 주어진 조건에서 카페라테와 카푸치노도 좋아하지 않는다고 했으므로 A가 좋아하는 커피는 아메리카노이다.

06

정답 ⑤

조건에 따라 사용할 수 있는 숫자는 1, 5, 6을 제외한 나머지 2, 3, 4, 7, 8, 9 총 6개이다.
(한 자리 수)×(두 자리 수)=156이 되는 수를 알기 위해서는 156의 소인수를 구해보면 된다. $156=2^2 \times 3 \times 13$이고, 156이 되는 수의 곱 중에 조건을 만족하는 것은 2×78과 4×39이다.
따라서 선택지 중에 A팀 또는 B팀에 들어갈 수 있는 암호배열은 39밖에 없으므로 답은 ⑤이다.

07

정답 ③

A ~ D 4명의 진술을 정리하면 다음과 같다.

구분	진술 1	진술 2
A	C는 B를 이길 수 있는 것을 냈다.	B는 가위를 냈다.
B	A는 C와 같은 것을 냈다.	A가 편 손가락의 수는 B보다 적다.
C	B는 바위를 냈다.	A ~ D는 같은 것을 내지 않았다.
D	A, B, C 모두 참 또는 거짓을 말한 순서가 동일하다.	이 판은 승자가 나온 판이었다.

먼저 A ~ D는 반드시 가위, 바위, 보 세 가지 중 하나를 내야 하므로 그 누구도 같은 것을 내지 않았다는 C의 진술 2는 거짓이 된다. 따라서 C의 진술 중 진술 1은 참이 되므로 B가 바위를 냈다는 것을 알 수 있다.
이때, B가 가위를 냈다는 A의 진술 2는 참인 C의 진술 1과 모순되므로 A의 진술 중 진술 2가 거짓이 되는 것을 알 수 있다. 결국 A의 진술 중 진술 1이 참이 되므로 C는 바위를 낸 B를 이길 수 있는 보를 냈다는 것을 알 수 있다.
한편, 바위를 낸 B는 손가락을 펴지 않으므로 A가 편 손가락의 수가 자신보다 적었다는 B의 진술 2는 거짓이 된다. 따라서 B의 진술 중 진술 1이 참이 되므로 A는 C와 같은 보를 냈다는 것을 알 수 있다. 이를 바탕으로 A ~ C의 진술에 대한 참, 거짓 여부와 가위바위보를 정리하면 다음과 같다.

구분	진술 1	진술 2	가위바위보
A	참	거짓	보
B	참	거짓	바위
C	참	거짓	보

따라서 참 또는 거짓에 대한 A~C의 진술 순서가 동일하므로 D의 진술 1은 참이 되고, 진술 2는 거짓이 되어야 한다. 이때, 승자가 나오지 않으려면 D는 반드시 A~C와 다른 것을 내야 하므로 가위를 낸 것을 알 수 있다.

[오답분석]
① B와 같은 것을 낸 사람은 없다.
② 보를 낸 사람은 2명이다.
④ B가 기권했다면 가위를 낸 D가 이기게 된다.
⑤ 바위를 낸 사람은 1명이다.

08　　정답 ①

'근면'은 부지런히 일하며 힘쓰는 것이고, '태만'은 열심히 하려는 마음이 없고 게으른 것으로 서로 반의 관계이다. '긴장'의 반의어는 '완화'이다.
• 긴장(緊張) : 마음을 조이고 정신을 바짝 차림
• 완화(緩和) : 긴장된 상태나 급박한 것을 느슨하게 함

[오답분석]
② 경직(硬直) : 몸 따위가 굳어서 뻣뻣하게 됨
③ 수축(收縮) : 부피나 규모가 줄어듦
④ 압축(壓縮) : 일정한 범위나 테두리를 줄임
⑤ 팽창(膨脹) : 부풀어서 부피가 커짐

09　　정답 ⑤

'고집'은 자기의 의견을 바꾸거나 고치지 않고 굳게 버티는 것이고, '집념'은 한 가지 일에 매달려 마음을 쏟는 것으로 서로 유의 관계이다. '정점'의 유의어는 '절정'이다.
• 정점(頂點) : 사물의 진행이나 발전이 최고의 경지에 달한 상태
• 절정(絕頂) : 사물의 진행이나 발전이 최고의 경지에 달한 상태

[오답분석]
① 제한(制限) : 일정한 한도를 정하거나 그 한도를 넘지 못하게 막음
② 경계(境界) : 사물이 어떠한 기준에 의하여 분간되는 한계
③ 한도(限度) : 한정된 정도
④ 절경(絕景) : 더할 나위 없이 훌륭한 경치

10　　정답 ③

가해자의 징벌을 위해 부과되는 것은 벌금이므로 ③은 거짓이다.

[오답분석]
① 불법 행위를 감행하기 쉬운 상황일수록 이를 억제하는 데에는 금전적 제재 수단이 효과적이다.
② 벌금은 형사적 제재이고, 과징금은 행정적 제재이다. 두 제재는 서로 목적이 다르므로 한 가지 행위에 대해 동시 적용이 가능하다.
④ 우리나라에서는 기업의 불법 행위에 대해 손해 배상 소송이 제기되거나 벌금이 부과되는 경우는 드물며, 과징금 등 행정적 제재 수단이 억제 기능을 수행하는 경우가 많다.
⑤ 행정적 제재인 과징금은 국가에 귀속되므로 피해자에게 직접적인 도움이 되지는 못한다.

01 수리

01	02	03	04	05	06	07	08	09	10	11	12	13	14					
②	②	②	④	⑤	④	②	①	②	④	④	⑤	②	②					

01

정답 ②

A가 가장 첫 번째 자리에 앉았으므로 남은 자리는 총 일곱 자리이다. 남은 일곱 자리에 B와 C가 붙어 앉을 수 있는 경우는 6가지이고, 나머지 다섯 자리에 D가 앉는 경우는 5가지이다. 또한 B와 C가 자리를 서로 바꾸어 앉는 경우도 생각해야 한다.
따라서 총 $6 \times 5 \times 2 = 60$가지이다.

02

정답 ②

공기청정기와 선풍기를 모두 구매한 사람은 20명이므로 공기청정기만을 구매한 사람은 $100(=120-20)$명이다. 공기청정기와 선풍기를 구매한 사람 수에서 두 개를 모두 구매한 사람 수와 공기청정기만을 구매한 사람 수를 제외하면 선풍기만을 구매한 사람의 수를 구할 수 있다. 그러므로 선풍기만을 구매한 사람은 $80(=200-20-100)$명이다.
따라서 총매출액은 $100 \times 15 + 80 \times 7 + 20 \times (15 + 7 - 2) = 2,460$만 원이다.

03

정답 ②

전월 여자와 남자 인원수를 각각 x, y명이라고 하면 전월 인원수는 총 1,000명이므로 $x + y = 1,000$이다. 이번 달에는 전월 대비 여자는 20% 증가했고, 남자는 10% 감소하여 총 인원수가 80명 증가했으므로 $0.2x - 0.1y = 80$이다. 두 식을 정리하여 연립하면 다음과 같다.
$x + y = 1,000 \cdots \bigcirc$
$0.2x - 0.1y = 80 \rightarrow 2x - y = 800 \cdots \bigcirc$
$\bigcirc + \bigcirc \rightarrow 3x = 1,800$
$\therefore x = 600, \ y = 400$
따라서 전월 남자 인원수는 400명이다.

04

정답 ④

1회 차에 당첨된 한 명은 2회 차 추첨에서 제외되고, 2회 차에 당첨된 다른 한 명은 3회 차 추첨에서 제외된다. 1회 차에 당첨된 한 명은 3회 차 추첨에 다시 포함된다. 그러므로 A가 이번 달에 총 2번 당첨되려면 1회 차와 3회 차에 당첨되어야 함을 알 수 있다.
1, 2, 3회 차에 10명의 참여자 중 당첨자를 추첨하는 경우의 수는 $10 \times 9 \times 9$가지이다.
A가 1회 차에 당첨되고 2회 차에는 A를 제외한 9명 중 1명이 당첨되며, 3회 차에 다시 A가 당첨되는 경우의 수는 $1 \times 9 \times 1$가지이다.
따라서 이번 달에 A가 2번 당첨될 확률은 $\dfrac{1 \times 9 \times 1}{10 \times 9 \times 9} = \dfrac{1}{90}$이다.

05

20대가 적어도 1명 이상 포함될 경우는 전체의 경우에서 20대가 1명도 포함되지 않을 경우를 제외한 것과 같다.

전체의 경우의 수는 $_6C_2$ 가지이고 20대를 1명도 포함시키지 않고 2명을 뽑는 경우의 수는 30대에서 2명을 모두 뽑는 경우의 수와 같으므로 $_3C_2$ 가지이다.

$$\therefore \frac{_6C_2 - _3C_2}{_6C_2} = \frac{15-3}{15} = \frac{12}{15} = \frac{4}{5}$$

06

Y는 6시간 동안 1개를 생산하였으므로 60시간 동안에는 10개를 생산한다. Y와 Z가 함께 60시간 동안 21개를 생산하였으므로 Z는 11개를 생산하였다. 그러므로 X가 15시간 동안 1개, Y는 6시간 동안 1개, Z는 60시간 동안 11개를 생산한다.

따라서 X, Y, Z가 함께 360시간 동안 생산하는 A제품은 $360 \div 15 \times 1 + 360 \div 6 \times 1 + 360 \div 60 \times 11 = 24 + 60 + 66 = 150$개이다.

07

2019년의 인원수는 2018년 대비 25% 감소하였으므로 $300 \times (1-0.25)$명이다.

2020년의 인원수는 2019년 대비 20% 증가하였으므로 $300 \times (1-0.25) \times (1+0.2)$명이다.

따라서 2018년과 2020년의 인원수 차이는 $300 - 300 \times (1-0.25) \times (1+0.2) = 300 - 300 \times 0.75 \times 1.2 = 300 - 270 = 30$명이다.

08

10명인 S부서에서 3명을 뽑는 경우의 수는 $_{10}C_3$ 가지이다.

6명인 제조팀에서 2명, 4명인 영업팀에서 1명이 뽑히는 경우의 수는 $_6C_2 \times _4C_1$ 가지이다.

따라서 S부서에서 3명을 뽑을 때 제조팀에서 2명, 영업팀에서 1명이 뽑힐 확률은 $\dfrac{_6C_2 \times _4C_1}{_{10}C_3} = \dfrac{\dfrac{6 \times 5}{2 \times 1} \times 4}{\dfrac{10 \times 9 \times 8}{3 \times 2 \times 1}} = \dfrac{15 \times 4}{120} = \dfrac{1}{2}$ 이다.

09

ㄴ. 기계장비 부문의 상대수준은 일본이다.

ㄷ. 한국의 전자 부문 투자액은 301.6억 달러, 전자 외 부문 투자액의 총합은 $3.4 + 4.9 + 32.4 + 16.4 = 57.1$억 달러로, $57.1 \times 6 = 342.6 > 301.60$이다. 따라서 옳지 않다.

오답분석

ㄱ. 제시된 자료를 통해 한국의 IT서비스 부문 투자액은 최대 투자국인 미국 대비 상대수준이 1.7%임을 알 수 있다.

ㄹ. 일본은 '전자 − 바이오·의료 − 기계장비 − 통신서비스 − IT서비스' 순이고, 프랑스는 '전자 − IT서비스 − 바이오·의료 − 기계장비 − 통신서비스' 순서이다.

10

(X상품 생산지수)=10일 때, (Y상품 생산지수)=52이므로

$52 = a \times (10 \div 10)^2 + b \times 10 \rightarrow 52 = a + 10b \cdots$ (가)

(X상품 생산지수)=20일 때, (Y상품 생산지수)=108이므로

$108 = a \times (20 \div 10)^2 + b \times 20 \rightarrow 108 = 4a + 20b \rightarrow 27 = a + 5b \cdots$ (나)

(가)와 (나)를 연립하면

(가)−(나) $\rightarrow a=2$, $b=5 \rightarrow$ (Y상품 생산지수)$=2 \times \{$(X상품 생산지수)$\div 10\}^2 + 5 \times$(X상품 생산지수)

(X상품 생산지수)=30일 때

(Y상품 생산지수)$=2\times(30\div10)^2+5\times30=168$ … ⓛ

(Y상품 생산지수)$=300$일 때

$300=2\times\{$(X상품 생산지수)$\div10\}^2+5\times$(X상품 생산지수)

→ (X상품 생산지수)$^2\div50+5\times$(X상품 생산지수)$-300=0$

→ (X상품 생산지수)$^2+250\times$(X상품 생산지수)$-15,000=0$

→ $\{$(X상품 생산지수)$+300\}\{$(X상품 생산지수)$-50\}=0$

→ (X상품 생산지수)$=50$ … ㉠ ($\because$ X, Y상품의 생산지수는 양수)

따라서 ㉠$=50$, ⓛ$=168$이다.

11

정답 ④

A회사와 B회사 매출액의 증감 규칙은 다음과 같다.

• A회사

$$3,500 \quad 5,000 \quad 6,400 \quad 7,700$$
$$+1,500 \quad +1,400 \quad +1,300$$
$$-100 \quad -100$$

주어진 수열의 계차는 공차가 -100인 등차수열이다.

• B회사

$$1,500 \quad 2,100 \quad 2,700 \quad 3,300$$
$$+600 \quad +600 \quad +600$$

앞의 항에 $+600$을 하는 등차수열이다.

2020년을 기준으로 n년 후에 A회사의 매출액은 $7,700+\sum_{k=1}^{n}(1,300-100k)$백만 원이고, B회사의 매출액은 $3,300+600n$백만 원이다. B회사 매출액이 A회사 매출액의 절반을 뛰어넘는 연도를 구하라고 하였으므로 다음과 같다.

$$\frac{7,700+\sum_{k=1}^{n}(1,300-100k)}{2}<3,300+600n$$

→ $-50n^2+1,250n+7,700<2\times(3,300+600n)$ $[\because \sum_{k=1}^{n}k=\frac{n(n+1)}{2}, \sum_{k=1}^{n}m=nm$ (단, m은 상수이다)$]$

→ $-50n^2+1,250n+7,700<6,600+1,200n$

→ $-50n^2+50n+1,100<0$

→ $-50(n^2-n-22)<0$

→ $n^2-n-22>0$

→ $n\geq6$

따라서 n이 6보다 크거나 같아야 n^2-n-22가 0보다 크므로, 2020년으로부터 6년 후인 2026년에 B회사 매출액이 A회사 매출액의 절반을 뛰어넘는다.

다른풀이

직접 계산하는 방법으로 하면 A, B회사의 매출액은 다음과 같다.

(단위 : 백만 원)

구분	2020년	2021년	2022년	2023년	2024년	2025년	2026년
A회사	7,700	8,900	10,000	11,000	11,900	12,700	13,400
B회사	3,300	3,900	4,500	5,100	5,700	6,300	6,900

따라서 2026년에 B회사 매출액이 A회사 매출액의 절반을 뛰어넘는다.

12

정답 ⑤

S사의 부서별 전년 대비 순이익의 증감률은 다음과 같다.

(단위 : %)

구분	리조트	보험	물류	패션	건설
2017년	60	0	25	50	20
2018년	150	25	60	0	50
2019년	25	50	25	400	100
2020년	20	40	20	−70	−50
2021년	15	0	25	200	100

2018년 건설 부서의 순이익은 전년 대비 50% 증가하였는데 ⑤번 그래프에서는 40%보다 낮다.

13

정답 ②

A사원과 B사원이 T상품에 가입시킨 고객 수의 증가 규칙은 다음과 같다.

• A사원

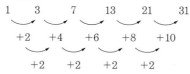

2   7   12   17   22   27

　+5　+5　+5　+5　+5

앞의 항에 +5를 하는 등차수열이다.

• B사원

1   3   7   13   21   31

　+2　+4　+6　+8　+10

　　+2　+2　+2　+2

주어진 수열의 계차는 공차가 +2인 등차수열이다.

증가 규칙에 따라 12월에 A사원과 B사원이 가입시킨 고객 수를 구하면 다음과 같다.

(단위 : 명)

구분	6월	7월	8월	9월	10월	11월	12월
A사원	27	32	37	42	47	52	57
B사원	31	43	57	73	91	111	133

A사원과 B사원의 12월 성과금은 각각 114(=57×2)만 원, 266(=133×2)만 원이다.

14

정답 ②

X상품과 Y상품의 수익의 증가 규칙은 다음과 같다.

• A사원

25,000   26,000   27,000   28,000   29,000

　+1,000　+1,000　+1,000　+1,000

앞의 항에 +1,000을 하는 등차수열이다.

• B사원

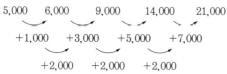

5,000   6,000   9,000   14,000   21,000

　+1,000　+3,000　+5,000　+7,000

　　+2,000　+2,000　+2,000

주어진 수열의 계차는 공차가 +2,000인 등차수열이다.

2021년 5월을 기준으로 n달 후에 X상품의 수익은 $29,000+1,000n$천만 원이고, Y상품의 수익은 $21,000+\sum_{k=1}^{n}(7,000+2,000k)$천만 원이다.

Y상품 수익이 X상품 수익의 3배가 되는 달을 구하라고 하였으므로 다음과 같다.

$21,000+\sum_{k=1}^{n}(7,000+2,000k)=3\times(29,000+1,000n)$

→ $21,000+7,000n+1,000n(n+1)=87,000+3,000n$

→ $1,000n^2+5,000n-66,000=0$

→ $n^2+5n-66=0$

→ $(n-6)(n+11)=0$

→ $n=6(\because 2021년 5월 이후)$

2021년 5월을 기준으로 6달 후인 2021년 11월에 Y상품 수익이 X상품 수익의 3배가 된다.

다른풀이

직접 계산하는 방법으로 하면 X상품과 Y상품의 수익은 다음과 같다.

(단위 : 천만 원)

구분	5월	6월	7월	8월	9월	10월	11월
X상품	29,000	30,000	31,000	32,000	33,000	34,000	35,000
Y상품	21,000	30,000	41,000	54,000	69,000	86,000	105,000

따라서 2021년 11월에 Y상품 수익이 X상품 수익의 3배가 되는 것을 알 수 있다.

02   추리

01	02	03	04	05	06	07	08	09	10	11	12	13	14	15	16	17	18	19	20
④	⑤	②	②	⑤	③	⑤	②	②	③	⑤	②	①	③	②	③	⑤	①	②	④

21	22	23	24	25	26	27													
③	⑤	②	①	③	⑤	④													

01

정답 ④

전제1과 전제2의 대우에 의해 연극을 좋아하면 발레를 좋아하고, 발레를 좋아하면 영화를 좋아한다.
따라서 연극을 좋아하면 영화를 좋아하므로 결론은 '연극을 좋아하면 영화를 좋아한다.'이다.

다른풀이

'연극을 좋아한다.'를 '연', '발레를 좋아한다.'를 '발', '영화를 좋아한다.'를 '영'이라고 하자.

구분	명제	대우
전제1	연 → 발	발× → 연×
전제2	영× → 발×	발 → 영

전제1과 전제2의 대우에 의해 연 → 발 → 영이다. 따라서 연 → 영이므로 결론은 '연극을 좋아하면 영화를 좋아한다.'인 '연극을 좋아하면 영화를 좋아한다.'이다.

02

정답 ⑤

'부품을 만든다.'를 '부', '공장이 있다.'를 '공', '제조를 한다.'를 '제'라고 하자.

구분	명제	대우
전제1	부 → 공	공× → 부×
결론	부 → 제	제× → 부×

전제1이 결론으로 연결되려면, 전제2는 공 → 제가 되어야 한다. 따라서 전제2는 '공장이 있는 모든 회사는 제조를 한다.'인 ⑤이다.

03

정답 ②

'와인을 좋아한다.'를 '와', '치즈를 좋아한다.'를 '치', '포도를 좋아한다.'를 '포'라고 하면 다음과 같이 벤다이어그램으로 나타낼 수 있다.

전제1)

결론)
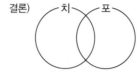

결론이 참이 되기 위해서는 '와'와 공통되는 '치'의 부분과 '포'가 연결되어야 한다. 즉, 다음과 같은 벤다이어그램이 성립할 때 결론이 참이 될 수 있으므로 전제2에 들어갈 명제는 어떤 와 → 포이거나 어떤 포 → 와이다. 따라서 전제2에 들어갈 명제는 '와인을 좋아하는 어떤 회사원은 포도를 좋아한다.'이다.

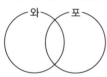

04

정답 ②

'연극을 좋아하는 아이'를 '연', '드라마를 보는 아이'를 '드', '영화를 보는 아이'를 '영'이라고 하면, 전제1과 전제2는 다음과 같은 벤다이어그램으로 나타낼 수 있다.

전제1)

전제2)

이를 정리하면 다음과 같은 벤다이어그램이 성립한다.

따라서 '영화를 보는 어떤 아이는 드라마를 본다.'라는 결론이 도출된다.

오답분석

이 경우에는 성립하지 않으므로 적절하지 않다.

05

정답 ⑤

전제2와 전제1에 의해 Java를 하는 모든 사원은 C언어를 하고, C언어를 하는 모든 사원은 파이썬을 한다.
따라서 Java를 하는 모든 사원은 파이썬을 하므로 결론은 대우 명제인 '파이썬을 하지 않는 모든 사원은 Java를 하지 않는다.'이다.

다른풀이

'C언어를 한다.'를 'C', '파이썬을 한다.'를 '파', 'Java를 한다.'를 'J'라고 하자.

구분	명제	대우
전제1	C → 파	파× → C×
전제2	J → C	J× → C×

전제2와 전제1에 의해 J → C → 파이다. 따라서 J → 파이므로 결론은 'Java를 하는 모든 사원은 파이썬을 한다.'의 대우 명제인 '파이썬을 하지 않는 모든 사원은 Java를 하지 않는다.'이다.

06

정답 ③

E는 B보다 먼저 포장을 완료했고, B는 보관함 2열, E는 보관함 3행에 넣어졌으므로 B는 8번 보관함, E는 7번 보관함에 넣어졌다.
D는 A보다 한 행 아래 C보다 왼쪽 열에 넣어졌고, C는 두 번째로 포장이 완료되었으므로 A → C → D 순서로 포장이 완료되었음을 알 수 있다. 또한 짝수 번의 보관함에는 한 개의 상품만 넣어졌으므로 8번에 넣어진 B를 제외하고는 모두 홀수 번의 보관함에 넣어졌다.
따라서 A는 1번 보관함, C는 3번 보관함, D는 5번 보관함에 넣어졌다.

07

정답 ⑤

C는 가장 마지막에 출근하였으므로 여섯 번째로 출근했고, 케냐 커피를 마셨다. F는 바로 앞에 출근한 사원이 마신 커피와 다른 종류의 커피를 마셨으므로 네 번째로 출근했고 케냐 커피를 마셨다. A와 B는 연이어 출근하였고 B는 E보다 나중에 출근하였으므로 E는 첫 번째로 출근했다. A와 B는 두 번째, 세 번째로 연이어 출근했고, D는 다섯 번째로 출근했다.

구분	에티오피아 커피			케냐 커피		
	첫 번째	두 번째	세 번째	네 번째	다섯 번째	여섯 번째
경우1	E	A	B	F	D	C
경우2	E	B	A	F	D	C

따라서 B가 A보다 먼저 출근했다면 A는 세 번째로 출근했다.

08

정답 ②

첫 번째와 세 번째 조건에 의해 F>(A, B)>E이다.
두 번째와 네 번째 조건까지 고려하면 다음과 같다.

구분	첫 번째	두 번째	세 번째	다섯 번째	여섯 번째	일곱 번째
경우1	F	C	A	B	D	E
경우2	F	C	B	A	D	E
경우3	F	A	C	B	E	D
경우4	F	A	D	B	E	C
경우5	F	B	C	A	E	D

따라서 E가 맨 끝에 서 있는 경우는 경우1, 2이므로 C는 F 바로 뒤에 서 있다.

오답분석

① 경우4에서 D는 E와 떨어져 있다.
③ 경우3, 4에서 A는 C보다 앞에 서 있다.
④ 경우5에서 E가 여섯 번째로 서 있지만 A는 B보다 뒤에 서 있다.
⑤ 경우3, 4에서 A가 F 바로 뒤에 서 있지만 B는 다섯 번째에 서 있다.

09

D가 첫 번째 경기에 출전했으므로 1, 2번 자리에 배치되었고, F는 두 번째 경기에 출전했으므로 3, 4번 자리에 배치되었다. D는 결승전에 진출했고 B는 준결승전에서 패배하였으므로 B와 D는 준결승전에서 만났다. D는 1, 2번 자리에 배치되었으므로 B는 3, 4번 자리에 배치되었다.
준결승에서 만난 G와 E는 5, 6, 7번 자리에 배치되었다.

오답분석
① D는 결승전에 진출했고, G와 E는 준결승에서 만났으므로 G가 E를 이긴다면 D와 결승전에서 만날 수도 있다.
③ 5, 6, 7번 자리에 배치된 G와 E가 준결승에서 만났으므로 A는 부전승으로 준결승전에 출전할 수 없다.
④ B와 F는 3, 4번 자리에 배치되었으므로 1라운드에서 만났다.
⑤ G나 E가 7번 자리에 배치될 수 있으므로 A와 C는 경기를 3번 했다.

10

각 직무의 담당자는 2명이고 C와 D가 담당하는 직무는 서로 다르므로 A와 B가 담당하는 직무 또한 서로 다르다. B는 공정설계 직무를 담당하므로 A는 공정설계 직무를 담당하지 않는다. D는 설비기술 직무를 담당하므로 C는 설비기술 직무를 담당하지 않는다. D가 회로설계 직무를 담당하면 C는 공정설계와 품질보증 직무를 담당한다. A와 C는 1개의 직무를 함께 담당하고 A는 공정설계를 담당하지 않으므로 A와 C는 품질보증 직무를 함께 담당한다.

구분	공정설계	설비기술	회로설계	품질보증
A	×			○
B	○			×
C	○	×	×	○
D	×	○	○	×

오답분석
① B가 회로설계 직무를 담당하면 A는 설비기술과 품질보증 직무를 담당한다. A와 C가 1개의 직무를 함께 담당해야 하므로 C는 품질보증 직무를 담당한다. C와 D가 담당하는 직무는 서로 다르므로 D는 품질보증 직무를 담당하지 않는다.

구분	공정설계	설비기술	회로설계	품질보증
A	×	○	×	○
B	○	×	○	×
C		×		○
D		○		×

② A가 설비기술 직무를 담당하지 않으면 회로설계와 품질보증 직무를 담당한다. A와 C는 1개의 직무를 함께 담당하므로 C는 회로설계와 품질보증 직무 중 1개의 직무를 담당한다.

구분	공정설계	설비기술	회로설계	품질보증
A	×	×	○	○
B	○	○	×	×
C		×		
D		○		

④ C가 품질보증 직무를 담당하지 않으면 공정설계와 회로설계 직무를 담당한다. A와 C는 1개의 직무를 함께 담당하므로 A는 회로설계 직무를 담당한다, A와 B는 담당하는 직무가 서로 다르므로 B는 회로설계 직무를 담당하지 않는다.

구분	공정설계	설비기술	회로설계	품질보증
A	×		○	
B	○		×	
C	○	×	○	×
D	×	○	×	○

⑤ B가 설비기술 직무를 담당하지 않으면 A는 설비기술 직무를 담당한다. A는 회로설계와 품질보증 직무 중 1개의 직무를 담당할
수 있으므로 회로설계 직무를 담당하지 않는지는 알 수 없다.

구분	공정설계	설비기술	회로설계	품질보증
A	×	○		
B	○	×		
C		×		
D		○		

11
정답 ⑤

가장 작은 숫자가 적힌 카드를 가지고 있다는 A와 'A가 가지고 있는 카드의 숫자보다 작은 수가 적힌 카드를 가지고 있다.'는
E의 진술이 서로 모순된다.
• A의 진술이 거짓일 때
  A가 가진 카드에 적힌 숫자는 1이 아니며, C의 진술에 의해 A는 2가 적힌 카드를 가지고 있다. E의 진술에 의해 E는 1이 적힌
  카드를 가지고 있고, D의 진술에 의해 D는 0이 적힌 카드를 가지고 있다. 그런데 카드에는 1부터 5까지의 자연수가 적혀있다고
  하였으므로 모순이다.
• E의 진술이 거짓일 때
  A는 1이 적힌 카드를 가지고 있고, C의 진술에 의해 C는 2가 적힌 카드를 가지고 있다. B는 C보다는 큰 수이고 5보다는 작은
  수가 적힌 카드를 가지고 있으므로 3 또는 4가 적힌 카드를 가지고 있다. D의 진술에 의해 D는 E보다 1만큼 작은 수가 적힌
  카드를 가지고 있으므로 D와 E는 각각 4, 5 또는 3, 4가 적힌 카드를 가지고 있다. 그러므로 B는 3, D는 4, E는 5가 적힌
  카드를 가지고 있다.
따라서 가장 큰 숫자가 적힌 카드를 가지고 있는 사람은 E이다.

12
정답 ②

• A의 진술이 거짓일 때
  A는 거짓을 말했으므로 나팀이고, A와 C는 같은 팀이 아니다. C는 나팀이 아니므로 E가 나팀이라는 C의 말은 참이다. E는
  나팀이므로 B가 나팀이 아니라는 진술은 거짓이다. B가 나팀이므로 한 팀은 2명 이하로 구성되어 있다는 전제에 모순된다.
• A의 진술이 참일 때
  A는 진실을 말했으므로 A와 C는 같은 팀이고 나팀이 아니다. C도 진실을 말했으므로 E는 나팀이다. E는 나팀이므로 B는 나팀이
  아니라는 E의 진술은 거짓이다. B는 나팀이므로 B의 진술은 거짓이다. 따라서 A와 C는 가팀, B와 E는 나팀, D는 다팀이다.

13
정답 ①

규칙은 세로 방향으로 적용된다.
첫 번째 도형과 두 번째 도형을 합쳤을 때 검은색과 검은색, 흰색과 흰색이 합쳐지는 부분은 흰색이다. 검은색과 흰색이 합쳐지는
부분이 검은색으로 표현된 것이 세 번째 도형이다.

14
정답 ③

규칙은 가로 방향으로 적용된다.
원은 시계 방향으로 한 칸씩 이동하면서 해당 칸의 색으로 바뀐다. 원이 위치한 칸의 색은 항상 흰색이고, 원이 다른 칸으로 이동하면
원래 색으로 바뀐다.

15
정답 ②

규칙은 가로 방향으로 적용된다.
첫 번째 도형을 시계 반대 방향으로 90° 회전한 것이 두 번째 도형이고, 이를 180° 회전한 것이 세 번째 도형이다.

16

정답 ③

• 문자표

A	B	C	D	E	F	G	H	I	J	K	L	M	N
O	P	Q	R	S	T	U	V	W	X	Y	Z		
ㄱ	ㄴ	ㄷ	ㄹ	ㅁ	ㅂ	ㅅ	ㅇ	ㅈ	ㅊ	ㅋ	ㅌ	ㅍ	ㅎ

• 규칙

- △ : +1−1+2−2
- ○ : 1234 → 2143
- □ : +1−1−1+1
- ☆ : 1234 → 1324

BROW → CQQU → QCUQ
　　　△　　　　○

17

정답 ⑤

QWXE → RVWF → RWVF
　　　□　　　　☆

18

정답 ①

GKHE → GHKE → HGEK
　　　☆　　　　○

19

정답 ②

XOST → YNUR → ZMTS
　　　△　　　　□

20

정답 ④

• 문자표

A	B	C	D	E	F	G	H	I	J	K	L	M	N
O	P	Q	R	S	T	U	V	W	X	Y	Z		
ㄱ	ㄴ	ㄷ	ㄹ	ㅁ	ㅂ	ㅅ	ㅇ	ㅈ	ㅊ	ㅋ	ㅌ	ㅍ	ㅎ

• 규칙

- △ : +1+2+1+2
- ○ : 1234 → 4321
- □ : +0+1+0−1
- ☆ : 1234 → 1324

HLJW → HMJV → HJMV
　　　□　　　　☆

21

정답 ③

SEMV → TGNX → TNGX
　　　△　　　　☆

22

EHFP → PFHE → QHIG
　　　　○　　　　△

23

ALVK → AMVJ → JVMA
　　　　□　　　　○

24

제시된 단어의 대응 관계는 반의 관계이다.
'조잡하다'는 '말이나 행동 따위가 거칠고 품위가 없다.'라는 뜻으로 '자세하고 꼼꼼하다.'라는 뜻의 '치밀하다'와 반의 관계이다.
따라서 '활동 범위나 세력을 넓혀 나아가다.'라는 뜻을 가진 '진출하다'와 반의 관계인 단어는 '거두어들이거나 걷어치우다.'라는
뜻인 '철수하다'이다.

[오답분석]
② 자립하다 : 남에게 의지하지 않고 스스로 서다.
③ 인식하다 : 사물을 분별하고 판단하여 알다.
④ 막론하다 : 이것저것 따지고 가려 말하지 아니하다.
⑤ 분별하다 : 서로 다른 일이나 사물을 구별하여 가르다.

25

아보카도는 실내 온도에서 3일 정도밖에 보관되지 않는다.

26

해시 함수 3은 해시 값이 02와 03으로 다르지만 입력 값이 같으므로 해시 함수라고 할 수 없다.

[오답분석]
① 입력 값과 해시 함수 1에 대응하는 해시 값이 서로 다르므로 해시 충돌이 발생하지 않았다.
② 해시 함수 2는 입력 값 B와 C에 대응하는 해시 값이 02로 해시 값이 같아 해시 충돌이 발생했다.
③ 해시 함수 3은 해시 함수라고 할 수 없으므로 암호로 사용될 수 없다.
④ 주어진 자료만으로 판단했을 때 해시 함수 2는 해시 충돌이 발생했고, 해시 함수 1은 해시 충돌이 발생하지 않았으므로 해시
　함수 2보다는 해시 함수 1이 검색 비용이 적게 들 것이다.

27

전자식 보정은 광학식 보정보다 성능은 떨어지지만 가격이 저렴한 장점이 있으므로 상황에 따라 적절하게 선택하여 활용하는 것이
좋다.

[오답분석]
① 광학식 보정은 전자식 보정보다는 가격이 높다는 단점이, 성능이 우수하다는 장점이 있다.
② 전자식 보정은 사진을 찍은 후 떨림을 보정하는 기술이므로 사진을 찍기 전까지는 보정되는 정도를 확인할 수 없다.
③ 거치대를 이용하여 사진을 찍는 경우에는 손떨림이 없으므로 보정 기술이 거의 필요 없다. 따라서 광학식 보정보다는 전자식
　보정을 선택하는 것이 가격 면에서 이득이다.
⑤ 광학식 보정은 손이 떨리는 방향과 반대 방향으로 렌즈를 이동시켜 흔들림을 상쇄하는 기술이므로 손이 왼쪽으로 떨리면 렌즈를
　오른쪽으로 이동시켜 흔들림을 상쇄한다.

1일 차

01	수리

01	02	03	04	05	06	07	08	09	10	11									
②	②	③	④	④	③	①	②	④	④	④									

01

정답 ②

스마트패드만 구입한 고객의 수를 x명, 스마트패드와 스마트폰을 모두 구입한 고객의 수를 y명이라고 하자.
스마트폰만 구입한 고객은 19명이고, S사에서 스마트패드와 스마트폰을 구매한 고객은 총 69명이므로 $x+y+19=69$이다.
한 달 동안 S사의 매출액은 4,554만 원이므로 $80\times x+91\times y+17\times19=4,554$이다.
두 식을 정리하여 연립하면 다음과 같다.
$x+y=50$ … ㉠
$80x+91y=4,231$ … ㉡
㉡$-80\times$㉠
$\therefore x=29,\ y=21$
따라서 스마트패드와 스마트폰을 모두 구입한 고객의 수는 21명이다.

02

정답 ②

20대, 30대, 40대 직원 수를 각각 a, b, c명이라고 하자.
20대가 30대의 50%이므로 $a=b\times50\%=b\times\dfrac{1}{2}$이다.
40대가 30대보다 15명이 많으므로 $c=b+15$이다.
직원의 수는 총 100명이므로 $a+b+c=100$이고, 앞서 구한 식을 이용하여 b에 관한 식으로 만들면 $b\times\dfrac{1}{2}+b+b+15=100$이다.
따라서 $b=34$이므로 30대 직원은 총 34명이다.

03

정답 ③

주어진 정보를 정리하면 다음과 같다.

투자금	100억 원	
주식 종류	A	B
수익률	10%	0%
수익금	7억 원	

100억 원을 A와 B에 분산투자하므로 A에 투자하는 금액을 x억 원이라고 하고, B에 투자하는 금액을 y억 원이라 하자.
$x+y=100$
→ $y=100-x$

A의 수익률 10%, B의 수익률 6%로 7억 원의 수익을 내면 다음과 같다.

$x \times 10\% + (100-x) \times 6\% = 7$

→ $0.1x + 0.06(100-x) = 7$

→ $10x + 6(100-x) = 700$

→ $10x + 600 - 6x = 700$

→ $4x = 100$

∴ $x = 25$

따라서 7억 원의 수익을 내기 위해서 주식 A에 투자할 금액은 25억 원이다.

04

고급반 가, 나, 다수업은 이어서 개설되므로 하나의 묶음으로 생각한다. 고급반 가, 나, 다수업이 하나의 묶음 안에서 개설되는 경우의 수는 3!가지이다.

초급반 A, B, C수업은 이어서 개설되지 않으므로 6개 수업을 순차적으로 개설하는 방법은 다음과 같은 두 가지 경우가 있다.

초급반 A, B, C	고급반 가, 나, 다	초급반 A, B, C	초급반 A, B, C
초급반 A, B, C	초급반 A, B, C	고급반 가, 나, 다	초급반 A, B, C

두 가지 경우에서 초급반 A, B, C수업의 개설 순서를 정하는 경우의 수는 3!가지이다.

따라서 6개 수업을 순차적으로 개설하는 경우의 수는 3!×2×3!=72가지이다.

05

정답 ④

• 전체 경우

구분	1년	2년	3년
조장 가능 인원	6명	5명(첫 번째 연도 조장 제외)	5명(두 번째 연도 조장 제외)

연임이 불가능할 때 3년 동안 조장을 뽑는 경우의 수는 6×5×5가지이다.

• A가 조장을 2번 하는 경우

구분	1년	2년	3년
조장	1명(A)	5명(A 제외 5명 중 1명)	1명(A)

연임은 불가능하므로 3년 동안 A가 조장을 2번 할 수 있는 경우는 첫 번째와 마지막에 조장을 하는 경우이다. 그러므로 A가 조장을 2번 하는 경우의 수는 1×5×1가지이다.

∴ $\dfrac{1 \times 5 \times 1}{6 \times 5 \times 5} = \dfrac{1}{30}$

06

정답 ③

인천과 세종의 여성 공무원 비율은 다음과 같다.

• 인천 : $\dfrac{10,500}{20,000} \times 100 = 52.5\%$

• 세종 : $\dfrac{2,200}{4,000} \times 100 = 55\%$

따라서 비율 차이는 55−52.5=2.5%p이다.

[오답분석]

① 남성 공무원 수가 여성 공무원 수보다 많은 지역은 서울, 경기, 부산, 광주, 대전, 울산, 강원, 경상, 제주로 총 9곳이다.

② 광역시의 남성 공무원 수와 여성 공무원 수의 차이는 다음과 같다.

　• 인천 : 10,500−9,500=1,000명

　• 부산 : 7,500−5,000=2,500명

　• 대구 : 9,600−6,400=3,200명

42 • GSAT 삼성 5일 특강

- 광주 : 4,500-3,000=1,500명
- 대전 : 3,000-1,800=1,200명
- 울산 : 2,100-1,900=200명

따라서 차이가 가장 큰 광역시는 대구이다.

④ 수도권(서울, 경기, 인천)과 광역시(인천, 부산, 대구, 광주, 대전, 울산)의 공무원 수는 다음과 같다.
- 수도권 : 25,000+15,000+20,000=60,000명
- 광역시 : 20,000+12,500+16,000+7,500+4,800+4,000=64,800명

따라서 차이는 64,800-60,000=4,800명이다.

⑤ 제주지역의 전체 공무원 중 남성 공무원의 비율은 $\frac{2,800}{5,000} \times 100 = 56\%$이다.

07

정답 ①

대부분의 업종에서 2019년 1분기보다 2019년 4분기의 영업이익이 더 높지만, 철강업에서는 2019년 1분기(10,740억 원)가 2019년 4분기(10,460억 원)보다 높다.

오답분석

② 2020년 1분기 영업이익이 전년 동기(2019년 1분기) 대비 영업이익보다 높은 업종은 다음과 같다.
- 반도체(40,020 → 60,420)
- 통신(5,880 → 8,880)
- 해운(1,340 → 1,660)
- 석유화학(9,800 → 10,560)
- 항공(-2,880 → 120)

③ 2020년 1분기 영업이익이 적자가 아닌 업종 중 영업이익이 직전 분기(2019년 4분기) 대비 감소한 업종은 건설(19,450 → 16,410), 자동차(16,200 → 5,240), 철강(10,460 → 820)이다.

④ 2019년 1, 4분기에 흑자였다가 2020년 1분기에 적자로 전환된 업종은 디스플레이, 자동차부품, 조선, 호텔로 4개이다.

⑤ 항공업은 2019년 1분기(-2,880억 원)와 4분기(-2,520억 원) 모두 적자였다가 2020년 1분기(120억 원)에 흑자로 전환되었다.

08

정답 ②

제시된 식으로 응시자와 합격자 수를 계산하였을 때 다음과 같다.

구분	2016년	2017년	2018년	2019년	2020년
응시자	2,810	2,660	2,580	2,110	2,220
합격자	1,310	1,190	1,210	1,010	1,180

응시자 중 불합격자 수는 응시자에서 합격자 수를 뺀 값으로 연도별 알맞은 수치는 다음과 같다.
- 2016년 : 2,810-1,310=1,500명
- 2017년 : 2,660-1,190=1,470명
- 2018년 : 2,580-1,210=1,370명
- 2019년 : 2,110-1,010=1,100명
- 2020년 : 2,220-1,180=1,040명

제시된 수치는 접수자에서 합격자 수를 뺀 값으로 옳지 않은 그래프이다.

오답분석

① 미응시자 수는 접수자 수에서 응시자 수를 제외한 값이다.
- 2016년 : 3,540-2,810=730명
- 2017년 : 3,380-2,660=720명
- 2018년 : 3,120-2,580=540명
- 2019년 : 2,810-2,110=700명
- 2020년 : 2,990-2,220=770명

1일 차

정답 ④

(운동시간)=1일 때, (운동효과)=4이므로

$4 = a \times 1 - b^2$ ··· (가)

(운동시간)=2일 때, (운동효과)=62이므로

$62 = a \times 2 - \dfrac{b^2}{2}$ ··· (나)

(가)와 (나)를 연립하면

$2(가) - (나) \rightarrow a = 40,\ b^2 = 36 \rightarrow$ (운동효과)$= 40 \times$(운동시간)$- \dfrac{36}{(운동시간)}$

(운동시간)=3일 때

(운동효과)$= 40 \times 3 - \dfrac{36}{3} = 108 = \bigcirc$

(운동시간)=4일 때

(운동효과)$= 40 \times 4 - \dfrac{36}{4} = 151 = \bigcirc$

따라서 ㉠=108, ㉡=151이다.

10

정답 ④

A제품과 B제품 매출액의 증감 규칙은 다음과 같다.

• A제품

100 101 103 107 115
　　+1　　+2　　+4　　+8

$+2^0,\ +2^1,\ +2^2,\ +2^3,\ \cdots$인 수열이다.

2020년을 기준으로 n년 후의 A제품 매출액은 $115 + \displaystyle\sum_{k=1}^{n} 2^{k+3}$억 원이다.

• B제품

80　　78　　76　　74　　72
　　−2　　−2　　−2　　−2

앞의 항에 −2를 하는 수열이다.

2020년을 기준으로 n년 후의 B제품 매출액은 $72 - 2n$억 원이다.

2020년을 기준으로 n년 후 두 제품의 매출액의 합은 $\left(115 + \displaystyle\sum_{k=1}^{n} 2^{k+3} + 72 - 2n\right)$억 원이다.

300억 원을 초과하는 연도를 구하라고 하였으므로 $115 + \displaystyle\sum_{k=1}^{n} 2^{k+3} + 72 - 2n > 300$인 n값을 구한다.

$115 + \displaystyle\sum_{k=1}^{n} 2^{k+3} + 72 - 2n > 300 \rightarrow 187 + 2^4 \sum_{k=1}^{n} 2^{k-1} - 2n > 300 \rightarrow 187 + 2^4 \times \dfrac{2^n - 1}{2 - 1} - 2n > 300$

$\rightarrow 187 + 2^4 \times 2^n - 16 - 2n > 300$

$\rightarrow 16 \times 2^n - 2n > 129$

n	$16 \times 2^n - 2n$
1	30
2	60
3	122
4	248

따라서 2020년을 기준으로 4년 후에 매출액이 300억 원을 초과하므로 2024년이다.

11

정답 ④

A기계와 B기계 생산대수의 증감 규칙은 다음과 같다.

• A기계

$$20 \quad 23 \quad 26 \quad 29 \quad 32 \quad 35$$
$$+3 \quad +3 \quad +3 \quad +3 \quad +3$$

앞의 항에 +3을 하는 등차수열이다.

• B기계

$$10 \quad 11 \quad 14 \quad 19 \quad 26 \quad 35$$
$$+1 \quad +3 \quad +5 \quad +7 \quad +9$$
$$+2 \quad +2 \quad +2 \quad +2$$

주어진 수열의 계차는 공차가 +2인 등차수열이다.

2025년의 A기계 생산량은 $35+5\times3=50$대이고, B기계 생산량은 $35+\sum_{k=1}^{5}(9+2k)=35+9\times5+2\times\frac{5\times6}{2}=110$대이다.

따라서 A기계와 B기계의 총생산량은 $50+110=160$대이다.

---

02 추리

01	02	03	04	05	06	07	08	09	10	11	12	13	14	15	16	17	18	19	20
③	④	①	④	②	②	⑤	③	②	②	②	④	③	⑤	⑤	③	⑤	⑤	③	①

21	22	23	24	25	26	27
④	⑤	③	②	②	④	⑤

01

정답 ③

전제1과 전제2의 대우에 의해 대한민국에 사는 사람은 국내 여행을 가고, 국내 여행을 가는 사람은 김치찌개를 먹는다.
따라서 대한민국에 사는 사람은 김치찌개를 먹으므로 결론은 '대한민국에 사는 사람은 김치찌개를 먹는다.'이다.

오답분석

'대한민국에 산다.'를 '대', '국내 여행을 간다.'를 '국', '김치찌개를 먹는다.'를 '김'이라고 하자.

구분	명제	대우
전제1	대 → 국	국× → 대×
전제2	김× → 국×	국 → 김

전제1과 전제2의 대우에 의해 대 → 국 → 김이다. 따라서 대 → 김이므로 결론은 '대한민국에 사는 사람은 김치찌개를 먹는다.'인 ③이다.

02

정답 ④

'작곡가를 꿈꾼다.'를 '작', 'TV 시청을 한다.'를 'T', '안경을 썼다.'를 '안'이라고 하자.

구분	명제	대우
전제1	작 → T	T× → 작×
결론	안× → 작×	작 → 안

전제1의 대우가 결론으로 연결되려면, 전제2는 안× → T×가 되어야 한다.
따라서 전제2는 '안경을 쓰지 않은 사람은 TV 시청을 하지 않는다.'인 ④이다.

03

정답 ①

'피아노를 배운다.'를 '피', '바이올린을 배운다.'를 '바', '필라테스를 배운다.'를 '필'이라고 하자.

구분	명제	대우
전제2	바 → 필	필× → 바×
결론	피 → 필	필× → 피×

전제2가 결론으로 연결되려면, 전제1은 피 → 바가 되어야 한다.
따라서 전제1은 '피아노를 배우는 사람은 모두 바이올린을 배운다.'인 ①이다.

04

정답 ④

'커피를 좋아한다.'를 '커', '와인을 좋아한다.'를 '와', '생강차를 좋아한다.'를 '생'이라고 하자.

구분	명제	대우
전제1	커× → 와×	와 → 커
결론	커× → 생	생× → 커

전제1이 결론으로 연결되려면, 전제2는 와× → 생이 되어야 한다.
따라서 전제2는 '와인을 좋아하지 않으면, 생강차를 좋아한다.'인 ④이다.

05

정답 ②

'유행에 민감하다.'를 '유', '고양이를 좋아한다.'를 '고', '쇼핑을 좋아한다.'를 '쇼'라고 하면 다음과 같은 벤다이어그램으로 나타낼 수 있다.

전제1)   결론)

결론이 참이 되기 위해서는 '유'와 공통되는 '고'의 부분과 '쇼'가 연결되어야 한다. 즉, 다음과 같은 벤다이어그램이 성립할 때 결론이 참이 될 수 있으므로 전제2에 들어갈 명제는 어떤 유 → 쇼이거나 어떤 쇼 → 유이다.
따라서 전제2에 들어갈 명제는 '유행에 민감한 어떤 사람은 쇼핑을 좋아한다.'인 ②이다.

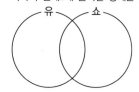

06

C 혼자 딸기맛을 선택했고, A와 D는 서로 같은 맛을 선택했으므로 A와 D는 바닐라맛 또는 초코맛을 선택했음을 알 수 있다. 또한 B와 E는 서로 다른 맛을 선택했고 마지막에 주문한 E는 인원 초과로 선택한 아이스크림을 먹지 못했으므로 E는 A, D와 같은 맛을 선택했다.

구분	A	B	C	D	E
경우1	바닐라	초코맛	딸기맛	바닐라	바닐라
경우2	초코맛	바닐라	딸기맛	초코맛	초코맛

따라서 C가 딸기맛이 아닌 초코맛을 선택했어도 B는 C와 상관없이 아이스크림을 먹을 수 있으므로 'C가 딸기맛이 아닌 초코맛을 선택하고 딸기맛은 아무도 선택하지 않았다면 C는 아이스크림을 먹지 못했을 것이다.'는 옳지 않다.

07

B는 검은색 바지를, C는 흰색 셔츠를 입어보았고, 티셔츠를 입어본 사람은 바지를, 코트를 입어본 사람은 셔츠를 입어보지 않았다. B는 티셔츠를 입어보지 않았고, C는 코트를 입어보지 않았다.

색상 \ 종류	티셔츠 검은색	티셔츠 흰색	바지 검은색	바지 흰색	코트 검은색	코트 흰색	셔츠 검은색	셔츠 흰색
A			×					×
B	×	×	○	×				×
C			×		×	×	×	○
D			×					×

코트는 A, B가, 티셔츠는 A, C가 입어보았고, 검은색 코트와 셔츠는 A와 D가 입어보았으므로 검은색 코트는 A가 입어본 것을 알 수 있다. 또, 검은색 셔츠는 D가, 흰색 코트는 B, 흰색 바지는 D가 입어보았음을 알 수 있다.

색상 \ 종류	티셔츠 검은색	티셔츠 흰색	바지 검은색	바지 흰색	코트 검은색	코트 흰색	셔츠 검은색	셔츠 흰색
A			×	×	○	×	×	×
B	×	×	○	×	×	○	×	×
C			×	×	×	×	×	○
D	×	×	×	○	×	×	○	×

같은 색상으로 입어본 사람은 2명이라고 하였으므로, A는 검은색 티셔츠를, C는 흰색 티셔츠를 입어보았음을 알 수 있다.

색상 \ 종류	티셔츠 검은색	티셔츠 흰색	바지 검은색	바지 흰색	코트 검은색	코트 흰색	셔츠 검은색	셔츠 흰색
A	○	×	×	×	○	×	×	×
B	×	×	○	×	×	○	×	×
C	×	○	×	×	×	×	×	○
D	×	×	×	○	×	×	○	×

따라서 D는 흰색 바지와 검은색 셔츠를 입었다.

08

정답 ③

B가 세 번째에 뽑은 카드에 적힌 숫자를 a라고 하면 A가 세 번째에 뽑은 카드에 적힌 숫자는 $a+1$이고, B가 첫 번째에 뽑은 카드에 적힌 숫자는 $a-1$이다.

또한 첫 번째, 두 번째, 세 번째에 A가 뽑은 카드에 적힌 숫자는 B가 뽑은 카드에 적힌 숫자보다 1만큼 크므로 A가 첫 번째로 뽑은 카드에 적힌 숫자는 $a-2$이다.

또한 B가 두 번째에 뽑은 카드에 적힌 숫자를 b라고 하면, A가 두 번째에 뽑은 카드에 적힌 숫자는 $b+1$이다.

구분	첫 번째	두 번째	세 번째
A	a	$b+1$	$a+1$
B	$a-1$	b	a

A와 B는 같은 숫자가 적힌 카드를 한 장 뽑았고, 그 숫자는 2라고 하였으므로 $a=2$이다.

구분	첫 번째	두 번째	세 번째
A	2	$b+1$	3
B	1	b	2

2가 적힌 카드를 제외하고 A, B가 뽑은 카드에 적힌 숫자가 달라야 하므로 $b=4$임을 알 수 있다.

구분	첫 번째	두 번째	세 번째
A	2	5	3
B	1	4	2

따라서 A와 B가 뽑은 카드에 적힌 숫자의 합 중 가장 큰 조합은 'A – 두 번째, B – 두 번째'이다.

09

정답 ②

B는 3번 콘센트를 사용하고, A와 E, C와 D는 바로 옆 콘센트를 이용하므로 B를 기준으로 A와 E, C와 D가 이용한 콘센트가 나뉜다. 또한 D는 5번 콘센트를 이용하지 않고, A는 1번이나 5번 콘센트를 이용하므로 다음과 같이 3가지 경우가 나온다.

구분	1번 콘센트 (작동 ○)	2번 콘센트 (작동 ○)	3번 콘센트 (작동 ○)	4번 콘센트 (작동 ○)	5번 콘센트 (작동 ×)
경우1	A	E	B	D	C
경우2	D	C	B	E	A
경우3	C	D	B	E	A

C가 B의 바로 옆 콘센트를 이용하는 것은 경우2이므로, A의 핸드폰에는 전원이 켜지지 않는다.

[오답분석]

① C의 핸드폰에 전원이 켜지지 않는 것은 C가 5번 콘센트를 이용하는 경우1이므로, E는 2번 콘센트를 이용한다.

③ E가 4번 콘센트를 이용하는 것은 경우2, 3이므로, C는 B의 바로 옆 콘센트를 이용할 수도 있고 그렇지 않을 수도 있다.

④ A의 핸드폰에 전원이 켜지지 않는 것은 A가 5번 콘센트를 이용하는 경우2, 3이므로, D는 1번 콘센트를 이용할 수도 있고 그렇지 않을 수도 있다.

⑤ D가 2번 콘센트를 이용하는 것은 경우3이므로, E는 4번 콘센트를 이용하고 핸드폰에 전원이 켜진다.

10

정답 ②

A가 가마을에 살고 있다고 가정하면, B 또는 D는 가마을에 살고 있다. F가 가마을에 살고 있다고 했으므로 C, E는 나마을에 살고 있음을 알 수 있다. 하지만 C는 A, E 중 1명은 나마을에 살고 있다고 말한 것은 진실이므로 모순이다.

A가 나마을에 살고 있다고 가정하면, B, D 중 1명은 가마을에 살고 있다는 말은 거짓이므로 B, D는 나마을에 살고 있다. A, B, D가 나마을에 살고 있으므로 나머지 C, E, F는 가마을에 살고 있음을 알 수 있다.

11

정답 ②

제시된 단어의 대응 관계는 반의 관계이다.
'영겁'은 '영원한 세월'의 뜻으로 '아주 짧은 동안'이라는 뜻인 '순간'과 반의 관계이다. 따라서 '훌륭하고 귀중함'의 뜻을 가진 '고귀'와 반의 관계인 단어는 '격이 낮고 속됨'이라는 뜻인 '비속'이다.

오답분석
① 숭고 : 뜻이 높고 고상함
③ 고상 : 고귀한 인상
④ 존귀 : 지위나 신분이 높고 귀함
⑤ 신성 : 고결하고 거룩함

12

정답 ④

제시된 단어의 대응 관계는 반의 관계이다.
'팽대'는 '세력이나 기운 따위가 크게 늘어나거나 퍼짐'의 뜻으로 '세력이나 기운, 사업 따위가 약화됨 또는 그런 세력'이라는 뜻인 '퇴세'와 반의 관계이다. 따라서 '그릇된 것이나 묵은 것을 버리고 새롭게 함'의 뜻을 가진 '쇄신'과 반의 관계인 단어는 '예로부터 해오던 방식이나 수법을 좇아 그대로 행함'이라는 뜻인 '답습'이다.

오답분석
① 진보 : 정도나 수준이 나아지거나 높아짐
② 은폐 : 덮어 감추거나 가리어 숨김
③ 세파 : 모질고 거센 세상의 어려움
⑤ 개혁 : 제도나 기구 따위를 새롭게 뜯어고침

13

정답 ③

'임대'는 '자기 물건을 남에게 돈을 받고 빌려줌'이라는 뜻이므로 '남에게 물건을 빌려서 사용함'이라는 뜻인 '차용'과 반의 관계이고, 나머지는 유의 관계이다.

오답분석
① • 참조 : 참고로 비교하고 대조하여 봄
　• 참고 : 살펴서 도움이 될 만한 재료로 삼음
② • 숙독 : 글의 뜻을 생각하면서 차분하게 읽음
　• 탐독 : 어떤 글이나 책 따위를 열중하여 읽음
④ • 정세 : 일이 되어 가는 형편
　• 상황 : 일이 되어 가는 과정
⑤ • 분별 : 서로 다른 일이나 사물을 구별하여 가름
　• 인식 : 사물을 분별하고 판단하여 앎

14

정답 ⑤

'겸양하다'는 '겸손한 태도로 남에게 양보하거나 사양하다.'라는 뜻이므로 '잘난 체하며 남을 업신여기는 데가 있다.'이라는 뜻인 '거만하다'와 반의 관계이고, 나머지는 유의 관계이다.

오답분석
① • 옹호하다 : 두둔하고 편들어 지키다
　• 편들다 : 어떤 편을 돕거나 두둔하다.
② • 상정하다 : 어떤 정황을 가정적으로 생각하여 단정하다.
　• 가정하다 : 사실이 아니거나 또는 사실인지 아닌지 분명하지 않은 것을 임시로 인정하다.
③ • 혁파하다 : 묵은 기구, 제도, 법령 따위를 없애다.
　• 폐지하다 : 실시하여 오던 제도나 법규, 일 따위를 그만두거나 없애다.

④ • 원용하다 : 자기의 주장이나 학설을 세우기 위하여 문헌이나 관례 따위를 끌어다 쓰다.
   • 인용하다 : 남의 말이나 글을 자신의 말이나 글 속에 끌어 쓰다.

15

규칙은 세로 방향으로 적용된다.
첫 번째 도형을 색 반전한 것이 두 번째 도형이고, 이를 시계 방향으로 270° 회전한 것이 세 번째 도형이다.

16

규칙은 가로 방향으로 적용된다.
첫 번째 도형을 시계 반대 방향으로 90° 회전한 것이 두 번째 도형이고, 이를 시계 방향으로 45° 회전한 것이 세 번째 도형이다.

17

규칙은 세로 방향으로 적용된다.
첫 번째 도형을 180° 회전한 것이 두 번째 도형이고, 이를 색 반전한 것이 세 번째 도형이다.

18

• 문자표

A	B	C	D	E	F	G	H	I	J	K	L	M	N
O	P	Q	R	S	T	U	V	W	X	Y	Z		
ㄱ	ㄴ	ㄷ	ㄹ	ㅁ	ㅂ	ㅅ	ㅇ	ㅈ	ㅊ	ㅋ	ㅌ	ㅍ	ㅎ

• 규칙
 − △ : 0, +1, −1, +1
 − ○ : 1234 → 4123으로 순서 바꾸기
 − ☆ : −1, 0, 0, +1
 − □ : 1234 → 2314로 순서 바꾸기

QE1O   →   E1QO   →   D1QP
       □   ☆

19

JW37   →   JX28   →   8JX2
       △   ○

20

UNWD   →   UOVE   →   OVUE
       △   □

21

6753   →   5754   →   5845
       ☆   △

22

정답 ⑤

의료용 3D프린팅 기술의 안전성 검증의 과정에서 전체적 동식물 유전자 조작에 대한 부정적 견해를 유발할 수 있다.

오답분석

① 3D프린터는 재료와 그 크기에 따라 사람의 치아나 피부, 자동차까지 다양한 사물을 인쇄할 수 있다.
② 3D프린터 기술의 발전에 따라 환자의 필요한 장기를 인쇄함으로써 별도의 장기기증자를 기다리지 않아도 될 것이다.
③ 피부를 직접 환자에게 인쇄하기 위해서는 피부 세포와 콜라겐 섬유소 등으로 구성된 바이오 잉크가 필요하다.
④ 환자 본인의 세포에서 유래된 바이오 잉크를 사용했느냐에 따라 거부 반응의 유무가 달라지기 때문에 같은 바이오 잉크를 사용한다 하더라도 거부 반응이 발생할 수 있다.

23

정답 ③

제시문을 통해 산업 및 가정에서 배출된 생활폐기물을 바이오매스 자원으로 활용하여 에너지를 생산하기 위한 화이트 바이오 연구가 진행되고 있음을 알 수 있다.

오답분석

① 바이오매스를 살아있는 유기물로 정의하는 생태학과 달리, 산업계에서는 산업용 폐자재나 가축의 분뇨, 생활폐기물과 같이 죽은 유기물이라 할 수 있는 유기성 폐자원 또한 바이오매스로 정의하고 있다.
② 산업계는 미생물을 활용한 화이트 바이오를 통해 온실가스 배출, 악취 발생, 수질오염 등 환경적 문제를 해결할 것으로 기대하고 있다.
④ 보건 및 의료 분야의 바이오산업인 레드 바이오나, 농업 및 식량 분야의 그린 바이오보다 늦게 발전을 시작했다는 점에서 앞선 두 바이오산업에 비해 규모가 작을 것임을 추측할 수 있다.
⑤ 화이트 바이오 산업이 대체하려는 기존 화학 산업의 경우 화석원료를 이용하는 제조방식으로 인한 이산화탄소 배출이 문제가 되고 있음을 추측할 수 있다.

24

정답 ②

제시문은 현재의 정치, 경제적 구조로는 제로섬적인 요소를 지니는 경제 문제에 전혀 대처할 수 없다고 하였다. 그리고 이러한 특성 때문에 평균적으로는 사회를 더 잘살게 해주는 해결책이라고 할지라도 사람들은 자신이 패자가 될 경우에 줄어들 수입을 보호하기 위해 경제적 변화가 일어나는 것을 막거나 이러한 정책이 시행되는 것을 막기 위해 싸울 것이라는 내용을 담고 있다. 따라서 이 글이 비판의 대상으로 삼는 것은 앞서 언급한 '평균적으로 사회를 더 잘살게 해주는 해결책'을 지지하는 것이 되어야 하므로 반론으로 '사회의 총생산량이 많아지게 하는 정책이 좋은 정책이다.'가 가장 적절하다.

25

정답 ②

그린 컨슈머는 환경과 건강을 위한 소비자로 소비자가 할 수 있는 Refuse, Reduce, Reuse, Recycle 등을 활동한다. 과대 포장 공정 같은 경우는 소비자가 직접 조정할 수 있는 것이 아니고 기업이 행하여야 할 행동이다.

오답분석

① 커피숍에 텀블러를 가지고 가 일회용품 소비를 줄이고, 물품을 구입할 때 필요 없는 것을 사지 않는 것은 그린 컨슈머의 행동이다.
③ 패션업계도 환경을 생각하는 것에 동참한다면 옷을 만들 때 친환경적인 것을 고려하고 알리는 컨셔스 패션 활동을 할 것이다.
④ 필환경 시대가 아니라고 생각한다면 그린 컨슈머의 활동을 안 할 것이고, 이는 지금과 생활과 같을 것이다.
⑤ A씨는 집에 쌓여있는 필요 없는 잡동사니를 보고 그린 컨슈머에 동참하였으므로 불필요한 물건을 사는 것 등에서 쓰레기 생산에 관여했다고 느꼈을 것이다.

26

유진테크가 삼성전자에 처음으로 ADL 장비를 제공하였지만 일부일 뿐, 삼성전자에서 필요한 장비들을 모두 해결할 수 있는 규모는 아니다.

[오답분석]

① 현재 유진테크 외에 주성엔지니어링 등이 ALD 기술을 가지고 있으며, 다른 기업들 역시 계속 투자가 이루어지고 있기 때문에 향후 삼성전자에 다른 기업도 기술을 갖추고 ALD 장비 계약을 할 수 있다.

② 유진테크가 현재 삼성전자와 계약한 ALD 장비만 개당 60 ~ 70억 원, 13대(780 ~ 910억 원)이므로 올해 전망치인 3,700억 원의 1/5(740억 원) 이상이 ALD 장비 수익이다.

③ 유진테크의 ALF 기술(기계당 150장 처리)은 일본 고쿠사이(기계당 100장 미만 처리) 기술보다 일부 높아졌음을 확인할 수 있고, 이런 추세라면 이와 관련된 주식이 오를 것이라고 예상할 수 있기 때문에 이와 관련된 주식을 조사할 수 있다.

⑤ ALD는 반도체의 미세한 층에 박막(Thin Film)을 씌우는 증착공정이다.

27

LPG는 폭발 위험성이 크지만, 여전히 가정용으로 사용되며 가스레인지 등에 사용되는 가스통 형태가 대표적이다.

[오답분석]

① PNG, CNG, LNG 등의 천연가스는 열량이 높은 청정에너지로 친환경적이다.

② PNG는 생산지에서 배관으로 직접 가스를 공급하는 것으로 북한과 통일된다면 천연가스가 풍부한 러시아에 배관을 연결하여 PNG를 활용할 수 있다.

③ CNG는 LNG를 자동차 연료로 변환한 것으로 부피는 LNG(천연가스 약 600배 압축)보다 3배 크지만, 천연가스보다는 작다. 현재 서울 시내버스는 대부분 CNG를 사용한다.

④ 천연가스를 냉각하여 액체로 변화하는 것이 LNG이고, LNG를 기화시킨 후 다시 압축한 것이 CNG이다.

01 수리

01	02	03	04	05	06	07	08	09	10
③	②	④	③	②	②	④	⑤	③	⑤

01

정답 ③

주어진 정보를 표로 나타내고 미지수를 설정한다.

구분	소금물 1		소금물 2		섞은 후
농도	25%	+	10%	=	$\dfrac{55}{y} \times 100$
소금의 양	$200 \times \dfrac{25}{100} = 50g$		$x \times 0.1g$		55g
소금물의 양	200g		xg		yg

섞기 전과 섞은 후의 소금의 양과 소금물의 양으로 다음 식이 성립한다.

$50 + x \times 0.1 = 55$

$200 + x = y$

$\therefore x = 50,\ y = 250$

따라서 섞은 후 소금물의 농도는 $\dfrac{55}{y} \times 100 = \dfrac{55}{250} \times 100 = 22\%$이다.

02

정답 ②

(이익)=(할인가)−(원가)이므로 이익이 생산비용보다 같거나 많아야 손해를 보지 않을 수 있다.

S사에서 생산하는 A상품의 개수를 x개라고 하면 다음 식이 성립한다.

(A상품 1개당 할인가)=$300 \times (1 - 25\%) = 225$원

(A상품 1개당 이익)=(A상품 1개당 할인가)−(A상품 1개당 원가)=$225 - 200 = 25$원

(생산비용)=10억 원=1,000,000,000원

(A상품 x개의 이익)≥(생산비용)

$25 \times x \geq 1,000,000,000 \rightarrow x \geq 40,000,000$

따라서 A상품을 4천만 개 이상 생산해야 손해를 보지 않는다.

03

정답 ④

20억 원을 투자하였을 때 기대수익은 (원가)×(기대수익률)로 구할 수 있다.

기대수익률은 [(수익률)×(확률)의 합]으로 구할 수 있으므로 기대수익은 (원가)×[(수익률)×(확률)의 합]이다.

$20 \times [10\% \times 50\% + 0\% \times 30\% + (-10\%) \times 20\%] = 0.6$억 원이다. 따라서 기대수익은 0.6억 원=6,000만 원이다.

(원가)+(수익)을 구하여 마지막에 (원가)를 빼서 (수익)을 구하는 방법도 있다.

[(원가)+(수익)]은 $20 \times (110\% \times 50\% + 100\% \times 30\% + 90\% \times 20\%) = 20.6$억 원이다.

따라서 기대수익은 20.6−20=0.6억 원=6,000만 원이다.

1일 차

04

정답 ③

일의 양을 1이라고 하고 A, B, C가 각자 혼자 일을 하였을 때 걸리는 기간을 각각 a, b, c일이라고 하면 다음과 같다.

• A가 혼자 하루에 할 수 있는 일의 양 : $\dfrac{1}{a}$

• B가 혼자 하루에 할 수 있는 일의 양 : $\dfrac{1}{b}$

• C가 혼자 하루에 할 수 있는 일의 양 : $\dfrac{1}{c}$

A, B, C 모두 혼자 일했을 때의 능률과 함께 일을 하였을 때의 능률이 같다고 하였으므로 다음과 같다.

• A, B, C가 하루에 할 수 있는 일의 양 : $\dfrac{1}{a}+\dfrac{1}{b}+\dfrac{1}{c}=\dfrac{1}{6}$ … ㉠

• A, B가 하루에 할 수 있는 일의 양 : $\dfrac{1}{a}+\dfrac{1}{b}=\dfrac{1}{12}$ … ㉡

• B, C가 하루에 할 수 있는 일의 양 : $\dfrac{1}{b}+\dfrac{1}{c}=\dfrac{1}{10}$ … ㉢

B가 혼자 일을 하였을 때 걸리는 기간을 구하는 문제이므로 ㉠, ㉡, ㉢을 다음과 같이 연립할 수 있다.

• ㉡+㉢ → $\dfrac{1}{a}+\dfrac{2}{b}+\dfrac{1}{c}=\dfrac{1}{12}+\dfrac{1}{10}=\dfrac{11}{60}$

• (㉡+㉢)−㉠ → $\dfrac{1}{a}+\dfrac{2}{b}+\dfrac{1}{c}-\left(\dfrac{1}{a}+\dfrac{1}{b}+\dfrac{1}{c}\right)=\dfrac{11}{60}-\dfrac{1}{6}$ → $\dfrac{1}{b}=\dfrac{1}{60}$

따라서 B가 혼자 일을 하면 60일이 걸린다.

05

정답 ②

총 9장의 손수건을 구매했으므로 B손수건 3장을 제외한 나머지 A, C, D손수건은 각각 $\dfrac{9-3}{3}=2$장씩 구매하였다.

먼저 3명의 친구들에게 서로 다른 손수건을 3장씩 나눠줘야 하므로 B손수건을 1장씩 나눠준다. 나머지 A, C, D손수건을 서로 다른 손수건으로 2장씩 나누면 (A, C), (A, D), (C, D)로 묶을 수 있다. 이 세 묶음을 3명에게 나눠주는 방법은 3!=3×2=6가지가 나온다.

따라서 친구 3명에게 종류가 다른 손수건 3장씩 나눠주는 경우의 수는 6가지이다.

06

정답 ②

A사와 B사로부터 동일한 양의 부품을 공급받는다고 하였으므로 x개라고 하자.

구분	A사	B사
개수	x	x
불량률	0.1%	0.2%
선별률	50%	80%

S사가 선별한 A사 부품의 개수는 $x\times50\%$개, B사 부품의 개수는 $x\times80\%$개다.

S사가 선별한 부품 중 불량품의 개수는 A사는 $x\times50\%\times0.1\%$개, B사는 $x\times80\%\times0.2\%$개다.

S사가 선별한 부품 중 불량품의 개수는 $x\times50\%\times0.1\%+x\times80\%\times0.2\%$개이므로 하자가 있는 제품이 B사 부품일 확률은 다음과 같다.

$$\frac{x\times80\%\times0.2\%}{x\times50\%\times0.1\%+x\times80\%\times0.2\%}=\frac{x\times80\times0.2}{x\times50\times0.1+x\times80\times0.2}=\frac{16}{5+16}=\frac{16}{21}$$

07

지방 전체 주택 수의 10%(1,115×0.1=111.5만 호) 이상을 차지하는 수도권 외(지방) 지역은 부산, 경북, 경남이다. 이 중 지방 주택보급률인 109%보다 낮은 지역은 부산(103%)이며, 부산의 주택보급률과 전국 주택보급률의 차이는 약 104-103=1%p이다.

오답분석

① 전국 주택보급률(104%)보다 낮은 지역은 수도권(서울, 인천, 경기), 지방에는 부산, 대전이 있다.
② 수도권 외(지방) 지역 중 주택 수가 가장 적은 지역은 12만 호인 세종이며, 세종의 주택보급률 109%보다 높은 지역은 '울산, 강원, 충북, 충남, 전북, 전남, 경북, 경남'으로 여덟 곳이다.
③ 가구 수가 주택 수보다 많은 지역은 주택보급률이 100% 미만인 서울이며, 전국에서 가구 수가 두 번째로 많다.
⑤ 주택 수가 가구 수의 1.1배 이상인 지역은 주택보급률이 110% 이상인 지역을 말한다. '울산, 강원, 충북, 충남, 전북, 전남, 경북, 경남'에서 가구 수가 세 번째로 적은 지역인 충북의 주택보급률은 지방 주택보급률보다 약 113-109=4%p 높다.

08

ㄷ. 출산율은 2017년까지 계속 증가하였으며, 2018년에는 감소하였다.
ㄹ. 출산율과 남성 사망률의 차이는 2014년부터 2018년까지 각각 18.2%p, 20.8%p, 22.5%p, 23.7%p, 21.5%p로 2017년이 가장 크다.

오답분석

ㄱ. 2014년 대비 2018년의 전체 인구수의 증감률은 $\frac{12,808-12,381}{12,381}×100 ≒ 3.4\%$이다.
ㄴ. 가임기 여성의 비율과 출산율은 서로 증감 추이가 다르다.

09

ⓛ 전체 인구수는 계속하여 증가하고 있다.
② 여성 사망률이 가장 높았던 해는 7.8%로 2017년이다.
◎ 2018년은 출산율이 계속 증가하다가 감소한 해이다.

10

첫 항은 220개이고 n시간($n≥1$) 경과할 때마다 2^{n-1}개가 증가한다.

n시간 경과했을 때의 세포 수를 a_n개라고 하면 $a_n=220+\sum_{k=1}^{n}2^{k-1}$이고 $\sum_{k=1}^{n}2^{k-1}=\frac{2^n-1}{2-1}=2^n-1$이므로,

$a_n=220+2^n-1=219+2^n$이다.
따라서 9시간 경과 후인 a_9는 $219+2^9=731$개이다.

07 2020년 하반기 기출복원문제 • 55

01	02	03	04	05	06	07	08	09	10	11	12	13	14	15	16	17			
②	③	②	①	⑤	⑤	②	⑤	④	①	①	④	⑤	①	⑤	④	②			

01
정답 ②

'야근을 하는 사람'을 A, 'X분야의 업무를 하는 사람'을 B, 'Y분야의 업무를 하는 사람'을 C라고 하면, 전제1과 전제2는 다음과 같은 벤다이어그램으로 나타낼 수 있다.

전제1)

전제2)

이를 정리하면 다음과 같은 벤다이어그램이 성립한다.

따라서 'Y분야의 업무를 하는 어떤 사람은 X분야의 업무를 한다.'라는 결론이 도출된다.

02
정답 ③

1행과 2행에 빈자리가 한 곳씩 있고 a자동차는 대각선을 제외하고 주변에 주차된 차가 없다고 하였으므로 a자동차는 1열이나 3열에 주차되어 있다. b자동차와 c자동차는 바로 옆에 주차되어 있다고 하였으므로 같은 행에 주차되어 있다. 1행과 2행에 빈자리가 한 곳씩 있다고 하였으므로 b자동차와 c자동차가 주차된 행에는 a자동차와 d자동차가 주차되어 있을 수 없다. 따라서 a자동차와 d자동차는 같은 행에 주차되어 있다. 이를 정리하면 다음과 같다.

• 경우 1

a		d
	b	c

• 경우 2

a		d
	c	b

• 경우 3

d		a
b	c	

• 경우 4

d		a
c	b	

오답분석

① 경우 1, 4에서는 b자동차의 앞 주차공간이 비어있지만, 경우 2, 3에서는 b자동차의 앞 주차공간에 d자동차가 주차되어 있으므로 항상 거짓은 아니다.

② 경우 1, 4에서는 c자동차의 옆 주차공간에 빈자리가 없지만, 경우 2, 3에서는 c자동차의 옆 주차공간에 빈자리가 있으므로 항상 거짓은 아니다.

④ 경우 1, 2, 3, 4에서 모두 a자동차와 d자동차는 1행에 주차되어 있으므로 항상 참이다.

⑤ 경우 1, 4에서는 d자동차와 c자동차가 같은 열에 주차되어 있지만, 경우 2, 3에서는 d자동차와 c자동차가 같은 열에 주차되어 있지 않으므로 항상 거짓은 아니다.

03

가장 최근에 입사한 사람이 D이므로 D의 이름은 가장 마지막인 다섯 번째에 적혔다. C와 D의 이름은 연달아 적히지 않았으므로 C의 이름은 네 번째에 적힐 수 없다. 또한 E는 C보다 먼저 입사하였으므로 E의 이름은 C의 이름보다 앞에 적는다. 따라서 C의 이름은 첫 번째에 적히지 않았다. 이를 정리하면 다음과 같이 3가지 경우가 나온다.

구분	첫 번째	두 번째	세 번째	네 번째	다섯 번째
경우 1	E	C			D
경우 2	E		C		D
경우 3		E	C		D

여기서 경우 2와 경우 3은 A와 B의 이름이 연달아서 적혔다는 조건에 위배된다. 경우 1만 성립하므로 정리하면 다음과 같다.

구분	첫 번째	두 번째	세 번째	네 번째	다섯 번째
경우 1-1	E	C	A	B	D
경우 1-2	E	C	B	A	D

E의 이름은 첫 번째에 적혔으므로 E는 가장 먼저 입사하였다. 따라서 B가 E보다 먼저 입사하였다는 ②는 항상 거짓이다.

오답분석

① C의 이름은 두 번째로 적혔고 A의 이름은 세 번째나 네 번째에 적혔으므로 항상 옳다.
③ E의 이름은 첫 번째에 적혔고 C의 이름은 두 번째로 적혔으므로 항상 옳다.
④ A의 이름은 세 번째에 적히면 B의 이름은 네 번째에 적혔고, A의 이름이 네 번째에 적히면 B의 이름은 세 번째에 적혔다. 따라서 참일 수도, 거짓일 수도 있다.
⑤ B의 이름은 세 번째 또는 네 번째에 적혔고, C는 두 번째에 적혔으므로 항상 옳다.

04

K씨는 2020년 상반기에 입사하였으므로 K씨의 사원번호 중 앞의 두 자리는 20이다. 또한 K씨의 사원번호는 세 번째와 여섯 번째 자리의 수가 같다고 하였으므로 세 번째와 여섯 번째 자리의 수를 x, 나머지 네 번째, 다섯 번째 자리의 수는 차례로 y, z라고 하면 다음과 같다.

자리	첫 번째	두 번째	세 번째	네 번째	다섯 번째	여섯 번째
사원번호	2	0	x	y	z	x

사원번호 여섯 자리의 합은 9이므로 $2+0+x+y+z+x=9$이다. 이를 정리하면 $2x+y+z=7$이다. K씨의 사원번호 자리의 수는 세 번째와 여섯 번째 자리의 수를 제외하고 모두 다르다는 것을 주의하며 1부터 대입해보면 다음과 같다.

구분	x	y	z
경우 1	1	2	3
경우 2	1	3	2
경우 3	2	0	3
경우 4	2	3	0
경우 5	3	0	1
경우 6	3	1	0

네 번째 조건에 따라 y와 z자리에는 0이 올 수 없으므로 경우 1, 경우 2만 성립하고 K씨의 사원번호는 '201231'이거나 '201321'이다.

오답분석

② '201321'은 가능한 사원번호이지만 문제에서 항상 옳은 것을 고르라고 하였으므로 답이 될 수 없다.
③ K씨의 사원번호는 '201231'이거나 '201321'이다.
④ 사원번호 여섯 자리의 합이 9가 되어야 하므로 K씨의 사원번호는 '211231'이 될 수 없다.
⑤ K씨의 사원번호 네 번째 자리의 수가 다섯 번째 자리의 수보다 작다면 '201231'과 '201321' 중 K씨의 사원번호로 적절한 것은 '201231'이다.

05

제시된 단어의 대응 관계는 유의 관계이다.

'변변하다'는 '지체나 살림살이가 남보다 떨어지지 아니하다.'는 뜻으로 '살림살이가 모자라지 않고 여유가 있다.'라는 뜻인 '넉넉하다'와 유의 관계이다. 따라서 '여럿이 떠들썩하게 들고일어나다.'는 뜻을 가진 '소요(騷擾)하다'와 유의 관계인 단어는 '시끄럽고 어수선하다.'라는 뜻인 '소란하다'이다.

오답분석

① 치유하다 : 치료하여 병을 낫게 하다.
② 한적하다 : 한가하고 고요하다.
③ 공겸하다 : 삼가는 태도로 겸손하게 자기를 낮추다.
④ 소유하다 : 가지고 있다.

06

제시된 단어의 대응 관계는 유의 관계이다.

'공시하다'는 '일정한 내용을 공개적으로 게시하여 일반에게 널리 알리다.'는 뜻으로 '세상에 널리 퍼뜨려 모두 알게 하다.'라는 뜻인 '반포하다'와 유의 관계이다. 따라서 '서로 이기려고 다투며 덤벼들다.'는 뜻을 가진 '각축하다'와 유의 관계인 단어는 '같은 목적에 대하여 이기거나 앞서려고 서로 겨루다.'라는 뜻인 '경쟁하다'이다.

오답분석

① 공들이다 : 어떤 일을 이루는 데 정성과 노력을 많이 들이다.
② 통고하다 : 서면(書面)이나 말로 소식을 전하여 알리다.
③ 독점하다 : 혼자서 모두 차지하다.
④ 상면하다 : 서로 만나서 얼굴을 마주 보다.

07

제시된 단어의 대응 관계는 반의 관계이다.

'침착하다'는 '행동이 들뜨지 아니하고 차분하다.'는 뜻으로 '말이나 행동이 조심성 없이 가볍다.'라는 뜻인 '경솔하다'와 반의 관계이다. 따라서 '곱고 가늘다.'라는 뜻을 가진 '섬세하다'와 반의 관계인 단어는 '거칠고 나쁘다.'라는 뜻인 '조악하다'이다.

오답분석

① 찬찬하다 : 동작이나 태도가 급하지 않고 느릿하다.
③ 감분(感憤)하다 : 마음속 깊이 분함을 느끼다.
④ 치밀하다 : 자세하고 꼼꼼하다.
⑤ 신중하다 : 매우 조심스럽다.

08

제시된 단어의 대응 관계는 유의 관계이다.

'겨냥하다'는 '목표물을 겨누다.'는 뜻으로 '목표나 기준에 맞고 안 맞음을 헤아려 보다.'라는 뜻인 '가늠하다'와 유의 관계이다. 따라서 '기초나 터전 따위를 굳고 튼튼하게 하다.'는 뜻을 가진 '다지다'와 유의 관계인 단어는 '세력이나 힘을 더 강하고 튼튼하게 하다.'라는 뜻인 '강화하다'이다.

오답분석

① 진거하다 : 앞으로 나아가다.
② 겉잡다 : 겉으로 보고 대강 짐작하여 헤아리다.
③ 요량하다 : 앞일을 잘 헤아려 생각하다.
④ 약화하다 : 세력이나 힘이 약해지다.

09

정답 ④

'유지(維持)'는 '어떤 상태나 상황을 그대로 보존하거나 변함없이 계속하여 지탱함'이라는 뜻이므로 '상당히 어렵게 보존하거나 유지하여 나감'이라는 뜻인 '부지(扶持/扶支)'와 유의 관계이고, 나머지는 반의 관계이다.

[오답분석]
① • 황혼 : 해가 지고 어스름해질 때. 또는 그때의 어스름한 빛
　 • 여명 : 희미하게 날이 밝아 오는 빛. 또는 그런 무렵
② • 유별 : 여느 것과 두드러지게 다름
　 • 보통 : 특별하지 아니하고 흔히 볼 수 있음
③ • 낭설 : 터무니없는 헛소문
　 • 진실 : 거짓이 없는 사실
⑤ • 서막 : 일의 시작이나 발단
　 • 결말 : 어떤 일이 마무리되는 끝

10

정답 ①

규칙은 가로 방향으로 적용된다.
두 번째는 첫 번째 도형을 시계 반대 방향으로 120° 회전시킨 도형이다.
세 번째는 두 번째 도형을 시계 방향으로 60° 회전시킨 도형이다.

11

정답 ①

• 규칙
　 − ▼ : 1234 → 4321
　 − △ : −1, +1, −1, +1
　 − ● : 0, −1, 0, −1
　 − □ : 1234 → 1324

ㅅㄴㄹㅁ　→　ㅁㄹㄴㅅ　→　ㅁㄴㄹㅅ
　　　　　▼　　　　　　　□

12

정답 ④

isog　　→　　irof　　→　　hsng
　　　　●　　　　　△

13

정답 ⑤

wnfy　　→　　yfnw　　→　　yenv
　　　　▼　　　　　●

14

정답 ①

ㅈㄹㅋㄷ　→　ㅈㅋㄹㄷ　→　ㅇㅌㄷㄹ
　　　　□　　　　　　△

15

케플러식 망원경은 상의 상하좌우가 뒤집힌 도립상을 보여주며, 갈릴레이식 망원경은 상의 상하좌우가 같은 정립상을 보여준다.

오답분석

① 최초의 망원경은 네덜란드의 안경 제작자인 한스 리퍼쉬(Hans Lippershey)에 의해 만들어졌지만, 이 최초의 망원경 발명에는 리퍼쉬의 아들이 발견한 렌즈 조합이 계기가 되었다.

② 갈릴레오는 초점거리가 긴 볼록렌즈를 망원경의 대물렌즈로 사용하고 초점 거리가 짧은 오목렌즈를 초점면 앞에 놓아 접안렌즈로 사용하였다.

③ 갈릴레오는 자신이 발명한 망원경으로 금성의 각크기가 변한다는 것을 관측함으로써 금성이 지구를 중심으로 공전하는 것이 아니라 태양을 중심으로 공전하고 있다는 것을 증명하였다.

④ 케플러식 망원경은 장초점의 볼록렌즈를 대물렌즈로 하고 단초점의 볼록렌즈를 초점면 뒤에 놓아 접안렌즈로 사용한 구조이다.

16

제시문에서는 비타민D의 결핍으로 인해 발생하는 건강문제를 근거로 신체를 태양빛에 노출하여 건강을 유지해야 한다고 주장하고 있다. 따라서 태양빛에 노출되지 않고도 충분한 비타민D 생성이 가능하다는 근거가 있다면 제시문에 대한 반박이 되므로 ④가 정답이 된다.

오답분석

① 태양빛에 노출될 경우 피부암 등의 질환이 발생하는 것은 사실이나, 이것이 비타민D의 결핍을 해결하는 또 다른 방법을 제시하거나 지문에서 주장하는 내용을 반박하고 있지는 않다.

② 비타민D는 칼슘과 인의 흡수 외에도 흉선에서 면역세포를 생산하는 작용에 관여하고 있다. 따라서 칼슘과 인의 주기적인 섭취만으로는 문제를 해결할 수 없으며, 제시문에 대한 반박이 되지 못한다.

③ 제시문에서는 비타민D 보충제에 대해 언급하고 있지 않다. 따라서 비타민D 보충제가 태양빛 노출을 대체할 수 있을지 판단하기 어렵다.

⑤ 제시문에서는 자외선 차단제를 사용했을 때 중파장 자외선이 어떻게 작용하는지 언급하고 있지 않다. 또한 자외선 차단제를 사용한다는 사실이 태양빛에 노출되어야 한다는 제시문의 주장을 반박한다고는 보기 어렵다.

17

제시문에서는 제품의 굽혀진 곡률을 나타내는 R의 값이 작을수록 패널이 받는 폴딩 스트레스가 높아진다고 언급하고 있다. 따라서 1.4R의 곡률인 S전자의 인폴딩 폴더블 스마트폰은 H기업의 아웃폴딩 스마트폰보다 곡률이 작을 것이므로 폴딩 스트레스가 높다고 할 수 있다.

오답분석

① H기업은 아웃폴딩 패널을 사용하였다.

③ 동일한 인폴딩 패널이라고 해도 S전자의 R값이 작으며, R값의 차이에 따른 개발 난이도는 제시문에서 확인할 수 없다.

④ 인폴딩 패널은 아웃폴딩 패널보다 상대적으로 곡률이 작아 개발 난이도가 높다. 따라서 아웃폴딩 패널을 사용한 H기업의 폴더블 스마트폰의 R값이 인폴딩 패널을 사용한 A기업의 폴더블 스마트폰보다 작을 것이라고 보기엔 어렵다.

⑤ 제시문에서 여러 층으로 구성된 패널을 접었을 때 압축응력과 인장응력이 동시에 발생한다고는 언급하고 있으나 패널의 수가 스트레스와 연관된다는 사실은 확인할 수 없다. 따라서 S전자의 폴더블 스마트폰의 R값이 작은 이유라고는 판단하기 어렵다.

01 수리

01	02	03	04	05	06	07	08	09	
③	⑤	②	④	⑤	③	③	①	①	

01
정답 ③

처음 5% 소금물의 양을 xg이라고 하자.

$$\frac{\frac{5}{100} \times x + 40}{x+40} \times 100 = 25 \;\rightarrow\; 5x + 4{,}000 = 25x + 1{,}000 \;\rightarrow\; 20x = 3{,}000 \;\rightarrow\; x = 150$$

따라서 처음 5% 소금물의 양은 150g이다.

02
정답 ⑤

욕조에 물을 가득 채웠을 때 물의 양을 1이라고 하면 A는 1분에 $\frac{1 \times 75\%}{18} = \frac{0.75}{18}$ 만큼 채울 수 있고 B는 1분에 $\frac{0.75}{18} \times 1.5$만큼 채울 수 있다.

A가 15분간 욕조를 채운 양은 $\frac{0.75}{18} \times 15$이다. 욕조를 가득 채우기까지 남은 양은 $1 - \frac{0.75}{18} \times 15$이다.

따라서 남은 양을 B가 채웠을 때 걸리는 시간은 $\dfrac{1 - \frac{0.75}{18} \times 15}{\frac{0.75}{18} \times 1.5} = \dfrac{18 - 0.75 \times 15}{0.75 \times 1.5} = \dfrac{18 - 11.25}{1.125} = \dfrac{6.75}{1.125} = 6$분이다.

03
정답 ②

대리는 X프로젝트와 Z프로젝트를 선택할 수 있으며, 사원은 Y프로젝트와 Z프로젝트를 선택할 수 있으므로, 대리와 사원은 한 사람당 2가지의 선택권이 있다.

따라서 대리 2명, 사원 3명이 프로젝트를 선택하여 진행하는 경우의 수는 $(2 \times 2) \times (2 \times 2 \times 2) = 2^2 \times 2^3 = 2^5 = 32$가지이다.

04
정답 ④

A가 목적지까지 이동하는 거리와 걸리는 시간을 계산하면 다음과 같다.

- 이동거리 : $0.8\text{km} + 4.8 \left(= 36 \times \frac{8}{60} \right) \text{km} = 5.6\text{km}$
- 소요시간 : 12분＋8분＝20분

따라서 자전거를 이용해 같은 시간 동안 같은 경로로 이동할 때 평균 속력은 $5.6 \div 20 = 0.28$km/분이다.

05

정답 ⑤

X경로의 거리를 $x$km, Y경로의 거리를 $y$km, A의 이동 속력을 $r$km/h, B의 이동 속력은 $z$km/h라 하자.

$\dfrac{x}{r} = \dfrac{x}{z} + 1 \;\cdots\; (\text{i})$

$\dfrac{x}{r} + 1 = \dfrac{y}{z} \;\cdots\; (\text{ii})$

$x + 160 = y$이므로 (ii)에 대입하면 $\dfrac{x}{r} + 1 = \dfrac{x+160}{z}$이고, (i)과 연립하면 다음과 같다.

$\dfrac{x}{z} + 1 + 1 = \dfrac{x+160}{z} \;\rightarrow\; \dfrac{x}{z} + 2 = \dfrac{x}{z} + \dfrac{160}{z} \;\rightarrow\; 2 = \dfrac{160}{z}$

$\therefore\; z = 80$

따라서 B의 속력은 80km/h이다.

06

정답 ③

영희는 철수보다 높은 수가 적힌 카드를 뽑는 경우는 다음과 같다.

구분	철수	영희
카드에 적힌 수	1	2 ~ 9
	2	3 ~ 9
	...	...
	8	9

따라서 영희가 철수보다 큰 수가 적힌 카드를 뽑는 모든 경우의 수는 1부터 8까지의 합이므로 $\dfrac{8 \times 9}{2} = 36$가지이다.

07

정답 ③

이벤트에 당첨될 확률은 다음과 같다.

• 처음 주사위를 던져서 당첨이 될 확률 : $\dfrac{1}{6}$

• 처음 주사위를 던져서 5, 6이 나오고, 가위바위보를 하여 당첨될 확률 : $\dfrac{2}{6} \times \dfrac{1}{3}$

• 처음 주사위를 던져서 5, 6이 나오고, 가위바위보를 하여 비겨서 다시 가위바위보를 하여 당첨될 확률 : $\dfrac{2}{6} \times \dfrac{1}{3} \times \dfrac{1}{3}$

$\therefore\; \dfrac{1}{6} + \dfrac{2}{6} \times \dfrac{1}{3} + \dfrac{2}{6} \times \dfrac{1}{3} \times \dfrac{1}{3} = \dfrac{17}{54}$

08

정답 ①

작년 직원 중 안경을 쓴 사람을 x명, 안경을 쓰지 않은 사람은 y명이라고 하면 $x + y = 45$이므로 $y = 45 - x$이다.
또한 올해는 작년보다 $58 - 45 = 13$명 증가하였으므로 다음 식이 성립한다.

$x \times 0.2 + (45 - x) \times 0.4 = 13$

$\rightarrow\; -0.2x = 13 - 45 \times 0.4$

$\rightarrow\; -0.2x = -5$

$\therefore\; x = 25$

따라서 올해 입사한 사람 중 안경을 쓴 사람의 수는 $x \times 0.2 = 25 \times 0.2 = 5$명이다.

09

정답 ①

X조건에서 Z세균은 계차가 피보나치 수열로 번식한다. 따라서 (A)=1,090+680=1,770이다.

구분	1일 차	2일 차	3일 차	4일 차	5일 차	6일 차	7일 차	8일 차	9일 차	10일 차
X조건에서의 Z세균	10	30	50	90	150	250	410	670	1,090	(A)
계차		20	20	40	60	100	160	260	420	680	

Y조건에서 Z세균은 전날의 2배로 번식한다. 따라서 (B)=1×2^9=512이다.

구분	1일 차	2일 차	3일 차	4일 차	5일 차	6일 차	7일 차	8일 차	9일 차	10일 차
Y조건에서의 Z세균	1	1×2^1	1×2^2	1×2^3	1×2^4	1×2^5	1×2^6	1×2^7	1×2^8	(B)

02 추리

01	02	03	04	05	06	07	08	09	10	11	12								
②	④	③	⑤	④	①	②	②	④	①	①	③								

01

정답 ②

②는 반의 관계이며 나머지 단어는 유의 관계이다.
• 엄정(嚴正) : 엄격하고 바름
• 해이 : 긴장이나 규율 따위가 풀려 마음이 느슨함

02

정답 ④

④는 유의 관계이며 나머지 단어는 반의 관계이다.
• 판이하다 : 비교 대상의 성질이나 모양, 상태 따위가 아주 다르다.
• 다르다 : 비교가 되는 두 대상이 서로 같지 아니하다.

오답분석

① • 득의 : 일이 뜻대로 이루어져 만족해하거나 뽐냄
  • 실의 : 뜻이나 의욕을 잃음
② • 엎어지다 : 서 있는 사람이나 물체 따위가 앞으로 넘어지다.
  • 자빠지다 : 뒤로 또는 옆으로 넘어지다.
③ • 결렬 : 교섭이나 회의 따위에서 의견이 합쳐지지 않아 각각 갈라서게 됨
⑤ • 고상 : 품위나 몸가짐이 속되지 아니하고 훌륭함
  • 저열 : 품격이 낮고 보잘것없는 특성이나 성질

03

정답 ③

'뇌까리다'와 '지껄이다'는 각각 '아무렇게나 되는대로 마구 지껄이다.'와 '약간 큰 소리로 떠들썩하게 이야기하다.'는 뜻의 유의관계이다. 따라서 빈칸에는 '복되고 길한 일이 일어날 조짐이 있다.'는 뜻의 '상서롭다'와 유의 관계인 '운이 좋거나 일이 상서롭다.'는 뜻의 '길하다'가 적절하다.

오답분석
① 망하다 : 개인, 가정, 단체 따위가 제 구실을 하지 못하고 끝장이 나다.
② 성하다 : 물건이 본디 모습대로 멀쩡하다.
④ 실하다 : 실속 있고 넉넉하다.
⑤ 달하다 : 일정한 표준, 수량, 정도 따위에 이르다.

04

정답 ⑤

'초췌하다'와 '수척하다'는 각각 '병, 근심, 고생 따위로 얼굴이나 몸이 여위고 파리하다.'와 '몸이 몹시 야위고 마른 듯하다.'는 뜻의 유의 관계이다. 따라서 빈칸에는 '능력이나 품성 따위를 길러 쌓거나 갖춤'이란 뜻의 '함양'과 유의 관계인 '길러 자라게 함'이란 뜻의 '육성'이 오는 것이 적절하다.

오답분석
① 집합 : 사람들을 한곳으로 모으거나 모임
② 활용 : 충분히 잘 이용함
③ 결실 : 일의 결과가 잘 맺어짐
④ 도출 : 어떤 생각이나 결론, 반응 따위를 이끌어냄

05

정답 ④

'피자를 좋아하는 사람'을 p, '치킨을 좋아하는 사람'을 q, '감자튀김을 좋아하는 사람'을 r, '나'를 s라고 하면, 첫 번째 명제는 $p \rightarrow q$, 두 번째 명제는 $q \rightarrow r$, 세 번째 명제는 $s \rightarrow p$이다. 따라서 $s \rightarrow p \rightarrow q \rightarrow r$이 성립되며, $s \rightarrow r$인 '나는 감자튀김을 좋아한다.'가 답이 된다.

06

정답 ①

'갈매기'를 p, '육식을 하는 새'를 q, '바닷가에 사는 새'를 r, '헤엄을 치는 새'를 s라고 하면, 첫 번째 명제는 $p \rightarrow q$, 세 번째 명제는 $r \rightarrow p$, 네 번째 명제는 $s \rightarrow q$이다. 따라서 $s \rightarrow r$이 빈칸에 들어가야 $s \rightarrow r \rightarrow p \rightarrow q$가 되어 네 번째 명제인 $s \rightarrow q$가 성립된다. 참인 명제의 대우 역시 참이므로 '바닷가에 살지 않는 새는 헤엄을 치지 않는다.'가 답이 된다.

07

정답 ②

조건대로 원형 테이블에 인원을 배치할 경우 A를 기준으로 오른쪽으로 돌았을 때 'A → D → F → B → C → E'와 'A → D → F → C → B → E' 두 가지 경우의 수가 생긴다. 두 경우에서 A와 D는 늘 붙어있으므로 'A와 D는 붙어있다.'가 항상 옳다.

08

정답 ②

네 사람이 진실을 말하고 있으므로 거짓말을 하는 사람이 한 명만 발생하는 경우를 찾아내면 된다. 확실하게 순서를 파악할 수 있는 C, D, E의 증언대로 자리를 배치할 경우 A는 첫 번째, C는 두 번째, D는 세 번째로 줄을 서게 된다. 이후 A와 B의 증언대로 남은 자리에 배치할 경우 B의 증언에서 모순이 발생하게 된다. 또한 'D는 내 바로 뒤에 줄을 섰지만 마지막은 아니었어.'라는 B의 증언은 A의 증언과도 모순이 생기므로 B의 말이 거짓이다.

09

정답 ④

셔츠를 구입한 정을 기준으로 제시된 조건을 정리하면 다음과 같다.
- 정 : 셔츠를 구입했으므로, 치마와 원피스를 입지 않는 을은 바지를 구입하게 된다.
- 갑 : 셔츠와 치마를 입지 않으므로 을이 구입한 바지 대신 원피스를 고르게 된다.
- 병 : 원피스, 바지, 셔츠 외에 남은 치마를 구입하게 된다.
따라서 갑은 원피스를, 을은 바지를, 병은 치마를, 정은 셔츠를 골랐다.

10

정답 ①

규칙은 세로 방향으로 적용된다.
두 번째는 첫 번째 도형을 시계 방향으로 90° 돌린 도형이다.
세 번째는 두 번째 도형을 좌우 반전시킨 도형이다.

11

정답 ①

규칙은 가로 방향으로 적용된다.
두 번째는 첫 번째 도형을 좌우 대칭하여 합친 도형이다.
세 번째 두 번째 도형을 시계 방향으로 90° 돌린 도형이다.

12

정답 ③

오골계는 살과 가죽, 뼈 등이 검은 것 외에도 일반 닭에 비해 발가락 수가 5개로 하나 더 많기 때문에 일반 닭과 큰 차이가 없다고 보기는 어렵다.

[오답분석]
① 검은색 털을 지닌 오계와 달리 오골계는 흰색이나 붉은 갈색의 털을 지니고 있어 털의 색으로도 구분이 가능하다.
② 손질된 오골계와 오계 고기는 살과 가죽, 뼈가 모두 검정이기 때문에 구분이 쉽지 않을 것이다.
④ 오계의 병아리는 일반 병아리와 달리 털이 검은색이며 발가락 수가 다르기 때문에 구분하기가 쉽다고 할 수 있다.
⑤ 오계는 야생성이 강하고 사육기간이 길어 기르는 것이 쉽지 않은 데다 동의보감에서 약효와 쓰임새가 기록되어 있는 것을 통해 식재보다는 약용으로 더 많이 쓰였을 것으로 짐작할 수 있다.

팀에는 내가 없지만 팀의 승리에는 내가 있다.

(Team이란 단어에는 I자가 없지만 win이란 단어에는 있다.)

There is no "I" in team but there is in win.

– 마이클 조던 –

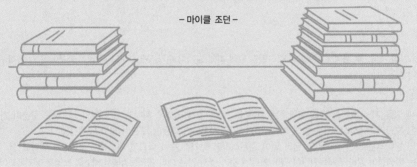

4일 차

모의고사

01 수리

01	02	03	04	05	06	07	08	09	10	11	12	13	14	15	16	17	18	19	20
④	④	⑤	④	③	③	④	①	④	④	④	③	⑤	②	③	④	①	④	⑤	③

01

정답 ④

전체 합격자 수가 280명이므로 남학생 합격자는 $280 \times \dfrac{5}{7} = 200$명, 여학생은 $280 - 200 = 80$명이다. 불합격한 남학생과 여학생의 수를 각각 $4a$명, $3a$명이라 가정하고, 전체 학생 수에 대한 남녀 비율식을 세우면 다음과 같다.

$(200 + 4a) : (80 + 3a) = 3 : 2 \rightarrow (200 + 4a) \times 2 = (80 + 3a) \times 3 \rightarrow 400 + 8a = 240 + 9a$

$\therefore a = 160$

따라서 여학생 지원자는 $80 + 3 \times 160 = 560$명임을 알 수 있다.

02

정답 ④

ⅰ) 네 번째 시합에서 홍보부서가 우승할 경우

: 네 경기 모두 홍보부서가 이겨야 하므로 확률은 $\dfrac{1}{2} \times \dfrac{1}{2} \times \dfrac{1}{2} \times \dfrac{1}{2} = \dfrac{1}{16}$ 이다.

ⅱ) 다섯 번째 시합에서 홍보부서가 우승할 경우

: 홍보부서는 네 번째 시합까지 3승 1패를 하고, 다섯 번째 시합에서 이겨야 한다. 홍보부서가 네 번째 시합까지 한 번 졌을 경우는 총 4가지이므로 확률은 $4 \times \left(\dfrac{1}{2} \times \dfrac{1}{2} \times \dfrac{1}{2} \times \dfrac{1}{2} \right) = \dfrac{1}{4}$ 이고, 다섯 번째 시합에서 이길 확률은 $\dfrac{1}{2}$ 이므로, 다섯 번째 시합에서 홍보부서가 우승할 확률은 $\dfrac{1}{4} \times \dfrac{1}{2} = \dfrac{1}{8}$ 이다.

따라서 홍보부서가 결승의 네 번째 시합 또는 다섯 번째 시합에서 우승할 확률은 $\dfrac{1}{16} + \dfrac{1}{8} = \dfrac{1+2}{16} = \dfrac{3}{16}$ 임을 알 수 있다.

03

정답 ⑤

㉠ 2010년 대비 2020년에 커피 수입량이 증가한 국가는 유럽, 러시아, 캐나다, 한국으로 총 네 곳이고, 감소한 국가는 미국, 일본, 호주로 총 세 곳이다.

㉡ 커피 수입량이 가장 많은 상위 2개 국가는 모두 유럽과 미국으로 동일하다. 각 연도의 상위 2개 국가의 커피 수입량의 합계가 전체 수입량에서 차지하는 비율을 구하면 다음과 같다.

• 2020년 : $\dfrac{48,510 + 25,482}{113,836} \times 100 ≒ 65.0\%$

• 2015년 : $\dfrac{44,221 + 26,423}{109,598} \times 100 ≒ 64.5\%$

• 2010년 : $\dfrac{40,392 + 26,228}{105,341} \times 100 ≒ 63.2\%$

따라서 두 국가의 커피 수입량의 합계는 항상 전체 수입량의 65% 이하이다.

ⓒ 한국의 커피 수입량과 호주의 커피 수입량을 비교해 보면, 2020년에는 한국이 호주의 $4,982 \div 1,350 \fallingdotseq 3.7$배, 2015년에는 $4,881 \div 1,288 \fallingdotseq 3.8$배, 2010년에는 $4,922 \div 1,384 \fallingdotseq 3.6$이므로 모두 3.5배 이상이다.

ⓔ 2010년 대비 2020년의 커피 수입량의 증가율은 캐나다가 $\dfrac{8,842-7,992}{7,992} \times 100 \fallingdotseq 10.6\%$, 러시아가 $\dfrac{11,382-10,541}{10,541} \times 100$ $\fallingdotseq 8.0\%$로 캐나다가 러시아보다 높고, 증가량 역시 캐나다가 $8,842-7,992=850$kg, 러시아가 $11,382-10,541=841$kg으로 캐나다가 러시아보다 많다.

04 정답 ④

- 장원 : 매출액 대비 수출액 비중이 50% 이상 80% 미만인 열처리 업체의 수는 $60 \times 0.158 \fallingdotseq 9$개로, 매출액 대비 수출액 비중이 10% 이상 20% 미만인 용접 업체의 수인 $597 \times 0.134 \fallingdotseq 80$개보다 적다.

  [풀이 꿀팁]
  용접 업체의 경우, 비중은 열처리 업체보다 조금 작지만, 업체 수의 경우 약 10배 가까이 많으므로 굳이 계산을 하지 않아도 옳은 설명임을 알 수 있다.

- 도원 : 금형 업체 중 매출액 대비 수출액 비중이 5% 이상 10% 미만인 업체 수인 $830 \times 0.099 \fallingdotseq 82$개이므로 주조 업체 중 매출액 대비 수출액 비중이 5% 미만인 업체의 수인 $127 \times 0.254 \fallingdotseq 32$개보다 더 많다.

[오답분석]
- 은하 : 주조 업체의 경우, 매출액 대비 수출액 비중이 5% 이상 10% 미만인 업체가 26.5%로 가장 많다.
- 인석 : 매출액 대비 수출액 비중이 20% 이상 50% 미만인 금형 업체는 $830 \times 0.351 \fallingdotseq 291$개, 주조 업체는 $127 \times 0.169 \fallingdotseq 21$개로 주조 업체가 차지하는 비중이 가장 크다는 설명은 옳지 않다.

05 정답 ③

2014년, 2015년, 2018년은 금융부채가 비금융부채의 각각 약 1.48배, 1.48배, 1.4배이다.

[오답분석]
① 2017년의 부채비율은 $56.6 \div 41.6 \times 100 \fallingdotseq 136\%$로 가장 높다.
② 자산은 2012년부터 2019년도까지 전년 대비 꾸준히 증가했다.
④ 부채는 2017년 이후 줄어들고 있다.
⑤ 매년 자본은 비금융부채보다 약 $1.8 \sim 6.3$배이다.

06 정답 ③

대치동의 증권자산은 $23.0-17.7-3.1=2.2$조 원, 서초동의 증권자산은 $22.6-16.8-4.3=1.5$조 원이므로 옳은 설명이다.

[오답분석]
① 압구정동의 가구 수는 $\dfrac{14.4조}{12.8억}=11,250$가구, 여의도동의 가구 수는 $\dfrac{24.9조}{26.7억} \fallingdotseq 9,300$가구이므로 압구정동의 가구 수가 더 많다.
② 이촌동의 가구 수가 2만 가구 이상이려면 총자산이 $7.4 \times 20,000=14.8$조 원 이상이어야 한다. 그러나 이촌동은 총자산이 14.4 조 원인 압구정동보다도 순위가 낮으므로 이촌동의 가구 수는 2만 가구 미만이다.
④ 여의도동의 부동산자산은 12.3조 원 미만이다. 따라서 여의도동의 증권자산은 최소 $24.9-12.3-9.6=3$조 원을 초과한다.
⑤ 도곡동의 총자산 대비 부동산자산의 비율은 $\dfrac{12.3}{15.0} \times 100=82\%$이고, 목동의 총자산 대비 부동산자산의 비율은 $\dfrac{13.7}{15.5} \times 100 \fallingdotseq$ 88.39%이므로 높지 않은 설명이다.

07

정답 ④

서비스 품질 5가지 항목의 점수와 서비스 쇼핑 체험 점수를 비교해보면, 모든 대형마트에서 서비스 쇼핑 체험 점수가 가장 낮다는 것을 확인할 수 있다. 따라서 서비스 쇼핑 체험 부문의 만족도는 서비스 품질 부문들보다 낮다고 이해할 수 있다. 그리고 서비스 쇼핑 체험 점수의 평균은 $(3.48+3.37+3.45+3.33) \div 4 = 3.41$점이다.

오답분석

① 주어진 자료에서 단위를 살펴보면 5점 만점으로 조사되었음을 알 수 있으며, 종합만족도의 평균은 $(3.72+3.53+3.64+3.56) \div 4 = 3.61$점이다. 업체별로는 A마트 → C마트 → D마트 → B마트 순서로 종합만족도가 낮아짐을 알 수 있다.

② '대형마트 인터넷 / 모바일쇼핑 소비자 만족도' 자료에서 마트별 인터넷·모바일쇼핑 만족도의 차를 구해보면 A마트 0.07점, B마트·C마트 0.03점, D마트 0.05점으로 A마트가 가장 크다.

③ 평균적으로 고객접점직원 서비스보다는 고객관리 서비스가 더 낮게 평가되었다.

⑤ 모바일쇼핑 만족도는 평균 3.845점이며, 인터넷쇼핑은 평균 3.80점이다. 따라서 모바일쇼핑이 평균 0.045점 높게 평가되었다.

08

정답 ①

2019년 화재건수 대비 사망자 수는 경기도의 경우 $\frac{70}{10,147} = 0.007$명/건으로, $\frac{20}{2,315} = 0.009$명/건인 강원도보다 작다.

풀이 꿀팁

분자분모를 보니 소수점 아래 자릿수가 많을 것으로 보이므로 분수 자체로 비교하는 것이 편할 것이다. 분자끼리 보면 경기도의 사망자수는 강원도의 약 3배인데, 분모끼리 보면 경기도의 화재건수가 강원도의 4배를 초과한다. 강원도에 비해 경기도의 분모 증가율이 분자 증가율보다 크다는 것을 알 수 있으므로 구체적 계산 없이도 경기도의 화재건수 대비 사망자 수가 강원도보다 작을 것임을 알 수 있다.

오답분석

② 2020년 화재로 인한 부상자 수는 충청남도가 30명으로, 107명인 충청북도의 $\frac{30}{107} \times 100 = 28\%$이므로 30% 미만이다.

③ 대구광역시의 2020년 화재건수는 1,612건으로, 경상북도의 50%인 $2,817 \times 0.5 = 1,408.5$건 이상이다.

④ 부산광역시의 경우, 화재로 인한 부상자 수가 2020년에 102명, 2019년에 128명으로 2020년 전년 대비 감소율은 $\left(\frac{102-128}{128}\right) \times 100 = -20.3\%$ 감소하였다.

⑤ 화재발생건수가 가장 많은 시·도는 2019년과 2020년 모두 경기도이다.

09

정답 ④

합격자 중 남성의 비율은 $\frac{120}{120+80} \times 100 = \frac{120}{200} \times 100 = 60\%$이므로 옳지 않은 설명이다.

오답분석

① 남성 합격자 수는 여성 합격자 수의 $\frac{120}{80} = 1.5$배이다.

② 전체 입사지원자 중 합격률은 $\frac{200}{680+320} \times 100 = \frac{200}{1,000} \times 100 = 20\%$이다.

③ 여성 지원자의 합격률은 $\frac{80}{320} \times 100 = 25\%$이다.

⑤ 전체 입사지원자 중 여성 입사지원자의 비율은 $\frac{320}{680+320} \times 100 = \frac{320}{1,000} \times 100 = 32\%$이므로 30% 이상이다.

10

정답 ④

ⓒ 범죄 종류 중 사기의 2000년 대비 2010년 범죄 건수 증가량과 증가율 그리고 2010년 대비 2020년 범죄 건수 증가량과 증가율은 다음 표와 같다.

구분	사기 범죄 건수 증가량	사기 범죄 건수 증가율
2000년 대비 2010년	$2,324-1,580=744$건	$\frac{744}{1,580}\times100≒47.1\%$
2010년 대비 2020년	$3,292-2,324=968$건	$\frac{968}{2,324}\times100≒41.7\%$

따라서 증가량은 2010년 대비 2020년 범죄 건수가 많고, 증가율은 2000년 대비 2010년 범죄 건수가 높다.

ⓒ 2020년 친인척 및 지인 관련 성폭행 범죄 건수는 $448+418=866$건으로, 성폭행 전체 범죄 건수인 904건에서 $\frac{866}{904}\times100≒$ 95.8%를 차지한다.

[오답분석]

㉠ 2000년부터 2020년까지 10년마다 범죄 건수가 지속적으로 감소하고 있는 범죄 종류는 방화, 협박, 살인으로 총 3가지이다.

㉢ 2010년 대비 2020년 전체 범죄 건수 증가율은 $\frac{10,011-8,652}{8,652}\times100≒15.7\%$, 2000년 대비 2010년 범죄 건수 증가율은 $\frac{8,652-8,060}{8,060}\times100≒7.3\%$이다. 따라서 2010년 대비 2020년 전체 범죄 건수 증가율은 2000년 대비 2010년 범죄 건수 증가율의 2배인 $7.3\times2=14.6\%$보다 높으므로 2배 이상이다.

11

정답 ④

중국의 확진자 수가 가장 많은 달인 5월의 완치자 수 대비 사망자 수의 비율은 $\frac{1,884}{59,212}\times100≒3\%$이므로 인도의 7월 완치자 수 대비 사망자 수 비율인 $\frac{1,008}{46,482}\times100≒2\%$보다 높다.

[오답분석]

① 한국의 4월 대비 5월 확진자 수 증가율은 $\frac{5,482-2,485}{2,485}\times100≒121\%$이고, 6월 대비 7월 확진자 수 감소율은 $\frac{4,622-1,840}{4,622}\times100≒60\%$이다.

② 한국, 중국, 일본, 인도에서는 4월에서 7월까지 매월 완치자 수는 전월 대비 증가하고 있지만, 미국의 경우 7월 완치자 수(55,483명)는 6월 완치자 수(68,885명)보다 감소했다.

③ 일본의 경우, 확진자 수는 6월까지 증가하다가 그 이후 감소했고, 일본과 인도의 사망자 수는 5월까지 증가하다가 6월부터 감소하였다.

⑤ 인도에서 3월부터 5월까지 완치자 수는 사망자 수보다 적다.

12

정답 ③

이륜자동차의 5년간 총 사고건수는 $12,400+12,900+12,000+11,500+11,200=60,000$건이고, 2017년과 2018년의 사고건수의 합은 $12,900+12,000=24,900$건이므로 전체 사고건수의 $\frac{24,900}{60,000}\times100=41.5\%$이다.

[오답분석]

① 2017년부터 2020년까지 전년 대비 사고건수 비율을 구해보면 다음과 같다.
- 2017년 : 12÷8=1.5배
- 2019년 : 81÷54=1.5배
- 2018년 : 54÷12=4.5배
- 2020년 : 162÷81=2배

따라서 가장 높은 해는 2018년이다.

② 원동기장치자전거의 사고건수는 2018년까지 증가하다가, 2019년(7,110건)에는 전년(7,480건) 대비 감소하였다.

④ 2016년 대비 2020년 택시의 사고건수는 $\frac{177,856-158,800}{158,800}\times100=12\%$ 증가하였고, 2016년 대비 2020년 버스의 사고건수는 $\frac{227,256-222,800}{222,800}\times100=2\%$ 증가하였다. 따라서 택시의 증가율이 높다.

⑤ 이륜자동차를 제외하고 2016년부터 2020년까지 교통수단별 사고건수가 가장 많은 해를 구하면 전동킥보드는 2020년(162건), 원동기장치자전거는 2020년(8,250건), 택시는 2020년(177,856건)이지만, 버스는 2018년(235,580건)이 가장 높다.

13

정답 ⑤

㉠ 5가지 교통수단 중 전동킥보드만 사고건수가 매년 증가하고 있으며 대책이 필요하다.

㉢ 2017년 이륜자동차에 면허에 대한 법률이 개정되었고, 2018년부터 시행되었으며, 2018년부터 2020년까지 전년 대비 이륜자동차의 사고건수가 매년 줄어들고 있으므로 옳은 판단이다.

㉣ 택시의 2017년부터 2020년까지의 전년 대비 사고건수는 '증가 – 감소 – 증가 – 증가'하였으나, 버스는 '감소 – 증가 – 감소 – 감소'하였다.

오답분석

㉡ 원동기장치자전거의 사고건수가 가장 적은 해는 2016년(5,450건)이지만, 이륜자동차의 사고건수가 가장 많은 해는 2017년(12,900건)이다.

14

정답 ②

'부서별 신청자 수 현황'에 따르면 전체 부서의 직원은 8+10+9+13=40명이며, 그중 컴퓨터 활용을 신청한 직원은 2+4+2+3=11명이다. 따라서 컴퓨터 활용을 신청한 직원은 전체에서 $\frac{11}{40} \times 100 = 27.5\%$를 차지한다.

15

정답 ③

'한 달 수업일수 및 시간'을 통해 각 수업의 한 달 동안 받는 수업시간을 계산하면 다음과 같다.
• 영어회화 : 6×1=6시간
• 컴퓨터 활용 : 8×1.5=12시간
• 회계이론 : 5×2=10시간
• 영어문서 작성 : 6×2=12시간
따라서 한 달에 가장 적은 시간을 수업하는 프로그램은 '영어회화'이며, 한 달 수강료는 10만 원이다.

16

정답 ④

ㄴ. 2020년 상반기와 하반기의 20대 여성 감염자 수는 각각 2,300명, 6,800명으로, 동시기의 20대 남성 감염자 수인 2,200명, 6,200명보다 많다.

ㄹ. 2021년 상반기의 10세 미만 감염자 수와 60세 이상 감염자 수는 1,300+1,200+3,400+3,600=9,500명으로, 2021년 하반기 전체 감염자 수인 171,000−76,000=95,000명의 10%이다.

오답분석

ㄱ. 2020년 하반기 감염자 수는 76,000−19,000=57,000명으로, 2020년 상반기 감염자 수인 19,000명 대비 $\frac{57,000-19,000}{19,000} \times 100 = 200\%$ 증가하였다.

ㄷ. 2020년 상반기부터 2021년 상반기까지 남성 감염자 수와 여성 감염자 수가 가장 많은 연령대는 다음과 같다.
• 2020년 상반기 : 남성 30대(2,600명), 여성 30대(2,400명)
• 2020년 하반기 : 남성 40대(7,500명), 여성 20대·30대(6,800명)
• 2021년 상반기 : 남성 40대(12,700명), 여성 30대(9,500명)
따라서 2020년 상반기부터 2021년 상반기까지 여성 감염자 수는 30대가 가장 높지만, 남성 감염자 수는 2020년 상반기는 30대가, 2020년 하반기와 2021년 상반기에는 40대가 가장 높다.

17

2021년 상반기 수치 중 전체 수치는 2021년 상반기 수치가 아닌 2021년 상반기까지 누적된 수치로 표기되어 있다.

오답분석

② 2020년 상반기부터 2021년 상반기까지의 코로나19 감염자 수 남녀 비율을 구하면 다음과 같다.

구분	2020년 상반기	2020년 하반기	2021년 상반기
전체 감염자 수	19,000명	57,000명	95,000명
남성 감염자 수	9,800명	31,000명	52,800명
남성 감염자 비율	$\frac{9,800}{19,000} \times 100 \fallingdotseq 52\%$	$\frac{31,000}{57,000} \times 100 \fallingdotseq 54\%$	$\frac{52,800}{95,000} \times 100 \fallingdotseq 56\%$
여성 감염자 수	9,200명	26,000명	42,200명
여성 감염자 비율	$\frac{9,200}{19,000} \times 100 \fallingdotseq 48\%$	$\frac{26,000}{57,000} \times 100 \fallingdotseq 46\%$	$\frac{42,200}{95,000} \times 100 \fallingdotseq 44\%$

③ 2020년의 20·30·40대 감염자 수를 구하면 다음과 같다.

(단위 : 명)

구분		2020년 상반기	2020년 하반기
20 ~ 29세	남	2,200	6,200
	여	2,300	6,800
	전체	17,500	
30 ~ 39세	남	2,600	7,200
	여	2,400	6,800
	전체	19,000	
40 ~ 49세	남	1,500	7,500
	여	2,000	5,500
	전체	16,500	

④ 2021년 상반기 연령대별 감염자 수를 구하면 다음과 같다.
- 10세 미만 : 1,300+1,200=2,500명
- 10대 : 4,500+4,000=8,500명
- 20대 : 9,200+8,800=18,000명
- 30대 : 10,500+9,500=20,000명
- 40대 : 12,700+7,300=20,000명
- 50대 : 11,200+7,800=19,000명
- 60대 이상 : 3,400+3,600=7,000명

⑤ 2020년 상반기 대비 2021년 상반기의 연령대별 감염자수 증가량을 구하면 다음과 같다.

(단위 : 명)

구분	2020년 상반기	2021년 상반기	증가량
10세 미만	500	2,500	2,000
10 ~ 19세	2,000	8,500	6,500
20 ~ 29세	4,500	18,000	13,500
30 ~ 39세	5,000	20,000	15,000
40 ~ 49세	3,500	20,000	16,500
50 ~ 59세	2,000	19,000	17,000
60세 이상	1,500	7,000	5,500

18

A, B, C기계를 모두 하루 동안 가동시켰을 때 전체 불량률은 $\dfrac{\text{(전체 불량품 수)}}{\text{(전체 생산량)}} \times 100$이다.

기계에 따른 하루 생산량과 불량품 수를 구하면 다음과 같다.

(단위 : 개)

구분	하루 생산량	불량품 수
A기계	500	$500 \times 0.05 = 25$
B기계	$500 \times 1.1 = 550$	$550 \times 0.02 = 11$
C기계	$550 + 50 = 600$	$600 \times 0.05 = 30$
합계	1,650	66

따라서 전체 불량률은 $\dfrac{66}{1,650} \times 100 = 4\%$이다.

19

제1차 시험 대비 제2차 시험 합격률의 증가율은 다음과 같다.

$$\dfrac{\text{제2차 시험 합격률} - \text{제1차 시험 합격률}}{\text{제1차 시험 합격률}} \times 100$$

$$= \dfrac{\left(\dfrac{17,325}{75,000} \times 100\right) - \left(\dfrac{32,550}{155,000} \times 100\right)}{\left(\dfrac{32,550}{155,000} \times 100\right)} \times 100$$

$$= \dfrac{23.1 - 21}{21} \times 100 = \dfrac{2.1}{21} \times 100 = 10$$

따라서 제1차 시험 대비 제2차 시험 합격률의 증가율은 10%이다.

20

1. 규칙 파악
 • A기업

(단위 : 억 원)

2010년	2011년	2012년	2013년	2014년
100	96	88	76	60

앞의 항에 -4, -8, -12 …을 더하는 수열이다.
 • B기업

(단위 : 억 원)

2010년	2011년	2012년	2013년	2014년
147	134	120	105	89

앞의 항에 -13, -14, -15 …을 더하는 수열이다.

2. 계산
 ㉠ 직접 계산하기
  • A기업

(단위 : 억 원)

2014년	2015년	2016년	2017년
60	40	16	0

• B기업

(단위 : 억 원)

2014년	2015년	2016년	2017년	2018년	2019년
89	72	54	35	15	0

ⓒ 식 세워 계산하기

• A기업

2010년을 기준으로 n번째 항을 a_n이라고 하면 다음과 같다.

$a_{n+1} = a_n - 4n$

$a_n = a_1 - \sum_{k=1}^{n-1} 4k = 100 - 2n(n-1) = -2n^2 + 2n + 100$

$a_n \leq 0$이 되는 최소의 n은 8이고, n이 8일 때의 연도는 2017년이다.

• B기업

2010년을 기준으로 n번째 항을 a_n이라고 하면 다음과 같다.

$a_{n+1} = a_n - (n+12)$

$a_n = a_1 - \sum_{k=1}^{n-1} (k+12) = 147 - \frac{n(n-1)}{2} - 12(n-1) = 159 - \frac{n}{2}(n+23)$

$a_n \leq 0$이 되는 최소의 n은 10이고, n이 10일 때의 연도는 2019년이다.

02 추리

01	02	03	04	05	06	07	08	09	10	11	12	13	14	15	16	17	18	19	20
②	④	④	①	④	①	③	①	④	⑤	③	④	③	③	①	③	③	②	②	⑤

21	22	23	24	25	26	27	28	29	30
③	③	③	⑤	③	③	③	①	③	⑤

01
정답 ②

'스마트폰을 구매한다.'를 '스', '태블릿PC를 구매한다.'를 '태', '키보드를 구매한다.'를 '키'라고 하여 명제와 대우를 정리하면 다음과 같다.

구분	명제	대우	구분	명제	대우
전제1	스 → 태	태× → 스×	결론	스 → 키	키× → 스×

전제1이 결론으로 연결되려면, 전제2는 태 → 키가 되어야 한다.
따라서 전제2는 '태블릿PC를 구매한 사람은 모두 키보드를 구입했다.'의 대우인 '키보드를 구매하지 않은 사람은 태블릿PC도 구매하지 않았다.'이다.

02
정답 ④

'선생님에게 혼이 나다.'를 '선', '떠들다.'를 '떠', '벌을 서다.'를 '벌'이라고 하여 명제와 대우를 정리하면 다음과 같다.

구분	명제	대우	구분	명제	대우
전제1	선× → 떠×	떠 → 선	결론	벌× → 떠×	떠 → 벌

전제1이 결론으로 연결되려면, 전제2는 벌× → 선×가 되어야 한다.
따라서 전제2는 '벌을 서지 않은 사람은 선생님에게 혼나지 않는다.'의 대우인 '선생님에게 혼이 난 사람은 모두 벌을 선다.'이다.

03

'A프로젝트에 참여한다.'를 A, 'B프로젝트에 참여한다.'를 B, 'C프로젝트에 참여한다.'를 C라고 하면, 전제1과 결론을 다음과 같은 벤다이어그램으로 나타낼 수 있다.

1) 전제1   2) 결론

                            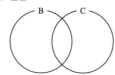

결론이 참이 되기 위해서는 B와 공통되는 부분의 A와 C가 연결되어야 한다. 즉, 다음과 같은 벤다이어그램이 성립할 때 결론이 참이 될 수 있으므로 전제2에 들어갈 명제는 'A프로젝트에 참여하는 어떤 사람은 C프로젝트에 참여한다.'의 ④이다.

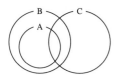

04

각각의 조건을 비교하면 다음과 같다.
A>B, D>C, F>E>A, E>B>D
∴ F>E>A>B>D>C

오답분석
② 'C의 실적은 꼴찌이다.
③ B의 실적보다 낮은 외판원은 2명이다.
④ D보다 실적이 낮은 외판원은 1명이다.
⑤ A의 실적이 C의 실적보다 높다.

05

세 번째 조건에 따라, 빨간색 모자를 쓴 사람은 5명, 파란색 모자를 쓴 사람은 7명이다.
첫 번째 조건에 따라, 파란색 하의를 입은 사람은 5명, 빨간색 하의를 입은 사람은 7명이다.
두 번째 조건에 따라, 파란색 상의와 하의를 입은 사람의 수를 x명이라 하면, 빨간색 상의와 하의를 입은 사람의 수는 $(6-x)$명이다. 또한 파란색 상의와 빨간색 하의를 입은 사람의 수는 $7-(6-x)=(x+1)$명이고, 빨간색 상의와 파란색 하의를 입은 사람의 수는 $(5-x)$명이다.
네 번째 조건에 따라, $x+(x+1)=7$이고 $x=3$이다.
따라서 하의만 빨간색인 사람은 4명이다.

06

주어진 조건에 따라 직원 A~H가 앉을 수 있는 경우는 A−B−D−E−C−F−H−G와 A−G−H−F−C−D−E−B이다.
여기서 D와 E의 자리를 서로 바꿔도 모든 조건이 성립한다. 따라서 총 경우의 수는 2×2=4가지이다.

07

두 번째 조건에 의해, B는 6층에 입주해야 한다.
세 번째 조건에 의해, F−D−E 순서로 높은 층에 입주해야 한다. A와 C는 1~3층에 거주해야 하므로 E는 1~3층에, D는 4층에 입주가 가능하다.

이러한 결과를 표로 나타내면 다음과 같다.

구분	1	2	3	4	5	6
A				×	×	×
B	×	×	×	×	×	○
C				×	×	×
D	×	×	×	○	×	×
E				×	×	×
F	×	×	×	×	○	×

따라서 A, B, C가 입주할 경우의 수만 생각하면 $3 \times 2 \times 1 = 6$가지이다.

08

정답 ①

B사원은 2층에 묵는 A사원보다 높은 층에 묵지만, C사원보다는 낮은 층에 묵으므로 3층 또는 4층에 묵을 수 있다. 그러나 D사원이 C사원 바로 아래층에 묵는다고 하였으므로 D사원이 4층, B사원은 3층에 묵는 것을 알 수 있다. 따라서 A~D사원을 높은 층에 묵는 순서대로 나열하면 'C-D-B-A'가 되며, E사원은 남은 1층에 묵는 것을 알 수 있다.

09

정답 ④

첫 번째 조건에 따라 A는 선택 프로그램에 참가하므로 A는 수·목·금요일 중 하나의 프로그램에 참가한다. A가 목요일 프로그램에 참가하면 E는 A보다 나중에 참가하므로 금요일의 선택3 프로그램에 참가할 수밖에 없다. 따라서 항상 참이 되는 것은 'A가 목요일 프로그램에 참가하면 E는 선택3 프로그램에 참가한다.'이다.

[오답분석]

① 두 번째 조건에 따라 C는 필수 프로그램에 참가하므로 월·화요일 중 하나의 프로그램에 참가하며, 이때, C가 화요일 프로그램에 참가하면 C보다 나중에 참가하는 D는 선택 프로그램에 참가할 수 있다.
② B는 월·화요일 프로그램에 참가할 수 있으므로 B가 화요일 프로그램에 참가하면 C는 월요일 프로그램에 참가할 수 있다.
③ C가 화요일 프로그램에 참가하면 E는 선택2 또는 선택3 프로그램에 참가할 수 있다.

구분	월(필수1)	화(필수2)	수(선택1)	목(선택2)	금(선택3)
경우1	B	C	A	D	E
경우2	B	C	A	E	D
경우3	B	C	D	A	E

⑤ E는 선택 프로그램에 참가하는 A보다 나중에 참가하므로 목요일 또는 금요일 중 하나의 프로그램에 참가할 수 있다.

10

정답 ⑤

월요일부터 토요일까지 각 팀의 회의 진행 횟수가 같으므로 6일 동안 6개 팀은 각각 두 번씩 회의를 진행해야 한다. 주어진 조건에 따라 A~F팀의 회의 진행 요일을 정리하면 다음과 같다.

월	화	수	목	금	토
C, B	D, B	C, E D, E	A, F	A, F	D, E C, E

[오답분석]

① E팀은 수요일과 토요일에 모두 회의를 진행한다.
② 화요일에 회의를 진행한 팀은 B팀과 D팀이다.
③ C팀과 E팀은 수요일과 토요일 중 하루는 함께 회의를 진행한다.
④ C팀은 월요일에 한 번 회의를 진행하였고, 수요일 또는 토요일 중 하루만 회의를 진행한다.

11

정답 ③

먼저 세 번째 ~ 여섯 번째 조건을 기호화하면 다음과 같다.
- A or B → D, A and B → D
- C → ~E and ~F
- D → G
- G → E

세 번째 조건의 대우 ~D → ~A and ~B에 따라 D사원이 출장을 가지 않으면 A사원과 B사원 모두 출장을 가지 않는 것을 알 수 있다. 결국 D사원이 출장을 가지 않으면 C사원과 대리인 E, F, G대리가 모두 출장을 가야 한다. 그러나 이는 대리 중 적어도 한 사람은 출장을 가지 않는다는 두 번째 조건과 모순되므로 성립하지 않는다. 따라서 D사원은 반드시 출장을 가야 한다. D사원이 출장을 가면 다섯 번째, 여섯 번째 조건을 통해 D → G → E가 성립하므로 G대리와 E대리도 출장을 가는 것을 알 수 있다. 이때, 네 번째 조건의 대우에 따라 E대리와 F대리 중 적어도 한 사람이 출장을 가면 C사원은 출장을 갈 수 없으며, 두 번째 조건에 따라 E, F, G대리는 모두 함께 출장을 갈 수 없다. 결국 D사원, G대리, E대리와 함께 출장을 갈 수 있는 사람은 A사원 또는 B사원이다.

따라서 항상 참이 되는 것은 'C사원은 출장을 가지 않는다.'의 ③이다.

12

정답 ④

주어진 조건으로부터 콩쥐는 빨간색 치마, 팥쥐는 검은색 고무신을 배정받고, 나머지 조건으로부터 네 사람의 물품을 배정하면 다음과 같다.
- 팥쥐 : 이미 검은색 고무신을 배정받았기 때문에 검은색 치마를 배정받을 수 없고, 콩쥐가 빨간색 치마를 배정받았기 때문에 노란색을 싫어하는 팥쥐는 파란색 치마를 배정받는다. 또한, 노란색을 싫어하므로 빨간색 족두리를 배정받는다.
- 콩쥐 : 파란색 고무신을 싫어하고 검은색 고무신은 이미 팥쥐에게 배정되었으므로 빨간색과 노란색 고무신을 배정받을 수 있는데, 콩쥐는 이미 빨간색 치마를 배정받았으므로 노란색 고무신을 배정받는다.
- 향단 : 빨간색과 파란색 치마가 이미 팥쥐와 콩쥐에게 각각 배정되었으므로 검은색 치마를 싫어하는 향단이는 노란색 치마를 배정받고, 춘향이가 검은색 치마를 배정받는다. 춘향이가 빨간색을 싫어하므로 향단이는 빨간색 고무신을, 춘향이는 파란색 고무신을 배정받는다.
- 춘향 : 검은색 치마와 파란색 고무신을 배정받았으므로 빨간색을 싫어하는 춘향이는 노란색 족두리를 배정받는다. 따라서 콩쥐와 향단이는 각각 파란색 또는 검은색 족두리를 배정받게 된다.

주어진 조건을 표로 정리하면 다음과 같다.

구분	족두리	치마	고무신	구분	족두리	치마	고무신
콩쥐	파란색 / 검은색	빨간색	노란색	향단	검은색 / 파란색	노란색	빨간색
팥쥐	빨간색	파란색	검은색	춘향	노란색	검은색	파란색

따라서 춘향이는 항상 검은색 치마를 배정받아 착용한다.

오답분석
①·⑤ 콩쥐와 향단이가 파란색과 검은색 족두리 중 어느 것을 배정받을지는 알 수 없다.
② 팥쥐는 빨간색 족두리를 착용한다.
③ 향단이는 빨간색 고무신을 착용한다.

13

정답 ③

조건에 따르면 최소한 수학자 1명, 논리학자 1명, 과학자 2명이 선정되어야 하고, 그 외 나머지 2명을 선정해야 한다.
예를 들어 물리학, 생명과학, 화학, 천문학을 전공한 과학자 총 4명을 선정하면 천문학 전공자는 기하학 전공자와 함께 선정되고, 논리학자는 비형식논리 전공자를 선정하면 가능하다.

오답분석
① 형식논리 전공자가 1명 선정되면 비형식논리 전공자도 1명 선정된다. 따라서 논리학자는 2명 선정된다. 그러나 형식논리 전공자가 먼저 선정된 것이 아니라면 그렇지 않다.
② 같은 전공을 가진 수학자가 2명 선정될 수 있다. 예를 들어, 다음과 같이 선정될 수 있다.
  논리학자 1명 – 비형식논리 전공자

수학자 2명 - 기하학 전공자, 기하학 전공자
　　　과학자 3명 - 물리학 전공자, 생명과학 전공자, 천문학 전공자
④ 통계학 전공자를 포함하면 수학자가 3명 선정될 수 있다. 예를 들어, 다음과 같이 선정될 수 있다.
　　　논리학자 1명 - 비형식논리 전공자
　　　수학자 3명 - 통계학 전공자, 대수학 전공자, 기하학 전공자
　　　과학자 2명 - 천문학 전공자, 기계공학 전공자
⑤ 논리학자가 3명 선정될 수 있다. 예를 들어, 다음과 같이 선정될 수 있다.
　　　논리학자 3명 - 비형식논리 전공자 2명, 형식논리 전공자 1명
　　　수학자 1명 - 기하학 전공자
　　　과학자 2명 - 천문학 전공자, 물리학 전공자

14　　　　　　　　　　　　　　　　　　　　　　　　　　　정답 ③

먼저 B업체가 선정되지 않으면 세 번째 조건에 따라 C업체가 선정된다. 또한 첫 번째 조건의 대우인 'B업체가 선정되지 않으면, A업체도 선정되지 않는다.'에 따라 A업체는 선정되지 않는다. A업체가 선정되지 않으면 두 번째 조건에 따라 D업체가 선정된다. D업체가 선정되면 마지막 조건에 따라 F업체도 선정된다.
따라서 B업체가 선정되지 않을 경우 C, D, F업체가 시공업체로 선정된다.

15　　　　　　　　　　　　　　　　　　　　　　　　　　　정답 ①

D의 진술에 대한 A와 C의 진술이 상반되므로 둘 중 한 명이 거짓을 말하고 있음을 알 수 있다.
ⅰ) C의 진술이 거짓인 경우 : C와 D 두 명의 진술이 거짓이 되므로 성립하지 않는다.
ⅱ) A의 진술이 거짓인 경우 : B, C, D, E의 진술이 모두 참이 되며, 사탕을 먹은 사람은 A이다.
따라서 거짓을 말하는 사람은 A이다.

16　　　　　　　　　　　　　　　　　　　　　　　　　　　정답 ③

제시된 단어는 반의 관계이다.
'가공'은 '이유나 근거가 없이 꾸며 냄'을 뜻하고, '사실'은 '실제로 있었던 일이나 현재에 있는 일'을 뜻한다. '덮어 감추거나 가리어 숨김'을 뜻하는 '은폐'와 반의 관계인 단어는 '마음에 있는 것을 죄다 드러내어 말함'이라는 뜻의 '토로'이다.

[오답분석]
① 진리 : 참된 이치
② 허위 : 진실이 아닌 것을 진실인 것처럼 꾸민 것
④ 은닉 : 남의 물건이나 범죄인을 감춤
⑤ 피력 : 생각하는 것을 털어놓고 말함

17　　　　　　　　　　　　　　　　　　　　　　　　　　　정답 ③

'고의'는 '일부러 하는 생각이나 태도'라는 뜻이므로 '부주의나 태만 따위에서 비롯된 잘못이나 허물'이라는 뜻인 '과실'과 반의 관계이고, 나머지는 유의 관계이다.

[오답분석]
① • 감염 : 나쁜 버릇이나 풍습, 사상 따위가 영향을 주어 물이 들게 함
　 • 전염 : 다른 사람의 습관, 분위기, 기분 따위에 영향을 받아 물이 듦
② • 간병 : 앓는 사람이나 다친 사람의 곁에서 돌보고 시중을 듦
　 • 간호 : 다쳤거나 앓고 있는 환자나 노약자를 보살피고 돌봄
④ • 우호 : 개인끼리나 나라끼리 사이가 좋음
　 • 친교 : 친밀하게 사귐. 또는 그런 교분
⑤ • 성패 : 성공과 실패를 아울러 이르는 말
　 • 득실 : 얻음과 잃음

18

정답 ②

규칙은 가로 방향으로 적용된다.
첫 번째 도형을 색 반전한 것이 두 번째 도형이고, 이를 시계 반대 방향으로 72° 회전한 것이 세 번째 도형이다.

19

정답 ②

규칙은 가로 방향으로 적용된다.
첫 번째 도형을 색 반전한 것이 두 번째 도형이고, 이를 시계 반대 방향으로 45° 회전한 것이 세 번째 도형이다.

20

정답 ⑤

규칙은 가로 방향으로 적용된다.
첫 번째 도형을 색 반전한 것이 두 번째 도형이고, 이를 y축 기준으로 대칭 이동한 것이 세 번째 도형이다.

21

정답 ③

• 문자표

A	B	C	D	E	F	G	H	I	J
K	L	M	N	O	P	Q	R	S	T
U	V	W	X	Y	Z				
0	1	2	3	4	5	6	7	8	9

• 규칙
 – ♨ : 각 자릿수 +2, +1, +2, +1
 – ◀ : 각 자릿수 −4, −3, −2, −1
 – ◈ : 1234 → 4231

S4X8　→　U5Z9　→　95ZU
　　　　♨　　　　◈

22

정답 ③

W53M　→　S21L　→　L21S
　　　　◀　　　　◈

23

정답 ③

T83I　→　V95J　→　R63I
　　　　♨　　　　◀

24

정답 ⑤

6SD2　→　2PB1　→　1PB2　→　3QD3
　　　　◀　　　　◈　　　　♨

25

두 번째 문단에서 '주차 공간에 차가 있는지 여부를 감지하는 센서를 설치'했다고 했으므로 '스마트 주차'는 주차를 해준다기보다는 주차공간이 있는지의 여부를 알 수 있는 기능임을 알 수 있다.

오답분석

① 첫 번째 문단에서 '각국 경제 및 발전 수준, 도시 상황과 여건에 따라 매우 다양하게 정의 및 활용되고, 접근 전략에도 차이가 있다.'라고 했으므로 일치하는 내용이다.

② 두 번째 문단에서 '이 스마트 가로등은 … 인구 밀집도까지 파악할 수 있다.'라고 했으므로 일치하는 내용이다.

④ 세 번째 문단에서 항저우를 비롯한 중국의 여러 도시들은 '알리바바의 알리페이를 통해 … 60여 종에 달하는 서비스를 이용할 수 있다.'라고 했으므로 일치하는 내용이다.

⑤ 마지막 문단에서 '세종에서는 … 개인 맞춤형 의료 서비스 등을 받을 수 있다.'라고 했으므로 일치하는 내용이다.

26

부모의 학력이 자녀의 소득에 영향을 미치는 것은 환경적 요인에 의한 결정이다. 이러한 현상이 심화될 경우 빈부격차의 대물림 현상이 심해질 것으로 바라보고 있다.

오답분석

① 노력뿐만 아니라 환경적 요인, 운 등 다양한 요소에 의해 결정된다.

② 분배정의론 관점은 환경적 요인에 의해 나타난 불리함에 대해서 개인에게 책임을 묻는 것이 정당하지 않다고 주장하고 있다.

④ 사회민주주의 국가는 조세 정책을 통해 기회균등화 효과를 거두고 있다.

⑤ 세율을 낮추면 이전지출이 줄어든다. 또한 이전 지출을 줄이는 것보다 세율을 높이고 이전 지출을 늘리는 것이 재분배에 효과적이다.

27

제시문에서는 아이들이 어른에게서보다 어려운 문제 해득력이나 추상력을 필요로 하지 않는 텔레비전을 통해서 더 많은 것을 배우므로 어린이나 젊은이들에게서 어른에 대한 두려움이나 존경을 찾기 어렵다고 주장한다. 이러한 주장에 대한 반박으로는 아이들은 텔레비전보다 학교의 선생님이나 친구들과 더 많은 시간을 보내고, 텔레비전이 아이들에게 부정적 영향만 끼치는 것은 아니며, 아이들의 그러한 행동에 영향을 미치는 다른 요인이 있다는 것이 적절하다. 따라서 텔레비전이 인간의 필요성을 충족시킨다는 ③은 주장에 대한 반박으로 가장 적절하지 않다.

오답분석

제시문에 쓰인 주장에 대한 적절한 반박을 찾기 위해서는 먼저 글쓴이의 주장이 정확히 무엇인지를 파악해야 하지만 그만큼 독해에 시간을 할애해야 한다. 이런 경우에는 먼저 제시된 선택지들로 전체적인 주장을 파악한 뒤 역으로 제시문에서 필요한 키워드를 찾아내는 것이 좋다.

28

제시문에서는 인간의 생각과 말은 깊은 관계를 가지고 있으며, 생각이 말보다 범위가 넓고 큰 것은 맞지만 그것을 말로 표현하지 않으면 그 생각이 다른 사람에게 전달되지 않는다고 주장한다. 즉, 생각은 말을 통해서만 다른 사람에게 전달될 수 있다는 것이다. 따라서 이러한 주장에 대한 반박으로 '말이 통하지 않아도 생각은 얼마든지 전달될 수 있다.'가 가장 적절하다.

29

누진적소득세는 재정정책 중 자동안정화장치의 하나로, 내부시차가 없어 경제 상황에 신속하게 대응할 수 있다.

오답분석

① 누진적소득세는 재정정책의 하나이다. 화폐 공급량은 통화정책을 통해 조절된다.

② 자동안정화장치는 국회의 동의 절차 없이 적용된다.

④ 재량적 재정정책에 관한 설명이다. 누진적소득세와 같은 자동안정화장치는 내부시차가 없다.
⑤ 누진적소득세는 재량적 재정정책과 마찬가지로 외부시차가 짧다.

30

프리드먼의 항상소득가설은 일시적인 소득을 임시소득으로 보며, 소비에 직접적인 영향을 주지 않는다고 보았다.

[오답분석]

① · ② 프리드먼의 항상소득가설에 대한 설명이다.
③ 프리드먼의 항상소득가설에 따르면 재난지원금은 임시소득으로 소비에 고려되지 않는다.
④ 케인스의 절대소득가설에 대한 설명이다.

모의고사 수리 문제풀이 용지

성명 :   수험번호 :

①

②

③

④

수리

⑤

모의고사 수리 문제풀이 용지

성명 :   수험번호 :

⑥

⑦

⑧

⑨

수리

⑩

모의고사 수리 문제풀이 용지

⑪

⑫

⑬

⑭

수리

⑮

모의고사 수리 문제풀이 용지

성명 :   수험번호 :

⑯

⑰

⑱

⑲

수리

⑳

모의고사 추리 문제풀이 용지

성명 :   수험번호 :

①

②

③

추리

④

⑤

⑥

모의고사 추리 문제풀이 용지

성명 :   수험번호 :

⑦

⑧

⑨

⑩

추리

⑪

⑫

모의고사 추리 문제풀이 용지

성명 :   수험번호 :

⑬

⑭

⑮

⑯

추리

⑰

⑱

모의고사 추리 문제풀이 용지

성명 :　　　　　　　　　　　　　수험번호 :

⑲

⑳

㉑

㉒

추리

㉓

㉔

모의고사 추리 문제풀이 용지

성명 :   수험번호 :

㉕

㉖

㉗

㉘

추리

㉙

㉚

"오늘 당신의 노력은 아름다운 꽃의 물이 될 것입니다."

그러나, 이 꽃을 볼 때 사람들은 이 꽃의 아름다움과 향기만을 사랑하고 칭찬하였지, 이 꽃을 그렇게 아름답게 어여쁘게 만들어 주는 병 속의 물은 조금도 생각지 않는 것이 보통입니다.

만일 이 꽃병 속에 들어 있는 물을 죄다 쏟아 버리고 빈 병에다 이 꽃을 꽂아 보십시오.

아무리 아름답고 어여쁜 꽃이기로서니 단 한 송이의 꽃을 피울 수 있으며, 단 한 번이라도 꽃 향기를 날릴 수 있겠습니까?

우리는 여기서 아무리 본바탕이 좋고 아름다운 꽃이라도 보이지 않는 물의 숨은 힘이 없으면 도저히 그 빛과 향기를 자랑할 수 없는 것을 알았습니다.

- 방정환의 「우리 뒤에 숨은 힘」 중 -

2024 최신판 SD에듀 유튜브로 쉽게 배우는 5일 특강
GSAT 삼성 온라인 직무적성검사

개정6판1쇄 발행	2024년 05월 20일 (인쇄 2024년 04월 12일)
초 판 발 행	2020년 04월 30일 (인쇄 2020년 04월 13일)
발 행 인	박영일
책 임 편 집	이해욱
편 저	SDC(Sidae Data Center)
편 집 진 행	여연주 · 안희선
표지디자인	김지수
편집디자인	최미란 · 남수영
발 행 처	(주)시대고시기획
출 판 등 록	제10-1521호
주 소	서울시 마포구 큰우물로 75 [도화동 538 성지 B/D] 9F
전 화	1600-3600
팩 스	02-701-8823
홈 페 이 지	www.sdedu.co.kr

I S B N	979-11-383-7092-9 (13320)
정 가	18,000원

유튜브로 쉽게 배우는

5일 특강
GSAT

삼성 온라인
직무적성검사

정답 및 해설

대기업 인적성 "기출이 답이다" 시리즈

역대 기출문제와 주요기업 기출문제를 한 권에! 합격을 위한
Only Way!

대기업 인적성 "봉투모의고사" 시리즈

실제 시험과 동일하게 마무리! 합격으로 가는
Last Spurt!

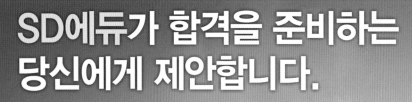

SD에듀가 합격을 준비하는
당신에게 제안합니다.

결심하셨다면 지금 당장 실행하십시오.
SD에듀와 함께라면 문제없습니다.

성공의 기회!
SD에듀를 잡으십시오.

NEXT STEP!

기회란 포착되어 활용되기 전에는 기회인지조차 알 수 없는 것이다.

– 마크 트웨인 –